社会的コミュニケーション発達が
気になる子の育て方がわかる

ふれあいペアレントプログラム 指導者用ガイド

尾崎康子[編著]

ミネルヴァ書房

は じ め に

　近年，自閉スペクトラムに対する社会的コミュニケーションの介入が国際的に注目されています。尾崎（2015；2017）は，発達障害の親子支援を研究し実践する中で，自閉スペクトラム症（以下，ASD）の子どもの発達初期には社会的コミュニケーション発達を促すことの重要性，そして，ASD児の発達初期にもっとも身近にいる親が社会的コミュニケーション発達を促す子育て方法を知ることの必要性を強く感じました。そして，それらの研究と実践に基づき「ふれあいペアレントプログラム」を開発し，2018年にミネルヴァ書房より『社会的コミュニケーション発達が気になる子の育て方がわかる ふれあいペアレントプログラム』（尾崎，2018）を刊行しました。これは，ふれあいペアレントプログラムに親が参加する際の親用のテキストになります。一方，ふれあいペアレントプログラムを実施する際に指導者が中心となって進めていきますが，この指導者がプログラムを進める際の手引き書が必要です。そこで，上記のふれあいペアレントプログラムの親用テキストに対応した指導者用のテキストとして，本書を作成しました。指導者を志す方は，親用テキストと本書の指導者用テキストの両方を参照して，プログラムを進めてください。

　本書を読むとわかるように，ふれあいペアレントプログラムの指導者になるには，社会的コミュニケーションや社会的認知の発達，さらには発達科学の基礎を熟知していることが求められます。そこで，指導者になる方は専門性を高めるための研鑽が必要です。

　ふれあいペアレントプログラムについて，その開発だけに終わるのではなく，その後の効果検証と社会的普及につなげる活動を行っています。ふれあいペアレントプログラムの効果検証については，日本臨床発達心理士会テーマ別研究会「自閉症の発達論的アプローチ」にワーキンググループを結成し，そのメンバーの協力を得て行っています。また，ワーキンググループのメンバーの方々には本書にも執筆していただきました。

　そして，ふれあいペアレントプログラムの社会的普及については，それを行う組織として，「ふれあいペアレントプログラム推進研究会」を立ち上げました。

　それでは，子どもの健やかな成長とお母さんやお父さんの well-being の向上を目指して，皆様と手を携えて進んでいけることを切に願っております。

2019年5月20日
尾崎　康子

ふれあいペアレントプログラムの実施団体

《テーマ別研究会「自閉症の発達論的アプローチ」》

　日本臨床発達心理士会には，いくつかのテーマ別研究会が設けられており，臨床発達心理士が希望すれば入会することができます。テーマ別研究会の一つである「自閉症の発達論的アプローチ」研究会は，その名前の通り，自閉症の療育方法として発達論的アプローチに依拠したやり方の研究と実践を目指しています。

　この研究会に，ふれあいペアレントプログラムのワーキンググループを結成して，プログラムについての議論を重ねるとともに日本発達心理学会や日本臨床発達心理士会全国大会で発表しています。そして，ワーキンググループの協力を得て効果検証を行っています。

《ふれあいペアレントプログラム推進研究会》

　ふれあいペアレントプログラムの社会的普及を行うために，テーマ別研究会「自閉症の発達論的アプローチ」から独立して，前述のワーキンググループのメンバーを中心に立ち上げたのが「ふれあいペアレントプログラム推進研究会」です。ふれあいペアレントプログラム推進研究会の概要と活動内容を下記のホームページに掲載してありますのでご覧ください。

　社会的普及のためには，指導者を養成するために指導者養成講座を開催すること，その講座を受講した指導者が中心になって親を対象にしたペアレントプログラムを実施することが必要です。これらの指導者養成講座とペアレントプログラム実施の開催要領は，ふれあいペアレントプログラム推進研究会のホームページ（http://fureaipp.main.jp/）に掲載しています。

ふれあいペアレントプログラムの指導者になりたい方へ

指導者になりたい方は，指導者養成講座を開催しますので，参加してください。養成講座では，学習会で用いるスライド（CDに収録）を配付します。

養成講座の開催場所や日程については，下記のふれあいペアレントプログラム推進研究会のホームページをご覧ください。

URL：http://fureaipp.main.jp

目　次

はじめに

第Ⅰ部　ふれあいペアレントプログラム実施のために知っておきたいこと

第1章　障害児の親への支援……2
1　育児不安と育児ストレス……2
2　障 害 受 容……2
3　親支援における親の立場……3
4　自閉スペクトラムの親支援プログラム……4

第2章　乳幼児期の発達的特徴……9
1　社会的認知の発達……9
2　情動の発達……16
3　関係性の発達……23

第3章　自閉スペクトラムの理解と支援……32
1　自閉スペクトラムの特性……32
2　自閉スペクトラム症の早期発見・早期支援……37
3　発達支援と親支援の動向……43
4　感覚運動に関する支援……47
5　言語に関する支援……55

第Ⅱ部　ふれあいペアレントプログラムのマニュアル

第4章　ふれあいペアレントプログラムとは……66
1　社会的コミュニケーション発達を促すペアレントプログラム……66
2　ふれあいペアレントプログラムのあゆみ……66
3　ふれあいペアレントプログラムの背景にある理論……68
4　ふれあいペアレントプログラムのターゲットスキル……70

第5章　ふれあいペアレントプログラムの基本的な考え方……73
1　プログラム実施において指導者が留意すること……73
2　プログラムに必要な基礎知識……74

第6章　ふれあいペアレントプログラムにおける親支援の考え方……75
1　何のための親支援か……75

2　親のエンパワメント……………………………………………………75
　　3　親が置かれている状況と様々な背景をもつ親への理解…………75
　　4　親の後悔と罪悪感……………………………………………………76
　　5　障害告知と親の心情…………………………………………………76

第7章　ふれあいペアレントプログラムの内容………………………………77
　　1　プログラムの対象……………………………………………………77
　　2　プログラムの指導者…………………………………………………77
　　3　プログラムの教材と使い方…………………………………………78
　　4　プログラムスケジュールの立て方…………………………………78

第8章　セッションの実際の進め方……………………………………………82
　　1　セッションの構成……………………………………………………82
　　2　学習会の進め方………………………………………………………82
　　3　グループワークの進め方……………………………………………83
　　4　ホームワークの進め方………………………………………………83

第9章　セッションの解説………………………………………………………84
　　第1回　ガイダンス………………………………………………………85
　　第2回　社会的コミュニケーションの方法……………………………94
　　第3回　社会的コミュニケーション段階の特徴と目標………………109
　　第4回　子どもの育て方（1）関わり方の基本………………………131
　　第5回　子どもの育て方（2）やりとりの工夫………………………147
　　第6回　子どもの育て方（3）段階別の関わり方とやりとり………160
　　第7回　親子ふれあい遊び（1）ふれあい方略………………………177
　　第8回　親子ふれあい遊び（2）段階別のふれあい方略……………189
　　第9回　親子ふれあい遊びの発展　……………………………………205

第Ⅰ部
ふれあいペアレントプログラム実施のために知っておきたいこと

第1章

障害児の親への支援

1　育児不安と育児ストレス

　自閉スペクトラム症（Autism Spectrum Disorder：以下，ASD）は，DSM-5において「社会的コミュニケーション及び対人相互反応の持続的欠陥」，「行動，興味，活動の限定された反復的な様式」「感覚刺激に対する過敏あるいは鈍感さ」の特性をもつことが示されていますが，これらは，子どもを育てる際に親を大変戸惑わせる特性といえます。子どもは，出生時から始まる親との関わりの中で，親を認識し，親との情緒的絆を築いていきます。社会的微笑の発達をみても，新生児期は生理的微笑であったものが，成長とともに人への選好的な微笑となり，生後6か月を過ぎると，親にだけ満面の笑みを示すようになります。親にとっては，子どもとの関わりにおいて，自分を親として認識して満面の笑みで応えてくれることは何よりの喜びであり，子育ての動機づけとなるでしょう。しかし，ASDの特性として，乳児期早期から対人相互反応が乏しいことがあります。これは，親子の関わりが難しいことを示しており，さらに親子の関わりの中で築かれる情緒的絆も感じにくいことにつながります。また，ASDの反復的行動や感覚異常は，親自身がこれまでに経験したことがない状態であり，理解しがたい行動です。

　これらのASDの特性は，定型発達と大きく異なるため，親でも我が子の行動や気持ちが分かりづらく，子どもへの適切な対応が難しいのです。そのため，ASDの親は，定型発達児の親に比べて，日常的に強い育児不安や育児ストレスをもっていることが報告されています。尾崎（2014）が，ASDあるいはその疑いと診断された幼児（平均月齢53.9か月）の母親56名（ASD群）と定型発達児（平均月齢54.8か月）の母親254名（定型発達群）を対象に，育児不安尺度を用いて尋ねたところ，ASD群の方が定型発達群よりも顕著に育児不安が高いことが示されました。また，同じ育児不安尺度をASD群と知的障害群で比較したところ（尾崎，2017），ASD群の方が育児不安は顕著に高いことがわかりました。育児ストレスの研究でも同様の結果が示されており，自閉症児をもつ親は，他の障害児を持つ親よりもストレスが高いことが指摘されています。障害児の親は，育児不安や育児ストレスを抱えているといわれていますが，その中でもASD児の親の育児不安や育児ストレスが格段に高いというこれらの知見は，ASD児の親の子育ての厳しさを表すものであり，ASD児の親への子育て支援の重要性を示しています。

2　障害受容

　ASD児の親への子育て支援を行う際に配慮することの一つに，障害受容の問題があり

ます。ASD児の子育てが困難であっても，すべての親が公的な支援を求めているとは限りません。子どもが幼少であるほど，親は子どもの障害を受け入れられず，子どもの障害を公表することに躊躇していることがあります。このような親の心理的状態を考慮せずに，子育て支援を一方的に進めれば，支援の効果があがらないばかりか，支援者への不信感を招いてしまいます。

　障害児に対する親の障害受容は，長い間，親の心理的問題として議論されてきました。我が国でも，ドローター（Drotar, D.）の障害受容段階モデルが注目され，障害受容に関する研究が行われてきましたが，研究対象となる子どもの障害種類は，主に身体障害や知的障害でした。しかし，自閉症の存在が周知されるにつれて，ASD児をもつ親の障害受容の特異性に関心が寄せられるようになりました。ASD児の親は，子どもに障害の疑いをもってから診断に至るまでの期間に最もネガティブな心理状態を体験しており，診断後も新たな問題が発生して心理的混乱を起こすことが報告されています（夏堀，2001）。さらに，その後の成長過程においても，親の障害受容は進退を繰り返すことが知られていますが，これは，障害受容段階モデルにはあてはまらない受容プロセスです（山根，2009）。このようなASD児の親にみられる障害受容の背景として，ASDの確定診断の困難さとASD児の行動特性が挙げられます。親は子どもの成長とともに，障害の疑いを抱くようになりますが，ASDの確定診断の時期は自閉症状が軽いほどそれよりも遅れるため，親は不安を抱えたまま子どもを育てることになります。さらに，ASD児の特異な行動特性は親でも理解できないことが多く，診断後も子どもの成長の節目ごとに親は心理的混乱を経験することが考えられます。

3　親支援における親の立場

　親への支援において，親の立場をどのように捉えるかによって支援の方法は異なります。ASDの子育てにおいて多大な育児不安や育児ストレス，そして障害受容の問題をもっている場合には，親は何よりも自分自身への支援を求めており，親は被支援者の立場といえます。これに対応する支援方法としては，親の心理的側面に対して直接働きかける心理臨床的援助が有効です。しかし，親は支援を受けるばかりの弱い受け身の存在ではなく，子どもを育てる主体としての立場でもあります。この立場を尊重して親をエンパワメントしていくことが，本プログラムの最終的な親支援の目標と考えています。親は専門家と協力あるいは協働していく共同支援者でもあり，親自らが家庭において子どもを育てる支援者でもあります。この際，ASD児の理解とその対応の難しさが親の重い心理的負担になっていることを考えると（柳澤，2012），親が子どもの発達特性に応じた対応ができるように支援することが望まれます。これに対応する支援方法としては，親が子どもへの対応を学ぶペアレントトレーニングやペアレントプログラムがあります。また，最近では，親を媒介にして子どもの発達を促す介入が多数提案されています。ふれあいペアレントプログラムもその一つです。

4 自閉スペクトラムの親支援プログラム

　ASDの療育では，20世紀中頃から行動的アプローチに基づく発達支援が行われていましたが，20世紀後半になると発達論的アプローチが新たに提唱されるようになりました。さらに，21世紀に入ると，発達論的アプローチに基づく親支援が重視され，社会的コミュニケーションの観点から親支援プログラムが多数開発されるようになりました。

　これらのプログラムでは，ASD児への支援においてこれまで補佐的な役割に甘んじてきた親の立場が療育者や教師と同等に置かれています。これは，社会的コミュニケーション介入を遂行する上では，理に適う提案でもあります。乳幼児期に子どもが最初にコミュニケーションを行う相手は親です。しかも，親は，日常生活のルーティンを通して社会的相互作用を行う絶好のポジションにあり，介入方略を駆使することができます。すなわち，親は，子どもについてもっとも精通した情報源であり，アセスメントや介入プロセスのパートナーでもあります。そのため，積極的に親が参加する計画をたて，親の意思決定を共有し，親との協働を作りあげることが，親支援の鍵要素となります。そこで，乳幼児期早期における社会的相互作用を行う親を媒介にした介入として，ペアレントプログラムが多数開発されています。表1-1に，社会的コミュニケーションに介入する，乳幼児の親を対象にしたペアレントプログラムを示します。これらは，国際的に認められた効果検証方法である無作為化比較試験（Randomized Controlled Trial：RCT）などの方法によって効果検証を行った研究です。これらの研究では，ターゲットとした子どもの行動のすべてが改善されたわけではありませんが，一定の介入効果が報告されています。また，これらの介入のメタ分析も積極的に行われています。次に，表1-1に示した主なペアレントプログラムの内容を紹介します。

ESI（Early social interaction project）

　ESIは，フロリダ州立大学自閉症研究所において，ウェザビー（Wetherby, A.M.）を中心として行われた実証と研究のプロジェクトとして位置づけられます。ESIは，コミュニティーをベースにしたASD幼児とその親のための早期介入プログラムです。ASDの障害の中核である社会的コミュニケーション，親子相互作用，遊びスキルに焦点を当てています。ESIは，親によって行われる介入（Parent-Implemented Intervention：PII）と情報・教育・サポート（Information, Education and Support：IES）の2つの親介入プログラムを通してサービスを提供しています。PIIでは，子どものコミュニケーション，社会的スキル，遊びスキルを日常生活のルーティン，活動，場面で援助することができるように親に知識とスキルを教えます。その際，子どもにとって機能的で予測可能で，有意義な活動であり，日常生活で起こりそうな活動を取り上げることが重要です。また，IESでは，社会的コミュニケーション発達についての情報を親に提供しています。そして，専門家と話し，他の親と出会う機会を設けます。

　ウェザビーは，SCERTS（Social Communication, Emotional Regulation and Transactional

第1章　障害児の親への支援

Support）を開発した一人であり，ESIにおいても，SCERTSと同じ目標と目的を設定しています。

JASPER parent-mediated intervention

　JASPER（Joint Attention, Symbolic Play, Engagement, and Regulation）は，カリフォルニア大学ロサンゼルス校のカサリ（Kasari, C.）によって開発されました。行動論と発達論を組み合わせた包括的アプローチに位置づくASDへの介入方法です。社会的コミュニケーションの要素である共同注意，人との関わり，感情調整をターゲットとし，社会的コミュニケーションである相互的関わりを持続させ，共同注意行動と遊びスキルの頻度や複雑性を高めるために自然な方略が使われます。たとえば，遊びルーティンの中で相互的関わりを行う機会を設け，子どもに関わりを持続させるための方略を使います。

　JASPERは，これまで，多様な発達障害レベルの生後2か月から8歳までの子どもを対象に行ってきました。これは，療育者による子どもへの個別セラピーだけでなく，親や教師によって実施することができます。介入は，他の行動的介入のセラピストと協力して行い，インクルージョンや特別支援教育や家庭での日常生活に自然に組み込まれます。準備しておくのは，子どもの発達に適している玩具あるいは活動だけです。JASPERのセラピーは，遊びを通して，共同注意（joint attention），象徴遊び（symbolic play），人との関わり（egagement），感情調整（rgulation）に焦点を合わせて行われます。共同注意は，注意の共有のために物と人との間の注意を調整することです。セラピーにおいて共同注意のモデルを示して直接教えると，ASD児の共同注意が増加したことが示されました。象徴的遊びについては，介入者が適切な遊びのモデルを示すと，遊びルーティンの中で共同注意が促されます。また，多様性と柔軟性と遊びのレベルが向上するように子どもを援助する目標を掲げた場合，遊びタイプに多様性が生じます。相互的関わりが増えることは，決定的に重要です。なぜなら，社会的コミュニケーションや学習の機会を大幅に増やすことになるからです。そのため，セラピーでは，他者との相互関わりがより高い水準に達するようにASD児を援助することが目的となります。感情調整について，JASPERでは情動と行動の調整が重要であることを強調しています。そのため，ASD児がもっている相互的関わりの欠陥，自己刺激行動，調整不全に対応する多くの方略を提供しています。

　JASPERは，ASD児を対象にした個別介入として始まりましたが，療育者の指導のもとに親が子どもに行う介入（JASPER parent-mediated intervention）も提案されています。また，親への介入方法としてJASPERと心理教育介入を比較したところ，JASPERの方が相互的関わりは増えましたが，一方で心理教育介入では親のストレスは減少しました。そのため，JASPERと心理教育介入の組合せで行うことが効果的であると結論づけています（Kasari et al., 2015）。

P-ESDM（Parent-implemented Early Start Denver Model）

　アーリースタートデンバーモデル（Early Start Denver Model：ESDM）は，ロジャース（Rogers, S.）らによって開発された対人関係の発達モデルと応用行動分析の原理を統合し

た包括的介入です。指導法には機軸行動発達支援法（Pivotal Response Treatment：PRT）が取り入れられており，社会的相互作用における共同注意と動機づけを社会的報酬によって強化する方略が使われています。元来は，乳幼児に対する早期介入ですが，その後，ESDMの方法を親が行うP-ESDMが作成されました。詳細のトレーニングカリキュラムと介入のための特別の指導方法が用意されています。P-ESDMは，12セッションからなり，1セッションは1時間です。セッション1は，導入，セッション11と12は，ふりかえりと介入後の説明にあてます。セッション2～10では，親はESDMの10の介入技術を順番に教えられます。それは，① 子どもの注意と動機づけを増やす，② 感覚的社会的ルーティンを使う，③ 二者の関わりを促進する，④ 非言語的コミュニケーションを強化する，⑤ 模倣スキルを習得する，⑥ 共同注意を促進する，⑦ 言語発達を促進する，⑧ ABC分析を使う，⑨ プロンプト，シェーピング，消去の技術を用いる，⑩ 新しい介入を開発するための機能的行動アセスメントを作る，です。

ImPACT（Improving Parents as Communication Teachers）

ImPACTは，米国のミシガン州立大学自閉症研究所のインガソール（Ingersoll, B.）らによって開発されたペアレントトレーニングです。子どもの社会的関わり，言語，模倣，遊びを日常生活のルーティンや活動の中で促す方略として，発達的介入と自然な行動的介入を併せて使っています。最初に，親の応答性を促進し，社会的相補性を改善するための発達的な技術が教えられます。次に，特異的言語，模倣，遊び行動を子どもに教える行動的な技術が教授されます。プログラムでは，親に教えるために，技術が書かれたテキストやビデオでの事例呈示を用います。また，親への個別の実践指導も行われます。

PACT（Preschool Autism Communication Trial）

PACTは，自閉症児と親とのコミュニケーション，そして社会性や言語の発達を強化することを目的とする療育です。このアプローチの目的は，親が子どもの障害にあったコミュニケーションスタイルをとり，強化した感受性と反応性で子どもに応答するように援助することです。凝視，共有，提示，手渡しを通して，注意の共有を増やすことに焦点を合わせています。親は，子どもの理解水準に合わせた言葉を使うように指示され，また，子どものコミュニケーションと参加を促す方略が教えられます。たとえば，行為ルーティン，言語スクリプトを繰り返すこと，そして，推敲，休止，からかいを使うことなどです。

介入は，療育センターで行われますが，その部屋は，子どもの気が散らないように最低限のものだけが配置されています。親子は，約2時間の個別セッションに隔週で6か月間参加し，その後の6か月間は月1回のセッションに参加します。各セッションでは，セラピストから渡された玩具を使って親子で一緒に10分間遊ぶように指示されます。これはビデオ撮影され，終了後に親とセラピストはこのビデオを見ながら話し合います。セラピストの役割は，親がうまくいった方略と反応を見分けるように導くことです。親は，教えてもらった方略を家庭で毎日30分実施することが求められます。

表1-1 ASD幼児への社会的コミュニケーション介入の主なペアレントプログラム

プログラム名	主な開発者	介入タイプ	ターゲットにする子どもの行動
ESI (Early social interaction project)	Wetherby, A. M.	・包括的ペアレント・トレーニング ・自然な発達的行動介入	社会的コミュニケーション
JASPER (Joint Attention, Symbolic Play, Engagement, and Regulation) parent-mediated intervention	Kasari, C.	・相互的関わりに焦点化したペアレント・トレーニング ・自然な発達的行動介入	相互的関わり,共同注意の始発と反応
P-ESDM (Parent-implemented Early Start Denver Model)	Rogers, S	・包括的ペアレント・トレーニング ・自然な発達的行動介入	注意,動機付け,感覚的社会的ルーティン,二者間関わり,非言語的コミュニケーション,模倣,共同注意,会話,行動
ImPACT (Improving Parents as Communication Teachers)	Ingersoll, B. & Dvortcsak, A.	・社会的コミュニケーションスキルに焦点化したペアレント・トレーニング ・自然な発達的行動介入	社会的関わり,言葉,模倣,遊び
PACT (Preschool Autism Communication Trial)	Green, J. et al.	・ビデオ支援ペアレント・トレーニング ・発達的介入	社会的関わりと相補性
More Than Words	Sussman, F.	・コミュニケーションに焦点化したペアレント・プログラム ・社会的語用論的・発達的介入	社会的コミュニケーション,言語理解,双方向相互作用

※自然な発達的行動介入（Naturalistic Developmental Behavioral Interventions：NDBI）は行動的介入に発達原理を取り入れた介入の総称です。また、発達的介入は、発達原理に基づいた発達論的アプローチの介入です。

More Than Words

More Than Wordsは、カナダのヘイネンセンターで開発されたASD幼児の親を対象にしたペアレントプログラムです。More Than Wordsは、コミュニケーションが子どもと社会的環境である大人との相互作用の文脈において発達するという社会語用論に基づいています。親子相互作用が重視され、日常生活において自然に生起する親子相互作用を通して子どもの社会的コミュニケーションスキルを獲得する方略が教えられます。親は、子どものコミュニケーションや言語発達を促すための重要な存在と見なされ、日常生活における子どもとの関係に応答的な相互作用の方法を取り入れ、環境を操作することによって、子どもの社会的コミュニケーションと言語スキルを促進します。また、More Than Wordsは、発達科学研究の知見から子どものコミュニケーションの発達段階を4段階設定しています。親は子どもが該当する発達段階に沿った目標を立て、それに合わせた方略を試みます。プログラムは、グループトレーニングと個別のビデオフィードバックで構成されています。グループトレーニングは、1プログラム8名までの親グループで7セッ

第1部　ふれあいペアレントプログラム実施のために知っておきたいこと

ション行い，個別のビデオフィードバックは，1家族につき3セッション行います。個別のビデオフィードバックは，言語療法士が家庭に出向き，親子の相互交流の様子を撮影し，終了後にそのビデオを見て親と一緒に話し合うものです。

(尾崎康子)

第1章　参考文献

Kasari, C., Gulsrud, A. C., Paparella, T., Hellemann, G., & Berry, K. (2015). Randomized comparative efficacy study of parent-mediated interventions for toddlers with autism. *Journal of Consulting and Clinical Psychology*, 83(3), 554-563.

夏 堀摂 (2001). 就学前期における自閉症児の母親の障害受容過程　特殊教育学研究, 39, 11-22.

尾崎 康子 (2014). 自閉症スペクトラム障害の親支援にかかわる要因の探索的研究：間主観性，愛着，育児不安，障害受容に焦点をあてて　相模女子大学紀要, 78, 63-74.

尾崎 康子 (2017). 社会的コミュニケーション発達を促すペアレントプログラムの開発と検証．臨床発達心理実践研究, 12, 10-16.

山根 隆宏 (2010). 高機能広汎性発達障害児をもつ母親の診断告知時の感情体験―診断告知に至る状況との関連．神戸大学院人間発達環境学研究科研究紀要, 3, 27-35.

柳澤 亜希子 (2012). 自閉症スペクトラム障害児・者の家族が抱える問題と支援の方向性　特殊教育学研究, 50, 403-411.

第2章

乳幼児期の発達特徴

1　社会的認知の発達

（1）社会的認知とは

　社会的認知（social cognition）とは，社会心理学の分野においては，以前より社会的場面における認知として使われてきた概念です。それに対して，発達心理学の分野では，社会的認知を社会的及び対人的な認知と捉えており，比較的最近注目されてきた領域です。発達心理学では，長い間ピアジェ（Piaget, J.）の認知発達論をもとに子どもの認知の発達を追うことが中心課題でした。しかし，その認知発達論では，一人の子どもの発達過程は丹念に調べられていますが，子どもが周りの人との関係の中で発達するという観点がとられていませんでした。しかし，出生直後から周りの人といかに相互に関わっていくかが，子どもの発達において大変重要であることがわかってきました。これが，発達心理学において社会的認知発達の研究を推し進める原動力となり，その結果，視線認知，共同注意，心の理論などの様相とその発達が明らかになってきました。

　社会的認知発達の研究が進み，各領域の様相が明らかになるとともに，子どもがどの順序でどのような状態を獲得するかがある程度わかってきました。すなわち，発達早期に意図の気づきが起こってから，共同注意が獲得され，共同注意によって気持ちや意図の共有ができた後に，心の理論を獲得するという順序です。ただし，この順序については，研究者間で意見は一致していますが，意図の気づきから心の理論獲得に至るには，どのような要因が関わっているかについては様々な見解が出されています。バロン＝コーエン（Baron-Cohen, S.）はモジュール理論，トマセロ（Tomasello, M.）は社会認知的理論によって説明し，そして社会的相互作用論者といわれるブルーナー（Bruner, J. S.），フォーゲル（Fogel, A.），レゲァスティ（Legerstee, M.），トレバーセン（Trevarthen, C.），トロニック（Tronick, E. Z.）らは，社会的相互作用によって社会的認知が連続的に発達すると主張しています。

　ふれあいペアレントプログラムは，発達初期に情動レベルで始まる社会的相互作用を重ねることによって社会的認知能力が育っていくという社会的相互作用論に依拠しており，本プログラムでは，親子の社会的相互作用を可能にする関わり方が提案されます。

（2）社会的認知の様々な能力
① 発達初期における顔，表情，視線の認知

　誕生直後から子どもが人の顔を見る傾向をもっていることは実際の観察からでもわかるところですが，ファンツ（Fantz, R. L.）は，乳児に様々な図形を対提示して，乳児が顔図

> **コラム1　人との関わり（engagement）**
>
> 　誕生直後から子どもは，人に対して選好性や同期性を表します。それは，子どもの意図的な行動ではありませんが，親は子どもに心があるかのように思い込んで関わっていきます。このように発達初期から親子の社会的相互作用は始まっており，その積み重ねがその後の意図的な社会的相互作用に続いていくと言えます。定型発達では，誕生直後からの連続上に社会的相互作用を講じることが多いですが，ASD児のように誕生直後から人への選好性や同期性が乏しい場合には，社会的相互作用に至るまでには多くの時間がかかります。そこで，ASD児の対人関係の発達において，人に対して関わりがもてないすなわち社会的相互作用が成立しない期間が長く続くことが見られます。そこで，ASD児の対人関係については，社会的相互作用ではなく人への関わりの観点から評価すると，ASD児の発達状況をよく捉えることができます。たとえば，アダムソンら（Adamson et al., 2004）は，人との関わりの評価として，以下の6段階を設けています。
>
> **人との関わりの評価段階**（Adamson et al., 2004）
> 1．関わりがない（unengaged）：子どもは，部屋を見渡していますが，どのような人や物にも関わらないし，活動にも参加しません。
> 2．見てるだけ（onlooking）：子どもは，親の活動を見ていますが，その活動に参加しません。
> 3．人との関わり（person engaged）：子どもは，親とだけ関われます。
> 4．物との関わり（object engaged）：子どもは，物に関わります。ただし，それは手元にある物だけです。
> 5．支援が必要な相互的関わり（supported joint engaged）：子どもと親は，同じ物や人，あるいは興味をもった出来事に共に関わっていますが，子どもは一貫して親に関心を向けません。
> 6．物と人の両方に相互的関わり（coordinated joint engaged）：子どもと親は，同じ物，人，出来事に共に関わっています。その時，子どもは，相互作用で共有された事物を親と交互に見ることによって，繰り返し親に関心を向けます。

形パターンに選好を示すことを実証しました。しかし，この結果だけでは，乳児が人の顔を認識しているかどうかわからないという疑問が出され，その後，顔の配置パターンを変化させた場合の顔認識を調べる研究が行われました。その結果，乳児が口や鼻などの顔の配置情報を理解していることが示され，乳児が人の顔を顔として認識している可能性が示唆されました。そして，顔の認知だけでなく表情認知についても，子どもは発達早期から他者の表情に対して感受性をもっていることが指摘されています。新生児期では，目の前にいる人の表情を真似する新生児模倣が知られています。新生児は表情を認識しているわけではありませんが，表情の変化に注目していることを表しています。そして，生後4か月を過ぎると顔の表情の喜怒哀楽などの様相を区別でき，さらに1歳頃になると，他者の表情を認識して，それを指標として自分の行動をコントロールするようになります。

発達初期の子どもが，顔や表情を認識する際に顔のどの部位を見ているかが調べられています。視線追跡装置で視線を解析すると，乳児は人の顔の中でも目を一番長く注視していることがわかります。相手の目を見ることによって，相手の興味や注意の情報を得ることができるため，他者の視線を認知することは社会的コミュニケーションをする際の重要な手がかりとなってきます。実験においても，新生児は目を閉じた顔より目を開いた顔を選好し，自分を直視しない顔よりも直視する顔を選好することが示されています。

このように，定型発達では，発達初期から社会的認知の要素である他者の顔，表情，視線に対する感受性があることがわかっていますが，ASD児では，それらの感受性が低いことが考えられます。ASD児は，誕生直後から相手の顔や目を見ることが極端に少なく，それはその後も一貫してASD児の特徴として表れています。幼児が相手と関わり合っている時の視線を視線追跡装置で解析すると，定型発達児では，相手が話している時には相手の目を見ており，相手がある物に視線を向けた時には視線追ってその物を見ていることが分かります。しかし，ASD児では，どのような場面でも相手の目を見ることは少なく，口を見ていたり，体の他の部位を見ていることが多いのです。そして，相手が向けた視線の先の物をほとんど見ていません。誕生直後から相手の目を見ることが少ないことが，その後のASD児の社会的コミュニケーションの困難に最も関係しているともいわれています。

② 共同注意

共同注意とは，相手と同じ対象に対して注意を向けることですが，広義にはそれに関連した事項を総称していいます。表2-1に共同注意に関連する事項を示します。

共同注意では，前提として相手と同じ所を見ることが必要です。それには，まず視線追従（gaze following）ができること，そしてそれにより共同注視（joint visual attention）が成立する必要があります。視線追従とは，相手がある事物を見た時に，その視線方向を追従することをいいます。発達的には，視線追従は，相手と目が合っている状態（相互注視：mutual gaze）の時に相手が他の方向を見ると，それにつられてその方向を見ることから始まりますが，その後，相互注視をしていなくても，相手の視線が他に向けられていることを感知して意図的に追従するようになります。しかし，視線追従だけでは相手と同じ対象を見ているとは限りません。相手の視線を追従した後に，相手が見ている対象を見ることによって共同注視が成り立ちます。

正確には，子どもと相手の二者間で共同注視している事物に対して，二人で注意，情動，情報が共有された状態を共同注意（joint attention）といいます。共同注意は応答と自発に分けられます。相手が注意を向けた所に子どもがそれを追従する共同注意の応答の方が先にできるようになります。そして，その後に，子どもが自分の注意を向けた所に大人の注意を向けさせるという共同注意の自発ができるようになります。また，相手に自分が関心のある物を提示する提示行動（showing）と相手に物を手渡しする手渡し行動（giving）も，広義の共同注意と捉えると，それらは共同注意の応答と自発の獲得時期の間に出現します。これらの提示行動と手渡し行動にも応答と自発があり，先に応答が，その後に自発ができ

るようになります。また，これらの共同注意の際に，子どもは共同注意を向けた対象とそばにいる親を交互に視線を向けることがあります。これは，交互凝視（alternative looking）をしている状態であり参照視と呼ばれます。この時，子どもは，同じ対象物に対して親と注意が共有できているかを確認していると考えられます。

表2-1　共同注意に関連する項目と通過月齢（大神，2008）

分類	共同注意の項目	通過月齢の目安
共同注意への応答（注意の追従）	視線追従	9〜10ヵ月
	指さし追従（視野内）	8〜9ヵ月
	指さし追従（視野外）	10〜11ヵ月
	視線追従や指さし追従の時の参照視	10〜11ヵ月
提示・手渡し（行動の追従）	応答的提示・手渡し	11〜12ヵ月
	からかい行動	13〜14ヵ月
	自発的提示・手渡し	12〜13ヵ月
共同注意の自発（注意の操作）	要求の指さし	12〜13ヵ月
	要求の指さしの時の参照視	13〜14ヵ月
	叙述の指さし	13〜14ヵ月
	叙述の指さしの時の参照視	14〜15ヵ月

③ 心の理論

　心の理論とは「他者の心の状態（信念や欲求）を推測し，他者が自分とは違う信念や欲求を持っていることを理解する機能」と定義されます。心の理論の研究は，動物行動学者であるプレマックとウッドラフ（Premack, D. & Woodruff, G.）に始まり，発達心理学者によって「心の理論はどのように発達するのか？」という命題の追求へと進展していきました。発達心理学者のウィマーとパーナー（Wimmer, H. & Perner, J.）は，ある人が他者の信念を理解しているかどうかをみるためには，その人が「対象の人が誤った信念を持っていること」を理解しているかどうかを調べることが有用であるとして，誤信念課題である「マクシ課題」を考案しました。この誤信念課題の通過率は4歳頃に高くなることが報告されています。その後，同様に，バロン＝コーエンは「自閉症は心の理論をもっているのか？」という命題を呈示し，誤信念課題である「サリーとアン課題」（図2-1）を考案しました。この誤信念課題では，実年齢4歳の定型発達児の80％が正答し，言語性精神年齢3歳のダウン症児も同様に80％の正答率でしたが，言語性精神年齢5歳の自閉症の正答率は20％でした。これにより，自閉症がこの誤信念課題ができないのは，精神年齢と関係なく，心の理論をもっていないためであると指摘され，さらに，自閉症の原因は心の理論の欠損であるとまでいわれました。しかし，その後の研究により，自閉症でも就学後にこの誤信念課題を通過できることがわかり，心の理論の欠損論は撤回されました。

　近年，当初の心の理論の研究結果に対して，「心の理論を獲得するのが4歳とするのは遅いのではないか」という疑問が提出され，4歳を待たずにもっと早い時期から，人が自分とは違う信念や欲求をもっていることを理解しているのではないかという議論が起こり

ました。現在では，乳児は人の心を推測する課題を直感的に判断しているのであって，言語理解が必要な誤信念課題で正答できるのは4歳以降であることが認められています。なお，ASD児の場合には，心の理論に関する直感的な判断が最も苦手であるといわれています。

1 サリーがお人形であそんだ後，それをかごの中へしまって部屋を出ました。

2 サリーがいない間に，アンがやってきて，かごからお人形を出して遊びました。

3 アンはお人形であそんだ後，それをはこの中にしまって出ていきました。

4 サリーが，もう一度お人形であそぼうと思ってやってきました。「サリーがお人形をさがすのはどこでしょうか？」

図2-1 サリーとアン課題
「サリーとアン課題」(Baron-Cohen, 1985) を参考に作成。

(3) 社会的認知能力の獲得と社会的相互作用

　親との適切な社会的相互作用を持続的に体験してきた乳児は，生後3か月で親の視線に注目することが増えます。そして，その後数か月がたつと，相手の目を見ながら身振りや発声で自分の意図を表現することができるようになります。この非言語的な親子の社会的相互作用によって社会的コミュニケーションン行動が形成されることが指摘されています。そして，社会的相互作用論者は，これらの相互作用を重ねることによって，共同注意が成立することが可能になると主張しています。

　心の理論との関係については，社会的相互作用論では次のように捉えています。乳児は，社会的相互作用を通して，相手（親）を「自分のようだ（like me）」と知覚することにより，親が心的状態をもつ存在であることに気づき始め，親の心を理解することにつながっていきます。そしてその後に，心の理論へと発達させるといわれています（Tronick, 1989; Trevarthen, 1979）。「自分のようだ（like me）」とは，親が乳児の感情を模倣して，乳児に映し出すと，乳児が自分の心的状態を照らし合わせている親を自分のようだと感じること

です。また，この時に，乳児は親との情動共有を経験します。その後，三項関係が成立し，そこでの三項的相互作用が生じるようになると，乳児は，人と対象物を注視することによって，人間と対象物の間にある関係に気づくようになります。そして，それを発達させていくことによって，子どもは，自分とは異なる意図や目標をもつ他者の存在を理解するようになります。すなわち，これらをまとめると，他者が自分と似ていること（like me）を知覚することによって，他者の心的状態に気づくことになり，さらに，他者が意図をもっていることがわかるようになります。そして，他者が自分とは異なる視点をもっており，自分とは違う意図をもっていることが理解できるようになると，やがて心の理論の獲得につながっていきます。

また，心の理論の獲得につながる要因が乳児期にすでに存在すると考えられています（Legerstee, 2005）。すなわち，①乳児が自分の情動を知覚することによる自分の精神状態への気づき，②乳児が他者の情動を認識することによる対人的な気づき，③他者が情動調律で返してくれると，それが自分と同じ情動経験であると見い出すことです。

（4）情動共有を伴う社会的相互作用

社会的相互作用を通して，相手を「自分のようだ（like me）」と知覚することが，後に人の心の理解につながることを上述しましたが，それを可能にするためには，社会的相互作用を行っている時に，行動のやりとりだけでなく，親が豊かな情緒的応答性を示し，情動共有を伴わせていくことが重要です。親子の社会的相互作用において，親が子どもに対して感受性豊かな応答性をすることが，心の発達につながるために重要であるといわれています。また，親が感受性豊かな応答をするには，子どもの情動を的確に読み取ることが必要です。他者の心的状態を見出したり推論する能力をメンタライジング（mentalizing）といいますが，子どもが発した情動に対して，メンタライジング能力が高い親は子どもの表情や声からその内的状態を適切に読み取り，共鳴しながら情動状態を映し出しています（mirroring）。

このような親子の社会的相互作用が行われる時には，そこに親子の情動共有が伴っています。この情動的相互作用により，乳児はいっそう，親を「自分のようだ」と知覚し，さらには間主観性を発達させ，心の理解を促していきます。情動共有は心の理解の発達促進メカニズムといえます。また，情動的相互作用において，親が乳児の情動を映し返すと，乳児は情動の感受性が鋭敏になっていき，明瞭な情動に気づき出します。それにより，乳児は自分と親の情動状態とを区別し始め，次第に他者の情動を理解するようになります。

ところで，乳児期後半の情動的相互作用において，親が乳児に対してとっている特徴的な行動パターンがあります。最初は，親が乳児の表情や行動の模倣から始まります。親は，乳児が情動を発している時に，その表情や行動を模倣することによって子どもの情動に合わせ，そして乳児と情動を共有します。その後，親は模倣とは異なる方法で乳児と情動共有を行い始めます。スターンは，それを情動調律（affect attunement）と名付けました。情動調律とは，親が乳児の感情表出に共鳴して，それを乳児とは別の表現型で乳児の内的感情を反映した行動をとる情動的相互交流パターンです。乳児が情動を表現している感覚様

コラム2　ミラーリング（mirroring）

　ミラーリング（mirroring）とは，その字義通りに捉えれば，まるで鏡のように相手の動作を真似ることですが，乳幼児研究では，子どもの情動を映し出す親の行動として，心の発達過程における重要な概念とされています。ミラーリングについて最初に言及したウィニコットは，母親の表情は，向かい合う乳児の感情状態を映し出しており，それを乳児から見れば，母親が自分の気持ちや表情を映す鏡のように共鳴するものと感じるとしました。そして，母親が乳児の感情状態に共感的に合わせる時に，乳児の表情や声や動きなどを直感的に真似る行動のことをミラーリングと呼びました。その後，乳幼児発達科学者がミラーリングに興味をもち，様々な定義を提案しています。トレヴァーセンは，母親が子どもに情緒的に巻き込まれながら，子どもの最も目立った身振りを無意識的に真似する行動を echoing（反響）とし，ミラーリング（鏡映化）と同義として捉えました。一方，情動調律を提唱したスターンは，ミラーリング（映し出し）は，行為自体の模倣を指すことであるが，情動調律と最も近い概念だと述べています。また，レゲァスティは，乳児の情動の反映，情動調整機能として affect mirroring（情動鏡映）を定義しています。

　ミラーリング（映し出し）は特別な行為ではなく，子どもの情動を映し返す親の行動として，親が日常的に行っている行動のひとつです。たとえば，表情や発声による映し出しとしては，子どもが微笑したり，喜びの発声をするといったポジティブな情動を表していると親もニコニコしてその表情や声を模倣していることです。また，言葉による映し出しとしては，子どもが喃語を話していると親も子どもの喃語を繰り返し模倣していること，そして，沐浴している時「気持ちいいね」とか，子どもが転んでけがをした時「痛かったね」と親が子どもの情動を代弁していることが挙げられます。

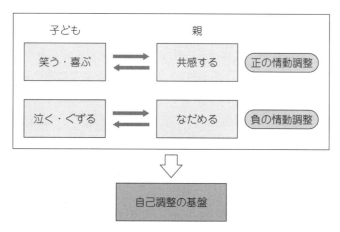

図2-2　自己調整の基盤

式とは異なる様式で，親が乳児の情動を反映することが，この時期の日常生活で親によって自然に行われています。たとえば，乳児が声をあげて喜んでいると，父親は乳児の情動に調子を合わせて手を叩くことによって，乳児と情動を共有しています。すると，乳児の喜びは倍増していきます。親はあくまで，乳児の情動を調律しようと意図的に行っているので

はなく，乳児が経験している情動を共有することを目的に自然な流れの中で行っています。このような情動調律では，親が乳児との間主観的な場を作り出しているともいえ，情動調律により子どもは他者との主観的体験を共有できるようになることが理解できます。

　また，前述した親子の情動的相互作用を経験することによって，子どもは情動調整を行っていくことが指摘されています（図2-2）。子どもが笑う，喜ぶなどのポジティブな情動を表した時に，親がその情動に共感して，さらに模倣や情動調律によってその感情を映し出してあげると，子どものポジティブな情動はさらに高まっていきます。これが正の情動調整です。それに対して，子どもが泣いたり，ぐずるなどネガティブな情動を表した時には，親はその情動を受け止めながら子どもをなだめることによって，子どものネガティブな情動を収めていきます。これが負の情動調整です。発達初期には，子どもは情動を自己調整することができませんが，このように親によって情動調整してもらうことによって，自分の情動が調整される経験を積み重ねていきます。それによってやがて，子どもが自分の情動を自己調整できることにつながっていくといわれています。

（5）自閉スペクトラムの社会的認知能力

　ASD児には視線認知，共同注意，心の理論などの社会的認知に障害があることが分かっています。また，これらの社会的認知を基にして行われる社会的コミュニケーションの欠陥は，ASDの障害の中核であることがDSM-5の診断基準に明記されています。社会的コミュニケーション行動は，発達早期における非言語的な親子の社会的相互作用によって形成されることを考えると，ASD児では，誕生直後からの親子の社会的相互作用が乏しいことが，社会的コミュニケーション発達の遅れを招いていることが容易に考えられます。そして，社会的相互作用論では社会的相互作用を重ねることにより共同注意や心の理論の発達が進むと考えられていることを考慮すると，ASDにおいてこれらの社会的認知の発達が遅れることも予想されることです。ASD児がこれらの視線認知や共同注意に遅れや障害をもっていることが，乳幼児期の社会的学習を限定させ，その結果として発達領域にわたる欠陥を引き起こすと考えられ，ASDの極めて重要な問題と見なされています。

　これらの知見から，本ふれあいペアレントプログラムでは，なるべく発達早期にASD児の社会的コミュニケーション発達を促すことを最重要課題として捉えています。そして，社会的コミュニケーション発達を促す支援を具体的に提案しています。

（尾崎康子）

2　情動の発達

（1）情動とは

　情動とは感情や気持ちといわれることもあり，①表情やジェスチャーといった表出行動，②心拍数が増加するなど生理的反応，③主観的状態，といった3つの側面があります。情動は外から見えることから，対人コミュニケーションにおいて重要な働きをするとともに，主観的に感じることから自己感に関わり，行動を導くガイドとして働くこともあ

ります。一般的には喜怒哀楽といわれ，喜びや悲しみ，怒り，驚き，嫌悪を基本情動と呼んで，人種や文化にかかわらず，人間であればどの人にも生じるものと考えられています。そうした基本情動以外に，社会的情動や二次的情動といわれるもっと複雑な情動もあり，社会的場面で重要な働きをします。たとえば，愛情や誇り，罪悪感，恥，嫉妬といった情動です。

情動は子どもの発達と共に複雑となり，社会的にふさわしく表出や制御されるようになります。近年，そうした能力は「情動知能」や「情動コンピテンス」として注目されています。「情動知能」はサロベイとメイヤー（Salovey & Mayer, 1990）により「自己と他者の感情及び情動を認識して区別し，思考や行動に活かす能力」として定義され，①情動の認知，②情動の理解，③情動の制御，の3つの側面をもつものと捉えられています。情動知能は精神的健康や人間関係など様々な心理的側面と関連することがわかっています。また，「情動知能」の概念が情動についての最大限の能力や習得した内容を測定することを重視しているのに対して，「情動コンピテンス」は情動に関連する反応や行動傾向と捉えられるものであり，区別されています。サーニィら（Saarini, 1991 佐藤訳，2005）では，情動コンピテンスを，①自分自身の情動に気づき，その意味を受け取り調整する能力，②他者の情動に気づき共感的に理解し関わる力，③自他の間で情動のコミュニケーションを適切に展開する力の3つの側面として捉えています。

このように情動については，単に情動の表出だけでなく，自分や他人の情動の理解や受け取り，情動によるコミュニケーションや社会的相互作用，情動の自己や他者による制御といった多様な側面があり，社会的発達と密接に関わっています。

（2）情動の3系統とその発達

情動の発達について，古典的な研究では赤ちゃんには興奮状態があるだけで，それによって快と不快を表出し，そこから様々な情動が分化していくと考えられていました。しかしながら，胎児の画像研究から，胎児期からしかめ面や微笑が盛んに生じることがわかっており，新生児であっても情動の萌芽が見られます。スルーフ（Sroufe, 1995）はこうした情動の萌芽に注目し，主な情動システムは3種類あり，それぞれが独自の発達を遂げると考えました。

一つ目が「愉快／喜び系」の情動です。それは新生児の自発的微笑に始まり，初期には内発的に生じたり，単純な刺激に誘発され出現したものが，生後3か月ごろには見知った人やおもちゃが提示された時に社会的微笑という形で出現し，生後4，5か月ごろから大人の働きかけに笑うようになり，特定の文脈で表出されることから情動の要件を備えます。さらに，刺激が意味をもち，物それ自体ではなく出来事の意味を理解して興奮を示すことが真の意味の喜びの情動であり，幼児期となり子どもの自己意識が発達すると，誇りや愛情として表出されることになります。

二つ目が「恐怖系」の情動です。新生児は突然の音や痛み，苦痛で泣きますが，これらは反射的なものです。ところが，生後3，4か月もすると見慣れないものに対して警戒を示し，文脈の意味に応じた情動が出現します。さらに，生後8か月頃には見知っているも

のと見知らないものの区別が生じ，後者には恐怖が生じます。それはさらに対象が特定しない状態での不安となり，自己意識と絡むことで恥や罪悪感といった社会的情動につながります。

　三つ目が「怒り系」の情動です。新生児では動きが妨げられた時に生じる反応ですが，3，4か月頃には，意図的動きを妨害されたフラストレーションとして生じ，生後半年もすると文脈に対応した行動として，怒りの情動は特定のものに向けられるようになります。さらに幼児期になるとイライラとして示され，自己意識の出現に伴って激怒や意図的な攻撃という形で表出されることになります。

　いずれの系統の情動でも，最初は生理的な反応であったり内発的な表出ですが，生後3，4か月になると外的刺激に対応した文脈の意味に応じた情動として出現します。さらに，生後10か月前後では特定の出来事や相手に対応した情動が表出されることになります。また，生後2年ほどすると，各系統の情動は複雑化し，社会的情動が自己意識と関わりながら出現することになります。

（3）社会的相互作用の中で発達する情動

　情動発達に限らず，発達は単独で進むものではなく，様々な側面と連関しながら変化していく過程です。特に，情動発達は認知発達と切っても切れない関係にあり，外界の情報の捉え方や情報処理により，認知発達が情動を導き，情動によって認知処理が影響され，相互に関わります。さらに，発達はすでにあるものから派生的に複雑化を遂げるものであり，主体と環境との相互作用の中で，過去から未来への一連の過程といえます。そうした発達的観点をふまえて，情動発達を考えていきたいものです。

　表2-2に見られるように，生後1か月までの新生児期では，空腹や眠さなどの生理的状態によって泣いたり，眠ったりして内的状態を表出しますが，養育者は，新生児のこうした表出に反応して世話を行います。新生児は，生まれつき優れた学習能力をもっていますので，内的状態の変化と世話の随伴性を学習することで，養育者について認識するようになります。

表2-2　情動発達と認知発達の発達連関と養育者の関わり

	情動発達	認知発達	養育者の関わり
生後1か月まで（新生児期）	内発的な表出（自発的微笑など）生理的状態からくる覚醒	生得的行動（原始反射）	授乳，睡眠，排泄を中心とした世話
生後3，4か月まで	外界の刺激に応じた情動第一次間主観性の出現	随伴性の認知既知と未知の区別	養育者による情動の調整，情動交流遊び
生後7，8か月まで	文脈に応じた情動の出現真の情動の出現	目的―手段関係の理解意図の出現	発信された情動・信号に対応した関わり
生後1年半目まで	アタッチメント情動の分化第二次間主観性の出現	共同注意社会的認知の発達表象の出現	安全基地となる情動共有，意図共有事象，物を介しての遊び
生後2年ごろ	社会的情動の出現	自己意識，自己感の出現	パートナーシップ的関わり

生後3,4か月になると首が座り,物を持たせると握るようになり,起きている時間も長くなります。この時期の最も大きな変化は,養育者があやすと笑うようになることです。この時期には外界の刺激に応じて基本的な3つの情動が出現し,見慣れた人に社会的微笑を向けるようになります。あやすと笑うようになることで,対面で一対一の遊びもできるようになります。また,ガラガラなどもおもちゃを見せても手を伸ばすようになります。このようにこの時期に様々な情動が出現しますが,その強度の調整をもっぱら養育者がすることになります。否定的情動に対しては抱いてあやして落ち着かせます。また,肯定的情動に対しては興奮が高まりすぎないように与える刺激を調整します。それを繰り返すことで,だんだんと乳児の方から情動調整に参画してきて,自分で泣くのをやめたり,興奮を抑えたりができるようになってきます。

　生後半年を過ぎると,お座りができたり,ハイハイができるようになり,能動性が高まります。この時期には,物があれば口に入れて確かめる等,探索活動も盛んになります。様々な外的刺激に出会うことで,驚いたり,不安になったり,警戒したり,フラストレーションを感じたりと,さらに情動が分化します。さらに,生後7,8か月になると,「手段―目的」関係を理解して,意図的な動きをするようになります。つまり,文脈に意味が生じることで,意味に即した情動が出現することになります。養育者は出現する情動の意味を把握し,気持ちに即した敏感で協応的な関わりが求められます。次節で述べることになりますが,養育者の子どもの情動やその他の行動への敏感な関わりが,この時期に出現してくるアタッチメントの安定性に影響し,安心感のもととなり,情動表出や制御に影響を及ぼすことになるわけです。

　さらに,この時期には,指さしやジェスチャーでやりたいことや見つけたものを教えてくれたり,大人が指さしたものを見る等,共同注意が出現し,意図や気持ちの共有が可能となります。この時期を「赤ちゃん革命」と呼ぶこともありますが,まさに,乳児が他者と内面を共有し,物や出来事を介して一緒に活動できるようになってきます。このように養育者との相互作用が子どもの認知や社会情動の発達に大きな影響を及ぼすことになります。

　生後1年目ともなると,歩けるようになったり一語文を話せるようになります。表象が出現し,見立てやごっこ遊びをするようになります。乳児期を脱し,幼児期になったわけです。表象が出現することで,言葉の発達が急速に進み,様々なことをイメージできるようになりますが,同時に,養育者についての内的作業モデル（イメージ）もできることになります。生後1年目から2年目にかけて自己意識も出現します。それに伴って社会的情動も分化してくるわけです。子どもはますます能動的になり,養育者から自立して動くようになります。また,養育者の関わり方を試すような働きかけも見られます。表象が生まれることで,養育者についてのイメージが内在化され,それが状況判断を導くもととなり,情動表出がされることになります。この時期以降は,養育者が直接,子どもの情動を制御するだけでなく,子どもの表象を通じて養育の在り方が子どもの情動を制御するようになっていきます。

（4）危機的場面での情動とアタッチメント

　アタッチメントは，親子間の情緒的結びつきを指しますが，スキンシップや甘え，依存としばしば混同され，誤解が多い概念です。アタッチメントは単なる情緒的結びつきではなく，弱い者が強くて，賢くて大きい対象に対する上下の関係性であり，子どもが恐れや不安を感じる時に生じます。つまり，アタッチメントは子どもが否定的な情動を示す時にもっぱら示されるものなのです。

　アタッチメントには2つの側面があり，アタッチメント対象は子どもが危機的場面に遭遇した時の確実な避難所として働き，危機がない場面では探索のための安全基地として働きます。どちらの場合も，セットゴールは安心感です。それが達成されると，アタッチメントシステムは働きをやめて，探索システムや次項で述べるコンパニオンシップのシステムが働くことになります。子どもが幼い間は，身体接触を求めて安心感を得ますが，年長になるに従い，アタッチメント対象を見たり，心に思い描くだけで安心感を得ることができるようになります。

　アタッチメント理論の創始者のボウルビィ（Bowlby, J. 1969/1982 黒田他訳，1991）は，アタッチメントの発達を，①生後8～12週まで：アタッチメント対象の識別に限界をもつ定位と発信，②6，7か月まで：一人か二人の識別された対象への定位と信号，③2，3歳まで：発信と移動による特定の対象への近接維持，④2，3歳以降：目的修正的パートナーシップ，の4段階に分けました。特に，真のアタッチメントの出現には位置移動能力とアタッチメント対象の利用可能性を察知する認知能力が不可欠であり，それが出現するのは生後8，9か月以降になります。

　近年，父親も育児に携わるようになり，乳児期から保育所を利用する家庭も多くなっています。そうした状況で，アタッチメントは，①身体的，情緒的世話をする，②子どもの生活のある部分に常に存在して，首尾一貫した役割を果たす，③子どもに情緒的に入れ込んでいる，といった条件を満たす人であれば，誰に対しても形成されるものであり，乳児は生まれたときから母親以外にも複数の人にアタッチメントを形成するようです。しかも，それぞれの対象に応じて形成されたアタッチメントが，後に，一つのアタッチメントについての内的作業モデルとして統合されるとする「統合的組織仮説」が有力視されています。つまり，母親とのアタッチメントがうまくいかなくても，誰かと安定したアタッチメントを形成することができて，総合的にみてうまくいけば，子どもは安定したアタッチメント表象をもつことができるわけです。

　アタッチメントは「恐怖系」の情動が生じる時にアタッチメント対象を求める関係性ですから，情動の発達と不可分の関係にあり，養育者の関わり方を反映するものです。新生児期から生後3，4か月では，子どもが発する生理的リズムにいかに同期して世話を提供できるかが重要となります。さらに，生後3，4か月以降となると，外界の刺激に応じた情動が出現し，見慣れないものに対する「恐怖系」の情動も出現してきます。そうした時に身近に存在して安心させてくれるかどうかでアタッチメント対象について学ぶことになります。さらに，生後7，8か月となり探索を盛んにして安全基地としてアタッチメント対象を利用するようになると，安心感の源となる養育者の利用可能性が問われることにな

るのです。危機的場面で不安や恐怖を感じ，助けを求める子どもに対して，養育者が子どもの気持ちに気が付き，適切に対応するなら，子どもは安心感を得て，安定したアタッチメントを形成します。ところが，養育者が子どもの気持ちに鈍感で，拒絶するようであれば，最初から養育者を当てにしないでアタッチメント行動システムを低活性化する方略を取り，回避型のアタッチメントが形成されます。養育者の行動が首尾一貫しておらず，場面によって異なるようであれば，子どもは養育者に気が付いてもらうためにアタッチメント行動システムを過活性化する方略をとり，アタッチメント対象への怒りを含んだ両価値型のアタッチメントが形成されることになるわけです。さらに，養育者が安全基地として役に立たず，子どもへの関わりが無秩序で，子どもを脅したり，子どもに対して怯えるような特異な行動をとるようであれば，子どもは養育者の関わりを脅威と感じて，「安全基地にしたいが，危なくて近寄れない」ということで葛藤を感じるようになり，無秩序・無方向型のアタッチメントが形成されます。これは病理的なアタッチメントで，後に子どもの発達によくない影響を与えることになります。

　一般には「アタッチメント障害（愛着障害）」という言葉が喧伝されていますが，診断名としての「アタッチメント障害」は，「反応性アタッチメント障害」だけであり，この障害は誰に対してもアタッチメント行動を向けることがなく，アタッチメント関係が未形成の重篤な状態です。多くの場合，「愛着障害」とされる状態は，虐待を受けた子どもに見られる様々な問題行動をいう場合が多く，「虐待症候群」としてまとめられるべきものです。また，アタッチメントは関係性であるため，子どもに張り付いた問題と捉えるよりも，養育者との関わりの問題であり，関係性不全として捉える視点が重要です。このようにして捉えると，アタッチメントについて問題を抱える子どもへの対応として，アタッチメント対象となる可能性のある大人が，子どもの気持ちに沿った敏感な関わりを行い，否定的な情動に陥った時にそこから救い出し，安心感を与えることが介入の重要なポイントであることが明らかとなります。また，養育者にも，子どもが出す信号に気付いてもらい，子どもの気持ちに思いをはせることができるような安心できる環境と社会的サポートが必要といえます。

　発達に懸念のある子どもの場合，危機的場面の認識が乏しかったり，養育者に対する信号が曖昧であったりして，アタッチメント行動がわかりづらいことがあります。また，安心感を与えるための行動が，感覚の問題や認知の問題で慰撫にはならず，逆に，脅威刺激となる場合もあります。つまり，発達に懸念がある子どもでは安定したアタッチメントが形成されにくく，知的障害があったり，発達障害の症状が重い場合には，その傾向が一層増します。したがって，養育者に子どもの特性やアタッチメント行動のあり方を具体的に指し示し，安心感を与えるうまい関わりを教えるなどして，親子関係の支援が重要になるわけです。

（5）楽しい場面での情動とコンパニオンシップ

　幼い子どもにとって養育者は世話と保護を与える存在としてなくてはならないものであり，養育者にアタッチメントをもつことは生存に関わることです。しかし，養育者は子ど

もに対して世話と保護を与えるだけでなく，社会生活を営むための知識を与え「しつけ」を行い，さらには一緒に遊んだり楽しみを共有したりすることもあります。つまり，養育者は関わりの場の文脈に応じて多面的な関係を子どもと形成するのです。特に，アタッチメントが危機的場面での「恐れ系」の情動に基づく上下の関係であるのに対して，一緒に遊んだり楽しみを共有することはコンパニオンシップと呼ばれ，楽しい場面での「愉快／喜び系」の情動に基づく対等な関係といえます。トレバーセン（Trevarthen, 2001）は，乳児は生得的に他者と関わろうとする動機を備えて生まれ，養育者もその動機を満たすべく応答しようとするものであり，親子間で早い時期からコンパニオンシップが展開されると主張します。たとえば，生後6週目にもなると，乳児は見知った人に微笑みとクーイングで友好を示すようになり，それを見た養育者は思わず反応します。また，生後数か月で，「静止顔（Still-Face）実験」のように，あやしている途中で，養育者が急に無表情になり情緒的に離脱した場合，乳児は期待を裏切られたものとして混乱したり機嫌が悪くなったりします。発達初期の乳児が意図性をどの程度備えているかは疑問ですが，「人－人」の二者関係において相手の行動に合わせて調和的な行動を取り，通じ合える存在であることには間違いありません。この時期のやり取りによる関わりをトレバーセンは第一次間主観性と呼び，自閉スペクトラム症（Autism Spectrum Disorder：以下，ASD）のある子どもでも，この点においては障害がないとしています（Trevarthen et al., 1998 中野・伊藤・近藤訳, 2005）。

さらに，生後半年を過ぎると，乳児は物に興味を示して探索行動を始めることで，一時，人への興味が減少したかに見える時があります。しかし，その後，事物を介しての養育者との関わりに変わっていきます。つまり，「人－人－事物」の三者関係の中で，「目的－手段」関係の理解や共同注意が生じ，複雑なやり取りができるようになるわけです。こうしたやり取りにおいて，自分と相手が同時に事物を参照し，その意味や属性を認知的に共有するだけでなく，そこに生じる驚きや興味といった情動も共有します。とりわけ，共同注意では，子どもが大人の視線を検出するだけでなく，自分と他者が同一の対象に注意を向けていることを認識し，お互いが意図的関わりを共有することになります。また，生後1年ごろに出現する宣言的指さしは，対象への共同意識を伴うコミュニケーションの始まりと言えます。そこに至るには，「目的－手段」の理解に伴う目的と手段の切り離しと意図的活動の理解が前提となります。生後9か月ごろには，養育者への同調行動ややり取りの中から，多様な手段を取ったり，目的に合わせて手段を修正するようになり，他者の行為を意図的なものと見なすことができるようになります。先に示したトレバーセンは，こうした事物を介した相手との意図や注意の共有を第二次間主観性と呼び，言語や表象の基盤になると考えましたが，ASDの中核はこれが成立しないことにあると主張しました。

子どもとの関わりにおいて楽しい場面の代表は遊びです。特に，社会的遊びとしてのやり取り遊びは，対人的関わりによるものと，物を介して遊ぶものとがあります。遊びは，基本的には「遊ぶ」という意図を共有して参加し，「楽しさ」という情動を共有する間主観的な関わりによって成立します。特に，情動交流遊びといわれる「人－人」の関わりは，身体を動かして楽しんだり，あやして笑いあったりと言った情動を共有するものであり，

第一次間主観性を主体とした遊びといえます。また，「いないいないバー」や「一本橋こちょこちょ（くすぐり）」といった「出来事」が加わった遊びでは，「人－人－事象」の関わりとして，事象に伴う思いがけなさやそれに伴う情動を共有するものであり，第二次間主観性に関わる遊びといえます。さらに，物を介したやり取り遊びは，物の扱いについての共通した認識や物の扱いの意図を共有しながら，やり取りが成立した時に生じる楽しい情動を共有するものです。遊びは，安心できる状況でしか生じませんが，二者間の意図や情動の共有がなくてはならないものであり，子どもの社会的認知の発達と共に活発になってきます。そして，安心できる状況としてのアタッチメントの重要性はいうまでもありませんが，遊びを介しての養育者との関わりの中で育まれる他者との意図や情動の共有はコンパニオンシップとして，共同活動や文化的学習の基礎となり，子どもの社会的発達にとって重要な役割を果たすものです。

（近藤清美）

3　関係性の発達

(1) 関係性の発達
① 関係性の発達とは

　子どもは，この世に誕生した時には生理的に未熟な状態であり，親の保護と養護を必要としています。それは，人生の始まりから，子どもは一人ではなく，周りの人との関係性の中で生きていることを表しています。保護と養護を受けることによる親との関係性というとアタッチメントが挙げられますが，アタッチメントは関係性の一領域にあたります。その他にも，関係性の領域には，親だけでなく乳幼児を取り巻く人々を対象とした様々な活動における関係性が含まれます。関係性を生じる領域については，エムデ（Emde, R.）が提案し，それをジーナー（Zeanah, C. H.）らが改変したリストがあります（表2-3）。このリストでは，関係領域は8領域に分類されており，親子関係から遊びや日常活動に至るまで広い範囲で生じる関係性が含まれています。領域1から4はアタッチメントに関連した領域です。

表2-3　関係性の領域（Zeanah et al., 2000）

領域	乳幼児	親
1	情緒調節	情緒的応答性
2	安全感・信頼・自己評価	滋養・価値づけ・共感的対応
3	警戒感・安全・自己保護	保護
4	慰めを求める	慰め・苦痛に対する反応
5	学ぶ・好奇心・達成	教える
6	遊び・想像力	遊び
7	自己統制・協力	しつけ・限界設定
8	自己調節・予測性	ルーティン・構造

これまで発達心理学では，ピアジェ（Piajet, J.）の認知発達理論に象徴されるように，子どもの発達を子ども自身にのみ焦点化して見てきましたが，近年では子どもが人との関係性の中でいかに成長していくかに着目するようになりました。この潮流は，20世紀の後半から様々な学問分野で起こりました。特に，乳幼児精神保健の分野では，乳幼児と親との関係性を重視し，乳幼児の問題を親との関係性の中で捉えるようになりました。一方，心理学や認知科学の分野では，乳児と親を含めた他者との関係を科学的に探究することが行われています。心理学では，乳幼児の発達に対する社会的環境の重要性が，以前から指摘されていましたが，あくまで乳児は受動的な存在として捉えられてきました。しかし，誕生直後から子どもが人への選好性などをもっていることが明らかになるに伴い，人生最早期からの乳幼児の他者との関係性を新たに捉え直すようになりました。

② 関係性の発達過程

　新生児期から関係性の発達が始まっていますが，新生児が一方的に関係を求めるのではなく，また親が一方的に関係をもつものでもありません。乳児と親が相互に応じ合うことが必要です。新生児は，一見して人への関係性に対して発信する能力がないように見えますが，実は様々な能力をもっていることが近年の発達科学でわかってきました。新生児は泣く，微笑む（生理的微笑）といった情緒的信号を発信することができます。また，人の目や顔を注視する，なじみのある声を選択的に聞くという人への選好性をもっています。さらに，目の前にいる人の表情や動作を模倣すること（新生児模倣）に代表されるような相互同期性を携えています。これらは，乳児が意図的に行っているわけではなく，相手を親だと認識して行っているわけでもないのですが，親からみると，自分に泣いて訴えている，自分に微笑みかけていると思えてきます。また，親は乳児が自分の表情や動作を模倣するのを見ると，乳児が自分の気持ちをわかっているかのように思えてきます。そして，親は，乳児の発信に対して，乳児に心があるかのように語りかけるようになります。このように，乳児が心的世界を有した存在であるとみなして，乳児の心に焦点化して関わろうとする親の傾向をマインズ（Meins, E.）は，マインドマインデッドネス（mind-mindedness）と言いました。他にも，親が子どもの行動を感情や思考などの動機に基づいて理解しようとする傾向を洞察性（Insightfulness）といわれています。

　また，子どもの発達初期に親が特異な心的状況に置かれていることについて，ウィニコット（Winnicott, D.）は，親の原初的没頭といい，また，スターン（Stern, D.）は，母性のコンステレーションと呼びました。このような親の心的状況において乳児をあたかも（as-if）心をもつ一人の人間とみなすことが，発達初期から親と乳児との間で心に関与したやりとりを行うことを促し，さらにはこの親子のやりとりが子どもの心の発達を支える足場を提供していると考えられています。

　誕生直後から乳児が情緒的信号を発信し，人への選好性を示すことに対して，親が思い込みをもって関わることによって，関係性が築かれていきます。この関係性発達を考慮すると，発達初期からあまり泣くことをせず，親の顔や目を見ないといわれている自閉スペクトラム症（以下，ASD）の子どもが，誕生直後から関係性発達に問題をもつことが容

易に考えられます。

定型発達では、その後の乳児期において乳児と親との関係性も徐々に変わっていきます。新生児期には、親でなくても人一般に情緒信号を発信し、選好性を示していたのに対して、その後の乳児期では親に向けて情緒信号を発信し、親を選好的に見たり、声を聞いたりするようになります。また、その行為は意図的になっていきます。お母さんに向かって泣いて訴えたり、笑いかけたりする、お父さんだから模倣するといった具合です。そうなると、新生児期のように親が子どもの心を思い込みで感じなくても、子どもの情動がある程度わかるようになります。この時親に必要とされるのが、乳児の情動の読み取りと情緒的応答性（emotional availability）です（図2-3）。乳児が発信した情動を的確に読み取り、適切な応答をすることによって、子どもと親との良好な関係性が築かれます。たとえば、赤ちゃんがニコニコしていたら親が笑って返してあげる、赤ちゃんが泣いていたら親は抱いてあやしてあげるなどです。

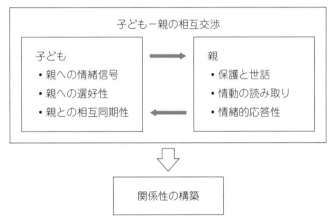

図2-3　乳児期の関係性の構築

トレバーセン（Trevarthen, C.）は、生後2、3か月になると、乳児と母親との間にリズミカルなターンテイキングをともなう対人交渉が行われることを示し、それを原会話と呼びました。すなわち、母親は乳児の反応を期待しながら、共感的、遊戯的にマザリーズで話しかけると、乳児は母親の声、表情、手の動きにひきつけられて遊戯的に応じるといった具合です。この時に注目すべきことは、乳児が表出した情動を母親が受け止めてくれる体験をしていることです。そのため、原会話の相手が自分の情動を適切に受け止めてくれない（不適切なタイミングでの応答、無反応など）と、乳児は目を逸らしたり、抗議の発声で不快感を表します。これは静止顔（still-face）実験で確かめられています。ところで、ASDの場合は、親子の立場が逆といえます。親が情動的に関わっても子どもがそれを受け止めて返してくれないと、親は、さすがに抗議の不快感を表さないものの、情動的に子どもに関わることが知らず知らずに少なくなっていくことが考えられます。

また、この時期の親子の情動共有について、鯨岡（1999）は間主観的な概念図で説明しています。親が乳児をあやし、乳児がそれに応えている時には、乳児の嬉しい気持ちと親

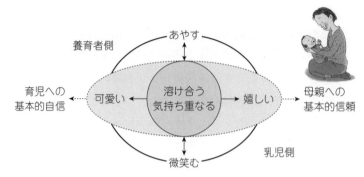

図2-4 親が子をあやす時の間主観的関係の概念図（鯨岡，1999）

の可愛いという気持ちが重なっていると説明しています（図2-4）。また，親が泣いている乳児をなだめている時には，抱かれる乳児のホッとした気持ちと抱くと乳児が泣き止んだことによる親のどっしりとした気持ちで親子が共に包まれることを感じていると述べています。

さらに，生後9か月を過ぎると，人−人−物の三項関係が成立するようになり，親と乳児が物を介して感情や意図や情報を共有する共同注意ができるようになります。トレバーセンは，このような親子の対人交渉の過程において間主観性が発達していくと述べています。間主観性とは，自己と他者（ここでは子と親）との関係において互いに相手の主観的なもの（意図や気持ちなど）がわかることであり，生後2，3か月頃の親子の一体的な関係の築きを経て，生後9か月以降には，相手の意図を把握し，心の状態を感知する間主観性を獲得することができるといいます。

この時期の子どもの心の発達を促す方法として，映し出し（mirroring：ミラーリング）が注目されています。映し出しは，母親の表情が乳児の感情状態を映し出していることから発想され（Winnicott, 1967），母親が乳児と同期した状態で関わると，乳児が鏡で自分を見るように自分自身を見る（like me）というフィードバックの役割を果たすと考えられました。他方，トレバーセンは，母親が子どもに情緒的に巻き込まれながら，子どもの身振りを無意識的に真似する行動をechoing（反響）と呼びました。また，スターンは，親子に見られる特徴的な情緒的相互交流のパターンとして情動調律を挙げていますが，映し出しと反響を情動調律と最も近い概念であると述べています。

このような親子の情緒的相互交流がうまくいくためには，親と子どものメンタライジング能力が関わってきます。メンタライジングとは，他者の心的状態を見出したり推論したりすることをいいます。親が乳児の心的状態を見出す能力が高ければ，乳児がぐずった時に乳児の表情や声から情動状態を適切に読み取り，共鳴しながら，乳児の情動を映し返します。これにより，乳児は，自分の精神状態への気づきが促され，さらにはメンタライジング能力も高まることが予想されます。しかし，ASD児の場合は，メンタライジング能力が弱いことが指摘されています。

（2）関係性の問題

乳幼児の成長過程に伴って関係性が発達する様相を見てきましたが，そこには関係性の

問題が当然ながら生じてきます。その要因とプロセスについて、ザメロフ（Sameroff, A）の親子の交互作用プロセス（transactional process）からみていきます。ザメロフは、メンタルヘルスと精神病理学の要因に初めて興味をもった発達心理学者あり、親と子の関係性に関する発達モデルとして、この親子の交互作用プロセスを提唱しました。親の適切な関わりや調整によって肯定的な情動体験を経験した乳児はさらに親子の関わりを期待するようになります。そして、乳児はその関係を次第に内在化していくことで自己調整を学びますが、不適切な関わりは乳児の心身の問題を引き起こします。不安や焦りを感じた親はそれを解消しようとさらに不適切な関わりをしてしまい、さらには相互調整が拙くなる悪循環へと陥ってしまいます。これらの問題の要因は親だけではありません。親と子のどちらにあっても、時間経過とともに交互に作用し合い、親と子の両方に影響が及ぼされていきます（図2-5）。たとえば、子どもに出生時の問題があると、親の不安や焦りが強まり不安げな子育てになる。子どもはそのような育て方をされると、自己調整が上手くいかず、宥め難い子どもになります（図2-6）。そして、親は子どもへの関わりが上手くいかず、その結果、子どもは就学前になっても言語スキルや社会的スキルの未熟さをもつことになります。また、親との関係性が築かれないASD児の場合、子どもの要因が起因していることが考えられます。ASD児は、中核的症状として対人的相互交渉の困難さをもっています。そのため、ASD児は、親であってもその働きかけに応じることが乏しく、また自分から親に働きかけることが難しい特徴があります。すると、親は子どもに働きかけてもポジティブな情動を伴う反応が返ってこないため、だんだん働きかけることが少なくなります。その結果、ASD児はますます親との相互交渉の経験が減って、応答性や反応性が育たないという悪循環が起こります。親子の相互交渉の経験が乏しいならば、アタッチメントにも影響を与えることが十分あり得ることです。

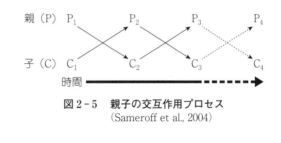

図2-5 親子の交互作用プロセス
(Sameroff et al., 2004)

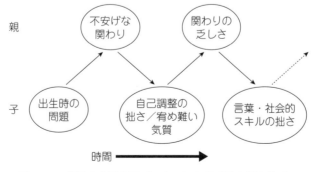

図2-6 親子の交互作用プロセスにおける周産期トラブルと就学前の問題との関係 (Sameroff et al., 2004)

このように，発達早期において親子の関係性に機能不全が起こり，それが発達の問題や全般的な機能不全を引き起こすことが考えられます。ザメロフは，関係性の問題を3つに分類しました（表2-4）。まず，関係性の問題が最も軽い関係性の動揺（relationship perturbation）は，適切な関係性が発達していますが，一時的に行動の混乱が見られる場合です。子どもが新しい発達課題に直面した時や病気などのストレスに遭遇したときに起こりますが，家族や社会の適切なサポートや養育者の行動パターンの変更により改善されます。関係性の動揺が持続する期間は短期間（通常1か月以内）です。

　2つ目が，関係性の阻害（relationship disturbance）です。これは，一貫性がないあるいは鈍感な相互作用のパターンが一定程度持続的に繰り返される時に生じる状態です。そのパターンは関係性の動揺よりは固定化されているものの，相互作用のいくつかの領域や場面に及んでいるわけではありません。関係の阻害が持続する期間は通常1か月以上にわたります。関係性の動揺に養育者が対応できない場合に阻害にいたることもあります。関係性の阻害の場合は，介入が必要です。問題が持続し，他の相互作用の領域にまで広がっていくと関係性の障害になります。

　3つ目が，関係性障害（relationship disorder）です。これは，相互作用のパターンが固定してしまい，硬直した相互作用が長期間にわたって持続する状態です。これにより年齢相応の発達課題に達することができません。関係性の機能不全は，保育所や家庭など複数の場面で起こり，遊びや慰めを求める行動など複数の領域にまたがって起こります。

表2-4　関係性の問題の分類（Sameroff & Emde, 1989）

関係性の動揺 Relationship Perturbation
軽度の身体的な病気を含めて，環境の一時的な混乱
満足のゆく家族と社会的サポート
持続期間は短期間（通常1か月以内）

関係性の阻害 Relationship Disturbance
相互作用における不適切な，あるいは鈍感な調節のパターン
相互作用のパターンは強固に固定していない
相互作用のひとつの領域 domain に限られた，調節の機能不全
中程度の持続期間（通常1～3か月）

関係性障害 Relationship Disorder
相互作用における不適切な，あるいは鈍感な調節のパターン（複数の場合もある）
相互作用のパターンは固定しており，簡単に変えられない
パートナーの一方，または両方の発達的成長が途絶されている
調整の機能不全は，いくつかの相互作用の場面や機能の領域にまたがっていることが多い
長期間にわたる持続（通常3か月）

（3）関係性への介入

　乳幼児期の問題を関係性の問題として捉えているのは，乳幼児精神保健の分野であり，以下の基本認識をもっています。

　① 乳幼児は養育環境との能動的な相互作用の中で発達する存在です。
　② 乳幼児の問題は乳幼児と養育環境の関係性の障害と考え，治療は関係性の改善に

取り組みます。
③ 母子の行動における相互作用の背景には，母子の表象の世界の相互交流と発達がおきています。母子の相互作用という行動の「窓」を通して，母子の心の中の表象世界を解明しようとします。
④ 乳幼児期の問題がどのようにその個人のその後の発達に影響するかをライフサイクルにわたり見ていきます。
⑤ 発達と相互作用に内在する精神病理のリスクと，その介入の在りかたを解明していきます。
⑥ 精神病理の世代間伝達が乳幼児期からどのように生じるのか，そのメカニズムの解明と予防のあり方を研究します。

この乳幼児―養育者の関係性を理解するために最も用いられている基本的理論モデルは，スターン（Stern, D.）の関係性モデルです（図2-7）。モデルの楕円の中では，現実の乳児（Baby：B）と母親（Mother：M）が，それぞれの行為（act）であるBactとMactの相互作用を行っています。親子の行為による相互作用が行われている際には，それぞれの表象（representaion：rep）が生じています。すなわち，母親には乳幼児および乳幼児との関係についての表象（Mrep）が，乳児には母親および母親との関係についての表象（Brep）が生じています。このモデルは，これらの4つの要素が相互に影響し合うオープンなシステムと捉えられています。

図2-7　スターンの関係性モデル（Stern, 1995）
注）B：Baby 乳児，M：Mother 母親，rep：representation 表象，act：act 行為

スターンの関係性モデルでは，親子の関係性に機能不全が起こった場合にはいくつかの要素の問題が想定されます。よく見られるのは，現実の母親の行為（Mact）と乳児の行為（Bact）の相互作用が上手くいかず，問題が生じることです。しかし，その時に起こっているのは行為に留まらず，母親にはその時のネガティブな乳児の表象が生じています（Mrep）。同時に，おそらく乳児にもネガティブな母親の表象が生じていると思われます（Brep）。また，母親がネガティブな乳児の表象をもっていると（Mrep），現実の行為（Mact）に影響を与え，乳児の行為との相互作用の機能不全を起こすことも考えらます。おそらく，乳児がネガティブな母親の表象をもつことにより（Bact），現実の行為（Bact）に影響を与え，母親の行為との相互作用にぎこちなさが生じると思われます。このように，4つのどの要素に問題が生じても，互いに影響を与え合うことになり，それによって関係性の機能不全を起こすと考えられています。そして，関係性の機能不全に対する治療的介入は，親子の相互作用に行動的に介入すること，と親の表象に介入することのどちらも有

効であるとされています。

　ASDの子どもと親との関係性の問題は，第一に，ASDの対人的相互交渉の困難という特徴に起因します。そこで，モデルの楕円の中すなわち現実世界における親子の行動に介入してモデルの関係性を築いていきます。その場合，子どもに直接関わり方を教えるとともに，親にも子どもへの関わり方を教えて，親の関わり方を改善していくことも有効です。一方では，ASDの子どもとの関係性が築けない経験の積み重ねにより，親が子どもへのネガティブな表象を形成していることも考えられます。その際には，親に対して現実の関わり方を教えるだけでなく，親の表象に介入して，子どもの表象を変えていくことも視野に入れる必要があります。

（尾崎康子）

第2章　参考文献
第1節

Adamson, L. B., Bakeman, R., Deckner, D. F. (2004). The development of symbol-infused joint engagement. *Child Development.* 75, 1171-1187.

Legerstee, M. (2005). *Infants' sense of people: Precursors to a theory of mind.* New York, NY: Cambridge University Press.（レゲァスティ，M.（2014）．大藪　泰（訳）．乳児の対人感覚の発達　新曜社）

大神　英裕（2008）．発達障害の早期支援——研究と実践を紡ぐ新しい地域連携——　ミネルヴァ書房．

Trevarthen, C. (1979). Communication and cooperation in early infancy: A description of primary intersubjectivity. In M. Bullowa (Ed.), *Before speech: The beginning of interpersonal communication* (pp. 321-347). Cambridge: Cambridge University Press.

Tronick, E.Z. (1989). Emotions and emotional communication in infants. *American Psychologist, 44* (2), 112-119.

第2節

Bowlby, J. (1969/1982). *Attachment and loss.: Vol. 1 Attachment.* New York: Basic.（ボウルビィ，J.　黒田　実郎・大羽　康・岡田　洋子・黒田　聖一（訳）（1991）．母子関係の理論（Ⅰ）愛着行動　東京：岩崎学術出版．

Saarni, C. (1991). *The development of emotional competence.* New York: Guilford.（サーニィ，C.　佐藤（訳）（2005）．感情コンピテンスの発達　ナカニシヤ出版）

Salovey, P. & Mayer, J. D. (1990). Emotional intelligence. *Imagination, cognition & Personality, 9,* 185-211.

Sroufe, L. A. (1995). *Emotional development: The organization of emotional life in the early years.* Cambridge UK: Cambridge University Press.

Trevarthen, C. (2001). Intrinsic motives for companionship in understanding: Their origin, development and significance for infant mental health. *Infant Mental Health Journal, 22,* 95-131.

Trevarthen, C., Aitken, K. J., Papoudi, D., & Roberts, J. Z. (1998). *Children with austism: Diagnosis and interventions to meet their needs.* (2nd Ed.). London: Jessica Kingsley.（トレバーセン，C. ほか，中野　茂・伊藤　良子・近藤　清美（監訳）（2005）．自閉症の子どもたち——間主観性の発達心理学からのアプローチ——　ミネルヴァ書房）

第3節

鯨岡 峻（1999）．関係発達論の構築―間主観的アプローチによる―　ミネルヴァ書房．

Sameroff, A. J., & Emde, R. N. (Eds.) (1989). *Relationship disturbances in early childhood: A developmental approach.* New York: Basic Books.（ザメロフ，A. J.・エムデ，R. N.（編）　小此木　啓吾（監修）．（2003）．早期関係性障害―乳幼児期の成り立ちとその変遷を探る―　岩崎学術出版社）

Sameroff, A. J., McDonough, S. C., & Rosenblum, K. L. (Eds.). (2004). *Treating parent-infant relationship problems: Strategies for intervention.* New York: Guilford Press.

Stern, D. (1995). *The motherhood constellation: A unified view of parent-infant psychotherapy.* New York: Basic Books.（スターン，D.　馬場 禮子・青木 紀久代（訳）．（2000）．親-乳幼児心理療法―母性のコンステレーション―　岩崎学術出版社）

Winnicott, D. W. (1967). *Mirror-role of Mother and Family in Child Development.* The Predicament of the Family: a Psycho-Analytical Symposium, Hogarth Press and the Institute of Pycho-Analysis.（ウィニコット，D. W.　木部 則雄（監訳）．（2011）．子どもの発達における母親と家族の鏡役割．ラファエルーレフ，J.（編）母子臨床の精神力動精神分析・発達心理学から子育て支援へ（pp. 21-29）　岩崎学術出版社）

Zeanah, C. H., Larrieu, J. A., Valliere, J., & Heller, S. S. (2000). Infant-parent relationship assessment. In C. H. Zeanah (Ed.) *Handbook of infant mental health* (2nd Ed.). New York: Guilford Press.

第3章
自閉スペクトラムの理解と支援

1　自閉スペクトラムの特性

(1) 自閉スペクトラム症の定義および診断基準

　自閉スペクトラム症（Autism Spectrum Disorder：以下，ASD）は，社会的コミュニケーションの困難さ，限定された反復的で常同的な行動，感覚過敏や鈍感さの感覚異常を主症状とし，発達初期に存在している発達障害の一つです。

　国際的に用いられている自閉症の診断基準として，米国精神医学会が作成した精神疾患の診断・統計マニュアル（Diagnostic and Statistical Manual of Mental Disorders：以下，DSM）と世界保健機関が作成した国際疾病分類（International Statistical Classification of Diseases and Related Health Problems：ICD）があります。一方，日本の文部科学省では独自の自閉症の定義や判断基準を示しており，行政や法律での用語は，必ずしもDSMやICDに準拠しているわけではありません。このように自閉症に関する名称や診断基準が組織によって異なるためわかりにくい状況ですが，我が国の医学界や心理学界では，現在，DSMに準拠していることが多いので，ここではDSMを中心に説明していきます。

　DSMは，1952年に第1版であるDSM-1が刊行されて以来，版を重ねてきましたが，最も新しい版は2013年に発表された第5版のDSM-5です。DSM-5では，自閉症の名称として自閉スペクトラム症／自閉症スペクトラム障害（Autism Spectrum Disorder）が導入されました。なお，自閉スペクトラム症と自閉症スペクトラム障害の2の名称が併記されていますが，それは，自閉スペクトラム症が正式の診断名になるものの，これまで自閉症スペクトラム障害の方が広く一般的に使われてきたので，これを使うことも可能であるという意味で併記されています。自閉症状が重度から軽度までスペクトラム（連続体）状にあるという自閉症スペクトラムの概念は，すでに20世紀末には提案されていましたが，正式に診断名として採用されたのはDSM-5が初めてです。

　そのDSM-5における自閉スペクトラム症の診断基準を表3-1に示します。Aの「社会的コミュニケーションおよび対人相互反応に持続的な欠陥」の(1)から(3)の3項目全てにあてはまり，かつBの「行動，興味，または活動の限定された反復的な様式」の(1)から(4)のうち少なくとも2つが認められることにより自閉スペクトラム症と診断されます。ただし，症状が「発達初期に存在している」と「現在の機能で社会的，職業的，あるいは他の重要な領域において臨床的に重要な障害を引き起こす」の基準を満たすことが必要です。また，DSM-5では，重症度を社会的コミュニケーションの障害や，限定された反復的な行動様式に基づいて判断され，特定することになっています。

第3章 自閉スペクトラムの理解と支援

表3-1 DSM-5における自閉スペクトラム症の診断基準
(American Psychiatric Association, 2013/2014)

自閉スペクトラム症／自閉症スペクトラム障害　Autism Spectrum Disorder

診断基準　299.00（F 84.0）

A．複数の状況で社会的コミュニケーションおよび対人的相互反応における持続的な欠陥があり、現時点または病歴によって、以下により明らかになる（以下の例は、一例であり、網羅したものではない）。
(1) 相互の対人的─情緒的関係の欠落で、例えば、対人的に異常な近づき方や通常の会話のやりとりのできないことといったものから、興味、情動、または感情を共有することの少なさ、社会的相互作用反応を開始したり応じたりすることができないことに及ぶ。
(2) 対人的相互反応で非言語的コミュニケーション行動を用いることの欠陥、例えば、まとまりのわるい言語的、非言語的コミュニケーションから、視線を合わせることと身振りの異常、または身振りの理解やその使用の欠陥、顔や表情や非言語的コミュニケーションの完全な欠陥に及ぶ。
(3) 人間関係を発展させ、維持し、それを理解することの欠陥で、例えば、さまざまな社会的状況にあった行動に調整することの困難さから、想像上の遊びを他者と一緒にしたり友人を作ることの困難さ、または仲間に対する興味の欠如に及ぶ。

B．行動、興味、または活動の限定された反復的な様式で、現在または病歴によって、以下の少なくとも2つにより明らかになる（以下の例は、一例であり、網羅したものではない）。
(1) 常同的または反復的な身体の運動、物の使用、または会話（例：おもちゃを一列に並べたり物を叩いたりするなどの単調な常同運動、反響言語、独特な言い回し）。
(2) 同一性への固執、習慣への頑ななこだわり、または言語的、非言語的な儀式行動様式（例：小さな変化に対する極度の苦痛、移行することの困難さ、柔軟性に欠ける思考様式、儀式のようなあいさつの習慣、毎日同じ道順をたどったり、同じ食物を食べたりすることへの要求）
(3) 強度または対象において異常なほど、きわめて限定された執着する興味（例：一般的ではない対象への強い愛着または没頭、過度に限局しまたは固執した興味）
(4) 感覚刺激に対する過敏さまたは鈍感さ、または環境の感覚的側面に対する並外れた興味（例：痛みや体温に無関心のように見える、特定の音または触感に逆の反応をする、対象を過度に臭いだり触れたりする、光または動きを見ることに熱中する。

（2）自閉症に関する概念と用語の変遷

　米国の児童精神科医のカナー（Kanner, L）は、1943年に発表した「情緒的接触の自閉的障害」の論文において、乳幼児期からの生得的な情緒的接触の自閉的障害を主徴とする11症例を報告し、翌年の1944年に、それらを早期幼児自閉症（early infantile autism）と命名しました。これによって「自閉症（autism）」の概念が初めて世の中に示されました。この後、自閉症の原因に対して様々な見解が出されていきますが、それに伴い自閉症の概念も変更されていきました。

　1970年になって英国のラター（Rutter, M）は、自閉症が心因障害でも統合失調症のような内因性障害でもなく、また脳器質的障害の徴候もないことから、自閉症を発達障害に位置づけました。これに基づき、米国精神医学会のDSM第3版であるDSM-Ⅲ（1980）では、自閉症の上位概念として広汎性発達障害（Pervasive Developmental Disorders：以下、PDD）のカテゴリーを初めて導入しました。その後に発表されたDSM-Ⅳ（1994）や

DSM-IV-TR（2000）においても引き続き用いられたため，PDD は，長い間にわたり自閉症の上位概念として使用されていました。DSM-IV-TR では，PDD の下位分類が次のようになされています。

　① 自閉性障害（Autistic Disorder）
　② レット症候群（Rett's Syndrome）
　③ 小児期崩壊性障害（Childhood Disintegrative Disorder）
　④ アスペルガー障害（Asperger's Disorder）
　⑤ 特定不能の広汎性発達障害（Pervasive Developmental Disorder Not Other Specified）

　一方で，自閉症の臨床と研究が積み上げられてくると，自閉症には重度から軽度まで存在することが指摘されるようになります。そして，アスペルガー障害は社会的コミュニケーションの連続体上にあり，アスペルガー障害は自閉症と定型発達の中間的存在であるという考えが議論され（Baron-Cohen, 1995; Wing, 1981），この自閉症状の連続体は，光のスペクトラムになぞらえて自閉症スペクトラムと呼ばれました。

　自閉症スペクトラムの概念は，2013年に公表されたDSM-5に引き継がれることになります。DSM-IV-TR では，PDD という大きなカテゴリーのもとに5つの下位分類が含まれていましたが，DSM-5 では，この下位分類をやめて，それらを総称した自閉スペクトラム症という名称を導入しました。ただし，レット障害については X 染色体異常が判明したため除外されました。DSM では，ここに，それまでの PDD の名称は使われなくなるとともに，自閉性障害やアスペルガー障害などの PDD の下位分類も表記されなくなりました。すなわち，DSM-5 では，自閉症の診断がカテゴリー的診断から量的診断に変更されたことを意味しています。

　また，DSM-5 は DSM-IV-TR と診断基準の数が異なっています。DSM-IV-TR の PDD では，① 対人的相互反応の質的障害，② コミュニケーションの質的障害，③ 行動，興味，および活動の限定された反復的で常同的な様式の3つの症状が示されていましたが，DSM-5 の自閉スペクトラム症では，DSM-IV-TR の①と②を統合した「社会的コミュニケーションおよび対人的相互反応における持続的障害」と「行動，興味および活動の限定された反復的な様式」の2つになりました。なお，後者には新しく「感覚刺激に対する過敏さまたは鈍感さ」の項目が追加されました。結局，DSM-5 と DSM-IV-TR では，診断基準の数は異なるものの同じ内容を含んでいるといえます。

（3）自閉スペクトラム症の特性

① 認知発達の偏り

感覚様式による情報処理の特異性

　人は，様々な感覚入力によって外界の情報を得ています。どの感覚の情報処理を得意としているかは，人によって違います。よくいわれるのは，聴覚情報の処理が得意な聴覚優位と視覚情報の処理が得意な視覚優位についてです。定型発達でも聴覚優位の人と視覚優位の人がいるといわれていますが，ASD では，その優位さが極端な場合があります。多

くの ASD 児は，視覚優位なことが多く，その場合，耳から聞いてもわからないけれど，視覚的に提示してもらうとわかります。そこで，ASD 児への支援では，視覚優位の特性を考慮して，目で見てわかるように教材を工夫していることが多いです。しかし，ASD 児のすべてが視覚優位とは限りません。聴覚優位の子どももいるので，それぞれの子どもについて，感覚の優位さを把握する必要があります。

シングルフォーカス

シングルフォーカスとは，複数のことに同時に注意を向けることが難しく，一つの事物あるいは一部分だけに注意を向けることです。ASD 児にはこのシングルフォーカスの特性が見られます。ASD 児は，いったん一つの事物に注意を向けると，そのままそこに固執してしまい，全体に注意を向けることが困難になります。そこで，ASD 児への支援として，一度に多くの指示を出すのではなく，一つ一つ順番に簡潔に指示をだすことが効果的です。

セントラルコヒーレンスの弱さ

フリス（Frith, U.）は，「セントラルコヒーレンス（central coherence）とは，入ってくる情報を，細部を犠牲にしても，より高次の意味に向けて整理統合し，全体的な文脈に沿って処理すること」であると述べています。そして，フリスは，ASD ではセントラルコヒーレンスが弱いことを指摘し，ASD の人たちは細部へ集中してしまい，そこでは全体的な輪郭や文脈的意味が犠牲にされ，細かな特徴が知覚され記憶されるとしています。

言葉の遅れ

言葉の遅れは，以前より ASD 児の特徴として取り上げられています。自閉症状が重い子どもでは，成長しても言葉が話せないことがあります。それに対して，自閉症状が軽い子ども，たとえばアスペルガー障害の子どもは，言葉の遅れがないといわれています。しかし，アスペルガー障害の子どもでも，相手が言った言葉をそのまま受けとってしまい，その言葉の背後にある意味や含みを理解することが難しいです。そのため，比喩や冗談がわからない，その場の会話の空気が読めないなどが見られます。また，会話において文脈に沿った発言ができないのも特徴です。そのため，言葉が話させない子どもへの支援だけでなく，話せるけれど適切な会話が成立しない子どもに対しても支援が必要です。

なお，ASD 児の特徴として，オウム返しがあります。以前は，オウム返しを ASD 児のネガティブな特性として捉え，オウム返しを言わせない指導も行われていましたが，現在では，オウム返しも言葉の表出の一つとして位置付けるようになりました。

また，ASD 児の中には，会話中に昔の記憶がフラッシュバックして，突然話すことが見られます。会話の相手は，ASD 児が文脈と全く違うことを突然叫ぶと当惑すると思いますが，フラッシュバックの後に ASD 児が会話に戻ることができれば，そのまま会話を続けるとよいです。言語発達への支援については，本テキスト第 3 章 5 を参照してください。

視点取得能力の低さ

　人は相手と会話している時に，自分の視点から相手を見ることと，相手の視点から自分を見ることを暗黙裡に理解しています。自分が話す時には相手は「あなた」ですが，相手が話す時には自分が「あなた」です。会話において話者が代わるたびに，その視点が変わっていくことを理解しないと，会話が成り立ちません。視点取得（perspective taking）とは，自分と相手の視点の違いを認識し，相手の立場から相手の欲求や感情，思考や意図などを推し量ることをいいます。会話をしている時には，話者交替においてそれぞれの視点を推し量り，その時々に変化する相手の感情や考えを理解することが必要です。ASD児は，この視点取得をなかなか身につけることができません。そのため，会話において「私」と「あなた」がわからない，「あなた（相手）」の視点で何を考えているのがわからないことが起こってきて，会話がうまく成り立たなくなります。また，視点取得ができないために，ASD児が何を言っているのがわからないことがあります。

② 常同行動と反復行動

　ASD児は，日常生活の中で日課，事物の配置，物事の手順がいつも同じであることにこだわることがよく見られます。そして，同じでないとパニックになることもあります。毎日行う日課が同じ手順で同じように進まないとパニックになる，掲示板にはいつも同じ物が同じ順序で並んでいないと泣き叫ぶ，食器戸棚にはいつも同じ場所に同じ器がならんでいないと気が済まないなどです。また，同じ行動を反復することもよくあります。体をゆらし続ける（ロッキング），手や指先を奇妙に動かし続ける，飛び跳ねる，道を歩く時必ずマンホールを踏む，石を並び続ける，などです。これらのこだわりは，ASD児にとって生きている世界は不確かで不安定であるので，一定のリズムで同じようことをしていると落ち着くのではないかといわれています。

　以前は，ASD児の常同行動や反復行動は，ネガティブに捉えられていて，それらの行動を強制的に止めさせる指導が行われて時がありましたが，現在では，常同行動や反復行動は心の安定ややすらぎのためにしているので，無理に止めさせないで，徐々により社会的な行動へと変えていくことが行われています。

③ 感覚の過敏と鈍感

　ASD児は感覚異常をもっていることがよく見られます。感覚異常というと，すぐに聴覚過敏を思い浮かべるかもしれません。大きな音や声が聴こえると，ASD児が耳をふさいでいるのを見かけることがあるかと思います。聴覚過敏は一番よく見られますが，そのほかにも様々な感覚，すなわち視覚，嗅覚，味覚，触覚，固有感覚などについても感覚異常をもっていることがあります。また，感覚異常は，過敏だけではなく，鈍感（鈍麻）の場合もあります。それぞれの子どもによって，どの感覚に異常をもっているのか，それは過敏か鈍感かが違います。そこで，子どもごとによく観察して感覚異常の状態を把握する必要があります。

　親自身が感覚異常をもっていないと，感覚異常をもっている子どもを理解することが大

変難しいです。「こんな音くらいでうるさいの？」「そんなに外はまぶしいの？」「どうしてこれに触れるのが嫌なの？」と親は思ってしまいます。しかし，感覚異常をもっている子どもの不快感は想像以上のようです。最近は，聴覚過敏に対してノイズキャンセリング機能があるヘッドホンを使うようになってきました。このように，不快な感覚異常を少しでもやわらげることが必要です。子どもは自分ではできないので，親や周りの大人がいろいろ工夫するとよいです。感覚異常については，本テキスト第3章4の感覚運動への支援を参照してください。

（尾崎康子）

2　自閉スペクトラム症の早期発見・早期支援

（1）早期発見のアセスメント
① 幼児期早期の社会性の発達

　自閉スペクトラム症（Autism Spectrum Disorder：以下，ASD）の中核症状である社会性の問題は，早期支援によって予後の改善がみられることが明らかになってきました（Dawson et al., 2010, Kasari et al., 2014., Pickles et al., 2016）。したがって，早期発見・早期支援が世界的な潮流となっています。日本では1歳6か月児健診や3歳児健診で，ASDの特性のある子どもを発見し療育につなげるシステムをとっている地域も増えています。こうした取り組みは，子どもの社会性の躓きの克服に大きく役立ちます。また，周囲が子どもの特性を理解することで，子どもの行動を受け入れやすくなったり，子どもに合った療育や支援を選択できたりします。こうしたことが，将来の二次障害を予防することにつながります。発達障害はスペクトラムであり，ASDと診断されなくともその特徴のある子どもも多くいます。こうした診断閾下の子どもへの支援も，予防的見地から重要です。本章では，乳幼児期の社会性の発達と，社会性の発達に躓きを特徴とするASD幼児の把握，支援方法について述べます。

　乳幼児期の社会性の発達を考える時，1歳6か月は大きなターニングポイントです。乳幼児期の社会性を示す行動である「共同注意」「要求行動」「模倣」などについて，80％以上の子どもが通過します（Inada et al., 2010）。乳幼児は，9か月くらいから，すでに他者と自己の違いに気づき，他者の興味がどこに向かっているかを知ろうとします。これが共同注意の始まりですが，乳幼児の示す社会的行動の中で最も重要視されています。この共同注意が，その後の言語獲得やコミュニケーション，情緒の発達の基盤となると考えられています。したがって，1歳6か月で見られる社会的行動を共同注意と，共同注意以外の行動に分けて概説します。共同注意には，子どもからの自発的な行動と，その逆の受容的な行動の2種類があります。自発的なものは，自分の興味のあるものを指さして伝える行動，興味のあるものを持ち上げて見せる行動，興味のあるものを渡すという行動などがあります。受容的な行動としては，他人の指さしたほうを見る，他人の見つめている視線の先を見る，といった行動があります。これらの行動の根底には，自分の興味や他人の興味を共有したいという気持ちがあります。こうした気持ちこそが，社会性の第一歩となりま

す。共同注意以外の社会的行動には，ほしいものを取ってほしい時や開けてほしい時にみられる要求の指さしや手渡し，他の子どもの様子をみたりよっていくなどの他者への関心や働きかけ，他者と目を合わすアイコンタクト，他者に感情示す表情を向けたり，うなずいたりといったジェスチャーなどが挙げられます。名前を呼ばれたときに反応すること，大人から微笑まれると微笑み返すこと，うれしいことがあると大人のほうを見てニコニコしたり手を振ったりと喜びを共有しようとすること，他人の真似やふりをすることなども1歳6か月前後にみられる社会的行動です。さて，要求の指さしと共同注意の指さしを比較すると，行動としては同じですが，意図が違います。他者への意識という点では共同注意のほうが強いので，区別して行動観察をしたり，保護者への聞き取りをする必要があります。

　ASDの1歳6か月くらいの子どもに見られる初期兆候には，障害の特徴的行動が存在します。陽性症状といえるものと，定型発達の子どもに当然みられる行動の出現が少ないことやないこと，つまり，陰性症状といえるものの2種類があります。陽性症状として挙げられるものに，手のフラッピング（掌を繰り返しひらひらとふること），ぴょんぴょん跳ぶなどがみられます。またクレーンといわれる，大人の手をひっぱり空けてほしい瓶のふたに直接おいたりするといった人の手を道具のように使う行動がみられます。また，エコラリアと呼ばれる，即時に人の言ったことを真似たり，過去に聞いたセリフなどを繰り返したりする行動もあります。奇妙なイントネーション，抑揚が聞かれる場合もあります。興味のあるものへの没頭や，感覚的要素への普通でない興味が見られることもあります。一方，陰性症状としては，前述したような社会的行動のすべてが乏しかったり，見られないということになります。

② 早期発見のためのスクリーニングツール

　スクリーニングツールについて話す前に，スクリーニングツールも含むアセスメント全体について述べたいと思います。ASDの特徴を調べるアセスメント・ツールはいくつかありますが，スクリーニングと診断・評価用に分かれています。スクリーニングはあくまでもなんらかの心配のある子どもをふるい分けることが目的なので，決して，そのまま診断になるわけではないことに注意を要します。ASDについては，診断や評価については，日本語版ADOS-2（Autism Diagnostic Observation Schedule -Second Edition）などを用いる必要があります。

　幼児期早期のスクリーニングツールで最も有効なのは，乳幼児期自閉症チェックリスト修正版（Modified Checklist for Autism in Toddlers：以下，M-CHAT）です。現在，1歳6か月健診で，とりいれている自治体も多くなっています。対象を16～30か月とし，子どもの行動観察ではなく養育者を回答者とする他者記入式質問紙となっています。共同注意，社会的参照，模倣などの非言語性コミュニケーション，聴覚過敏や手をひらひらさせるなどASD独特の行動について尋ねる全23項目から構成されています。「はい」「いいえ」の二肢選択で回答し所要時間は約5分です。標準的なスクリーニング手続きは，子どもの発達の個人差を考慮し，質問紙への回答と1～2か月後の電話面接の複数段階となっています。実施時間が数分であり，また，費用もほとんどかからないため地域全体の乳幼児集団を

対象として悉皆的に行う1次スクリーニングとして，非常に適しています。

図3-1　乳幼児の社会性（ASD）を調べる検査
（黒田，2013を改変）

M-CHAT日本語版では，原版の質問紙に，共同注意や社会的参照についてのイラストが追加されています。これは，国立精神神経センター精神保健研究所　児童思春期精神保健研究部のホームページからダウンロードすることができます（http://www.ncnp.go.jp/nimh/jidou/aboutus/mchat-j.pdf）。また，複数回スクリーニングの電話面接用の質問項目もダウンロードできます（http://www.ncnp.go.jp/nimh/jidou/aboutus/Japanese%20follow-up%20manual.pdf）。

1歳6か月健診における日本語版M-CHATの感度・特異度に関する研究も行われ，第1段階スクリーニングでの感度は0.69，特異度は0.84でした。第2段階スクリーニングの感度は0.48，特異度は0.99で，陽性的中率は0.45とやや低かったのですが，非ASDと判断された場合も，全般的発達，言語発達，多動，注意機能などの側面にニーズがあったと報告されています（Kamio et al., 2014）。また，1歳6か月健診で有効な短縮項目について，6項目（標準化判別係数の高い順に，6：要求の指さし，13：模倣，5：ふり遊び，15：指さし追従，21：言語理解，9：モノを見せに持ってくる）がASDの判別において有効であることが示唆されています（Kamio et al., 2015）。1歳6か月児健診におけるM-CHATの有効な短縮項目についての報告は，臨床的に非常に有意義です。1歳6か月健診では発達障害のスクリーニングだけでなく運動発達・言語発達・母子関係・栄養・身辺自立・虫歯ケアーなど調べるべき項目はとても多いです。その中でM-CHATの23項目が養育者側の負担にもなるので，少ない項目数で判別できることが望まれていました。

M-CHATの限界として，回答者（主に母親）の子どもの行動への認識が強く影響することが挙げられます。たとえば，回答者が子どもの行動をきちんと把握していないと誤謬が生じますし，回答者が文言を誤解する場合もあります。そのため，M-CHATの項目のいくつかを健診中に実施して直接確認している自治体もあります。また，健診時のフィードバックも母親への気持ちに寄り添い，母親が子育てにネガティブな気持ちをもつことのないように配慮する必要があります。また，子どもの社会性の発達の問題点を伝えるとい

うよりも，子どもとの遊び方などを教えるなど，子どもとの関わり方を母親に教えていくことが重要です。

現在，1歳から1歳6か月という早期発見のためのスクリーニングについては，生物学的な指標への関心が高まっています。米国のKlinらは，eye tracker（注視点追跡装置）を用いて視線の合いにくさの定量化を試み，視線の動きを調べることで1歳前からASDを特定できると報告しています（Jones & Klin, 2013）。日本でも，土屋らがGaze Finder（注視点分布計測装置）という機械を開発し，1歳半健診でASDのリスクのある幼児を把握することをこころみています。こうした生物学的指標は，回答者（養育者）のバイアスがかからず，健診場面での実施における手続きの容易さや精度の高さが保障されれば，今後普及していくものと考えられます。

③ 診断・評価のアセスメント：ADOS-2日本語版

スクリーニングのアセスメントの後には，診断・評価のアセスメントが必要です。自閉スペクトラムの特性を調べるアセスメント・ツールの開発において，日本は先進国のなかで後れを取ってきましたが，近年，アセスメント・ツールもそろってきました。特に先進的医療機関や地域で使用されています。その中でも，1歳から実施できる行動観察検査ADOS-2日本語版（黒田ほか，2015）は非常に有効なアセスメント・ツールです。ADOS-2は，12か月の幼児（非言語性精神年齢12か月以上）から成人までの幅広い年齢帯を対象とし，年齢と言語水準に応じた5つのモジュールから構成されています。各モジュールの言語水準と推奨年齢は，以下のとおりです。モジュールT：無言語〜1，2語文レベル（推奨年齢12〜30か月），モジュール1：無言語〜1，2語文レベル（推奨年齢31か月以上），モジュール2：動詞を含む3語文以上〜流暢には話さないレベル，モジュール3：流暢に話す幼児〜青年前期（推奨年齢4歳以上〜15歳），モジュール4：流暢に話す青年後期〜成人（推奨年齢16歳以上）です。乳幼児には，モジュールTあるいは1，2を用います。

ADOS-2は対象者の行動や回答内容をみるため，遊びなどの活動や質問項目が設定された半構造化面接となっています。各モジュールに10〜15の課題が用意されています。年齢や言語発達を加味した課題が設定され，モジュール間で課題が重複しながら上のモジュールに移行するようになっています。各課題で観察されるべき行動は複数あり，特定の働きかけがどのような行動特徴をみるためのものなのか熟知しておく必要があります。実施にあたっては，観察後の評定を念頭に置きながら把握すべき行動（たとえば，アイコンタクト，表情，身ぶりなど）を記録します。たとえば「シャボン玉遊び」であれば，ただ一緒に遊んでいるのではなく，共感的に遊びを楽しめるかを見たり，わざとシャボン玉を作るのをやめ，子どもがシャボン玉をどのように要求するかなどを見ていきます。所要時間は40分〜1時間です。

観察された行動について，「A．言語と意思伝達」「B．相互的対人関係」「C．遊び」「D．常同行動と限定的興味」「E．その他の異常行動（ASDに併存しやすい多動や不安といった症状）」の5領域を構成する約30項目があり，評定基準に従って評定されます。一般的

な検査とADOS-2との大きな違いは、「観察」でみたそれぞれの行動を評定するのではなく、検査全体を通してみられた行動すべてを総合して「評定」する点です。さらに評定項目の中から、現在の診断基準に最も適合する項目が抽出され、診断アルゴリズムが構成されます。これを用いて「自閉症」「ASD」「非ASD」という診断分類（モジュールTでは懸念の程度で分類）を行うことができます。また、モジュール1、2、3の診断アルゴリズムには年齢と合計得点に基づく変換表があり、ADOS比較得点を算出することができ、重症度を調べられます。

また、アセスメントは、社会性のみを調べるのではなく、子どもを包括的に捉えるために、発達状況、適応状況、家庭や地域の状況なども調べる必要があります。発達状況については、保健センターなどで、新版K式発達検査、田中ビネー知能検査などが実施されています。適応行動については、実施しているところは非常に少ないのですが、日本版Vineland-II適応行動尺度という0歳から実施できる親聞き取り式のアセスメントも開発されています（辻井ほか、2015）。

(2) 早期支援

ASDの子どもの場合、支援は子ども自身と家族へ行う必要があります。この2つは車の両輪のようなもので、どちらが欠けてもうまくいきません。多くのセンターで、母子グループを実施していますが、子どもの発達を見守りつつ母親の心配ごとを聞いたり子どもへの対応を相談することは有効な支援といえます。また、子どもへの支援として、保育園・幼稚園への巡回をしている自治体もあります。巡回相談は、子どものフォローアップと同時に、保育や教育機関への支援ともなっています。また、家族支援としては、「ふれあいペアレントプログラム」のように、具体的に子どもとの関わり方を母親に伝えていくものが有効です。それ以外に、少し年長になるとペアレント・トレーニングなどの方法もあります。不安な両親によりそい、子どもの障害を受け入れ、適切に対応していけるよう支援していく点で、非常に有効な方法です。

① 子どもへの支援

アセスメントによってASDの可能性があるとわかった場合、それに応じた対応をすることが重要です。ASDに対する心理療法としては、ABA（Applied Behavioral Analysis：応用行動分析）やTEACCH（Treatment and Education of Autistic and Communication handicapped Children）、早期療育ではESDM（Early Start Denver Model）などが有名です。ABAは、Antecedents（先行条件）とBehavior（行動）とConsequence（結果事象）の関係の中で行動を変容しようとする方法で、子どもに直接働きかけることで適応行動を促進するアプローチです。TEACCHは環境の構造化、つまり時間的・空間的構造化を行うことでASD児の精神的安定と適応行動を促進します。この2つの療法は包括的療法と位置づけられています。一方ESDMは、発達的視点とABAを統合したアプローチで特に幼児期に特化した心理療法です。また、近年、アメリカではJASPER（Joint Attention, Symbolic Play, Engagement, and Regulation）といわれる支援法が開発され、その効果が報告されて

います。特に，一般の幼稚園で教諭によって実施された場合も，心理士が実施した場合と同様の効果が見られています。日本への導入も期待されています。現状として，こうした世界水準の支援を実施する施設は多くはありませんが，より質の良い療育を選んでいく必要があります。また，こうした療法は，対立するものではなく融合して使っていけばよいものです（黒田，2017）。

② 家族への支援

　家族への支援は，発達障害において子どもへの直接介入以上に重要です。発達障害では日々の対応が重要であり，親を中心とした家族は心理士以上に子どもの良きセラピストとなります。親支援としては，本書の「ふれあいペアレントプログラム」のように具体的に，子どもとの関わり方を母親に伝えていくものが非常に有効です。少し年長の子どもを育てる親に対しては，ペアレント・トレーニング（ペアトレ）が開発されています。ペアトレとは，ABAに基づき，親に子どもの行動の見方や関わり方を教え，対応方法を変えることで子どもの行動を変えようとする方法で，ASDにも応用されています。ペアトレの全国共通モデルである「プラットホーム」というプログラムも開発されています。ペアトレは，小集団で行い，1クール，5～10回（1回90分程度）となっています。ペアトレには，やり方にいろいろなものがありましたが，最近統一モデルが提案され，それにともなって，日本ペアレント・トレーニング研究会も立ちあがっています（http://parent-training.jp/purpose.html）。

　一方，ペアトレを改訂して地域で実施できるペアレント・プログラム（ペアプロ）が開発されています。ペアレント・トレーニングが，保護者が子どもをほめることで適応的行動を身につけると同時に子どもの不適応行動に保護者が働きかける方法を身につけることの両方を目標としているのに対して，ペアレント・プログラムは，子育てのより基礎的な内容に特化し，子どもへの働きかけ以前に，子どもの行動を客観的に捉えることや，保護者の子どもや子育てへの認知をより肯定的なものに変えていくことに重点をおいています。また，心理士でなくとも，子育てに携わる専門家（保育士，保健師，社会福祉士など）であれば実施できます。ペアトレ同様，小集団で行い，1クール，6回（1回90分程度）です。現状把握表という用紙に，子どもの行動だけでなく，母親自身の行動をまとめていくことで，母親が子育てに自信を取り戻すという効果もあります。こうした親支援が日本全国，専門家の少ない地域でも普及していくことが望まれます。ペアプロは，現在，厚労省の推奨プログラムとなっています。詳しい内容は，以下の発達障害情報・支援センターのホームページから入手できます。

　　http://www.rehab.go.jp/ddis/こんなとき，どうする？/家族支援/ペアレントプログラム/

　現在，社会性の躓きに代表される発達障害については，新しいアセスメント，そして，そして新しい支援方法が次々に開発されています。早期発見・早期支援，そして，切れ目のない生涯にわたる有効な支援をしていくためには，こうしたアセスメントや支援方法についての最新情報の収集と的確な導入をしていくことが欠かせません。

　　　　　　　　　　　　　　　　　　　　　　　　　　　　　　　　（黒田美保）

3 発達支援と親支援の動向

(1) 発達支援と親支援の国内外の動向
① ASD早期発達支援,親支援研究の経過

近年様々なスクリーニングや診断確定の技法の進歩によって,自閉スペクトラム症(Autism Spectrum Disorders:以下 ASD)の早期スクリーニング・早期発見は2歳以下で可能とされています(Corsello, 2005)。さらにロード(Lord, 1995)は早期の継続的診断の結果は安定しているので,早期の療育の重要性を指摘しています。けれども早期療育の頻度,家族の協力,汎化への注目などやプログラムの効果はまだ検証されていないので,そのためのエビデンスが必要であるとしています(Corsello, 2005)。イオヴァノン(Iovannone, 2003)は,近年 ASD児の療育には興味深い研究が行われ始めましたが,それがまだ具体的教育プログラムに反映していないため,これから行われる早期療育プログラムには,少なくとも以下の6つの基本的な要素を含んでいなければならないとしています。

ASDの早期療育に必要な6つの基本的要素

　　(a) 個別のサポート,(b) 組織的教育,(c) 包括的・構造的学習環境の整備,

　　(d) カリキュラムの内容の特化,(e) 問題行動への機能的アプローチ,

　　(f) 家族を巻き込むこと。

また2001年の全米研究評議会(National Research Council)が検証結果を発表して以来,様々な国家的研究機関での効果検証が進んでいます(NRC, 2001;SIGN, 2007)。これらの研究から,早期療育の効果は大人の生活の質に表れ,子どもの内的環境(IQ,年齢,重症度)と外的要因(プログラムのタイプ,セラピストの要因など)や子どもの療育への反応によって異なることが明らかになりました(Reichow et al., 2014)。

さらにウッズ(Woods, 2011)は,オーティズム・スピークス療育推進機関(Autism Speaks Treatment Initiatives, 2011),ハイリスク乳児兄弟研究コンソーシアム(High Risk Baby Siblings Research Consortium, 2011),行動的健康のための自閉症研究ネットワーク全国的研究機関(Autism Intervention Research Network for Behavioral Health, 2011)などが総合共同研究を行っていることを紹介したうえで,早期療育によって,ASDは完治しないまでも ASDのいくつかの症状の発現を封じる可能性があることを指摘しています。

② ASD発達支援,親支援の理念と研究方法論の発展

乳幼児期の早期療育の理念としてシュライブマン(Schreibman et al., 2015)は,ASD児の早期の診断と療育によって,応用行動分析と発達的視点の統合の必要性を主張し「自然な発達的行動介入(Naturalistic Developmental Behavior Intervention:以下,NDBI)」を提案しています。NDBIの主な原理として,① 自然なセッティング,② 大人と子どもの相互作用の共有,③ 発達的に適切なスキルや前発達的スキルを教えるために応用行動分析的手法の活用を挙げています。さらに,学習の目標・文脈・発達促進のための基本的特徴(Common Features of NDBIs)として以下のものを挙げています。

第 I 部　ふれあいペアレントプログラム実施のために知っておきたいこと

NDBI の学習の目標・文脈・発達促進のための基本的特徴
　3 パートの随伴性（Three Part Contingency）
　マニュアル化された実践（Manualized Practice）
　原則への忠実さ（Fidelity of Implementation Criteria）
　目標の個別化（Individualized Treatment Goals）
　継続的評価（Ongoing Measurement of Progress）
　子ども主導の教育場面（Child-Initiated Teaching Episodes）
　環境調整（Environmental Arrangement）
　自然な強化と動機づけとの関係づけ
　　（Natural Reinforcement and Related Methods for Enhancing Motivation of the Child）
　プロンプトの使用と消去（Use of Prompting and Prompt Fading）
　物や社会的遊びのルーチンの中でのバランスの取れた交代
　　（Balanced Turns Within Object or Social Play Routines）
　モデリング（Modeling）
　大人が子どもの言葉や遊び，動きを模倣すること
　　（Adult Imitation of the Child's Language, Play, or Body Movements）
　子どもの興味・注意の拡大（Broadening the Attentional Focus of the Child）

　近年 ASD の療育プログラムの研究において方法論的に確立されたエビデンスが求められるようになってきました。同一条件で研究対象児を比較する方法（Randomized Controlled Trial：RCT）はもとより，システマティックレビューとメタアナリシスの研究が療育サービスに貢献したといわれています（Dawson et al., 2009；Woods, & Brown 2011）。たとえばドーソン（Dawson, 2009）はこれまでの主要な研究（Lovaas, 1987 など）の方法論的限界を指摘し，新しい効果検証プログラムとして以下のような研究方法論のもとで，Early Start Denver Model（ESDM）を開発し効果検証を行いました。
　1．高度な専門家によらない診断基準の明確化，ランダム化，包括的アウトカムの測定尺度，保持レベルの把握の必要性，マニュアル化されたプログラムへの実施忠実性。
　2．対象児の年齢として30か月以下（米国小児科学会では18か月から ASD のスクリーニングが可能とされている）。
　3．介入プログラムのマニュアル化
　ESDM は，ABA モデル，発達的，関係論的アプローチに基づいた早期療育プログラムです。
　早期療育のその他のターゲットとして，乳児期に特化した発達的─行動的アプローチに基づいたジョイントアテンションなど乳幼児期の中心的障害にアプローチした JASPER プログラムもあります（Kasari et al., 2010 など）。これらは乳幼児の低年齢ゆえの親密な人間関係としての親の役割が強調されています（Dawson et al., 2010, Wetherby & Woods, 2006）。

③ ASD の早期療育における親支援の役割

　低年齢ゆえの乳幼児期の ASD 児の支援において親の役割の重要性が強調されてきましたが，これらは様々な親支援プログラム，ペアレントプログラムとして実践されてきました。ペアレントプログラム，親支援プログラムを大きく「ASD などへの療育を目的とした親教育プログラム」と「行動障害がある子供（ADHD など）に行うペアレントプログラム」の２つのグループに分けて，その有用性を検討した試みも出てきました（Brookman-Frazee, 2006）。

　ブルックマン‐フランジー（Brookman-Frazee et al., 2006）はこの２種類の親支援プログラムの検証を行いました。両グループの1995年から2005年に行われた研究のレビューから，22個の自閉症などの親教育プログラム，38の行動障害児へのペアレントプログラムの研究を抽出しました。両研究グループを比較することで ASD や行動障害の児への効果的療育の内容が明らかになりました。「ASD などの親教育プログラム」では ASD 児へのコミュニケーション能力の形成と親の対応力の獲得が目的とされ，「行動障害児へのペアレントプログラム」では，親の精神衛生の向上が目的になっており（親の役割，ストレスマネージメント），両グループともに親を介した療育の有効性が証明されました。さらに，両グループで実施された基本技法と技法が取り入れられているプログラムの割合も明らかにされました。ASD 研究22個，行動障害支援研究38個の中で使われた技法とその割合は以下の通りです。

ASD 研究，行動障害支援研究において使われた技法とその割合
　　　　　　　　　　　　（ASD 研究／行動障害支援研究，単位：パーセント）

1．親訓練時の子どもの同席（Child present during parent training）：77／50
2．プログラムの忠実性（Fidelity of implementation used）：50／58
3．PT/PE の指導方法（Instructional methods for PT/PE）＝
　　親はプログラムを見直すためにマニュアルをもらえる
　　（Parents given manual/written materials to review）：64／45
4．双方向的指導（Didactic Instruction）：55／82
5．モデリング（Modeling）：68／34
6．ビデオモデリング（Videotape Modeling）：14／37
7．ロール・プレイ（Role-Play）：23／45
8．そっと耳元でささやく（Bug-in-ear）：0
9．その場でのフィードバック（In-vivo Feedback/Coaching）：55／37
10．オペラント行動コントロール
　　（Based on Operant Conditioning Principles）：73／100

---

④ その他の発達支援・親支援プログラム

　インガソール（Ingersoll et al., 2013）は，親に発達的，自然な行動療法で日常生活に役立つスキルを教えることにより ASD の子どもに社会コミュニケーション能力を向上させる研究を前提に，コミュニティーへの普及のためのプロジェクト ImPACT（Improving parents as communication teachers）の効果検証を行いました。単なる RCT 検証では，療育効果は

親の療育能力が向上したのか，プログラムがよかったのかがわからないため療育のどの部分が有効なのかを明らかにする必要があります。教師のレポートや親や子どもの相互交渉の標準化された観察により，親は親支援プログラムで教えられた療育技法を児に使用できるようになることがわかりました。さらに家庭での観察や親や教師のレポートから，子どもの言語発達が見られました。今後は，これらの効果が，地域療育に汎化可能か，週2回の親教育モデルと週1回の親教育モデルでの差が出るか等を明らかにするとしています。

　ハワング（Hwang, 2013）は，発達遅滞のリスクのある子どもに対して，親が決めた日常ルーティン活動への参加を目的とするルーティンに基づく早期療育（Routines-based early intervention：以下，RBEI）の検証を行いました。ルーティンとは時間的に規則的に行われる活動，毎日規則的に一定の順番で一定の時間に行われる活動のことで，ルーティンは食事の準備，就寝準備など家族生活の中の一般的ゴールでもあります。6か月の31家族の5～30か月のRBEIと地域のグループ（THVGr.）のRCT研究を行い，0～3歳の社会的・生物学的にリスクのある子どもへのRBEIの早期療育の有効性が証明されました（Barnett, 2011; Spittle et al., 2007）。このプログラムは，子どもよりも親に焦点化した内容で，親が児に日常ルーティンを通して学ばせたいもの，日常ルーティンから学べるもの，周りの人的・物理的環境との相互交渉で学ぶものなどを含んでいます。

　このプログラムでは，「教師としての親」「共同教育者としての親」という一般に行われている親の位置づけに対し，子どもを養育する際の子ども問題を解決する親の自立性や療育の目的決定能力を重視しています。療育者の役割は，インストラクターや教師ではなく，家族と活動する共同者です。療育者は家族との同等の役割を果たし，コーチング技術を使います。RBEIは自然場面での機能的な課題を目的としたコーチングにより機能的結果（子どもの自立，社会的関係，ルーティンに関する親の満足）を出すことを目指しており，これまでの機能領域別の研究結果と異なり，日常生活上の機能領域の向上は，ASD児と家族により有用であるとしています。今までの親教育プログラムとともに家族にコントロールの能力への自信，または満足の感覚を得るためには有用なプログラムであると思われます。

　親に対しコーチング技法を導入したその他のプログラムとしてターナー＝ブラウン（Turner-Brown et al., 2016）があります。TEACCHの早期親教育プログラムとしてのFamily Implemented TEACCH for Toddlers（FITT）は，TEACCHの指導原理を2歳児からの早期ASD児支援に適応したプログラムです。TEACCHの構造化の原理を，より自然な場面で低年齢の発達課題に合わせて修正するとともに，「ジョイント・プランニング」「観察」「行動と練習」「振り返りと反省」などのコーチング技法をも活用しています（三宅，2017）。

（2）発達論的アプローチ

　乳幼児は，発達的に適切な環境で意味のある文脈に置かれると非常にアクティブになることが，発達心理学研究によって明らかにされてきました。子どもは見慣れた環境，好みの大人（特に親），お気に入りの食べ物やおもちゃなどの環境が整えば，もっている力を

発揮するのみでなく飛躍的に発達します。乳幼児研究では，乳児の積極性がより明らかになり，乳幼児における大人との社会的やり取りの重要性，コミュニケーション発達における模倣の役割の重要性が明らかになりました。

シュライブマン（Schreibman et al., 2015）は，乳児早期の療育研究は年長の子どもに比べてより自然場面や発達的要素を重視すべきとしています。子どもの日常的遊び，ルーティン活動や子どもが好むものを中心に取り上げる必要があるとし，適切なアセスメントを行い，課題を設定し，発達の最近接領域を考慮するなど，ピアジェ，ヴィゴツキー，ブルーナー，スノウなどの研究成果を重視した療育の重要性を主張しました。

これに対し自閉症児は，感情や社会的動機の共有の難しさが明らかになっており，前出の発達的視点はこの困難へのアプローチとして重視され療育に応用されました。NDBIでは，この視点に立って，子どもの注意を惹き，自分の能力と新しい経験の統合，発達的文脈に沿って教える，学習経験を計画的に複雑にするなどの方法を使い，彼らが外界を規則化するために試行錯誤することを助けるとしています。

また，ロジャースとドーソン（Rogers & Dawson, 2010）は，12~48か月の自閉症児への包括的行動療法プログラムとして Early Start Denver Model（ESDM）を開発しました。ESDM は，デンバーモデルの発展形として ABA を洗練した関係に焦点を当てたもので，セラピストや親が個別や集団の形で，クリニックや家庭などの様々な場面で実施可能なプログラムですが，その課題内容には発達的視点が含まれています。カサリ（Kasari et al., 2010）は発達的に ASD 発症の時期にある行動（Joint Attention, Modeling, Symbolic Play など）に焦点を当て，ASD の中核特性にアプローチするプログラムを開発しました（JASPER）。また，子どもの好ましい行動を大人がモデリングすることで強化するなどの技法も強調されています。

TEACCH においてはその理論的背景として ABA の原理や1970〜1980年代のバンデューラなどの認知-社会学習理論にある人の思考，期待，状況の理解が行動に影響する理論を批判的に導入したうえで，1980年代の発達心理学の研究成果からは，発達レベルに合った学習経験が重要，発達段階を把握し，もっとも適切な段階で活動や期待されることを考慮して，課題や教材を設定することの重要性を指摘しています。TEACCH の早期療育プログラムにおいては，ASD の一人一人の興味関心，スキルレベル，個性的な学習スタイルに基づいて療育を行うことの重要性を再度強調しています（Mesibov & Shea, 2005）。

このように様々な早期療育親支援プログラムにおいて，発達的視点は療育の原理や内容に深く関わった必要不可欠で重要な視点であることを強調しておきたいと思います。

（三宅篤子）

4　感覚運動に関する支援

「心は風のようであり，身体は砂のようなものである。
　風がどのように吹いているか知りたければ，砂を見てみればよい。」
　　　　　　　　　ボニー・ベインブリッジ・コーヘン（Bonnie Bainbridge Cohen）

（1）運動発達のマイルストーンとコーディネーション能力

　運動活動中心の発達支援の中でも，特に，子どもの神経，感覚，知覚，社会性などに重点を置いた統合的な発達支援に注目していきます。そこでは，各発達ステージにおける発達課題を運動活動中心の遊びを通じて支援することが有効です。この感覚運動活動によって動きを学ぶことにより運動能力（姿勢，移動，操作）及び身体機能（睡眠，排泄など）が発達します。さらに，動きを通して，身体意識，知覚能力，身体概念，情緒理解，社会性などを学びます（図3-2）。

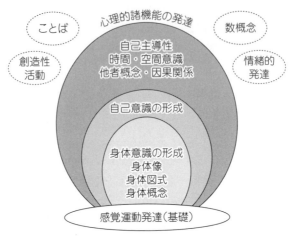

図3-2　心理的諸機能の発達
（Frostig & Maslow（1970）を基に作成）

　発達障害（Developmental Disability：以下DD）の特徴として，日常生活動作が不器用で時間がかかる，バランス感覚が悪い，運動面の不器用さやちょっとした遅れが気になる，横目使いで変な物の見方をする，特定の物に触れない，特定の音を非常に嫌がるなどの感覚過敏があるといわれています（Baranek, David, Poe, Stone, & Watson, 2006; Ben-Sasson et al., 2009; Bhat, Landa, & Galloway, 2011）。感覚運動と言語の発達を促すポイントは，環境を自ら探索することの困難な子どもに，様々な姿勢をとらせ，遊具を使って身体を動かし，それらの楽しさを経験させることです。

　子どもの全体的な発達のマイルストーンは，粗大運動や微細運動，言語，認知，社会的，情緒的成長などの，様々な分野に分けて扱われています（図3-3）。

　運動発達には，粗大運動（例：腹這い移動，四つ這い，歩く，階段を上るなど）と微細運動（例：小さな物体を拾い上げる，絵を描く）が含まれる。これは家系遺伝的の特性（例：遺伝的体質），環境的要因（例：長期疾患により活動が制限される場合），及び特定の疾患（例：脳性麻痺，筋ジストロフィー）に依存する連続的な過程である。発達が遅れているDDのある子どもの場合，運動発達を促す支援で適切な刺激を強めることにより運動発達を著しく加速させることが可能です。

　粗大運動発達は4段階に分けることができます。子どもは運動発達の経過において主に図3-4の基本的な運動パターンの順番で自分の身体イメージを学び，動きを習得していきます。以下にこの4つの運動パターンについて説明します。

第3章　自閉スペクトラムの理解と支援

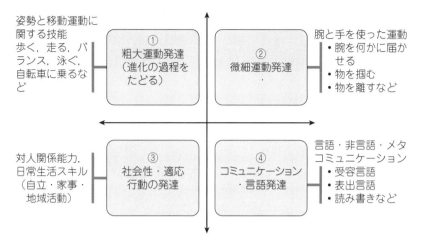

図3-3　全体的の発達のマイルストーン

図3-4　4つの基本的な運動パターン

① 背骨の動きのパターン

体・首・腕を伸ばす，曲げる，横に曲げる，回転する動きです。運動発達は頭から足元の方向に進みます。

② 左右対称の動きのパターン

両腕かあるいは両足を同時に動かしたり，両腕と両足のすべてを同時に動かします。子どもは徐々に上半身と下半身の違いを理解します。

③ 片側の動きのパターン

体の右側か左側どちらかの腕と足を同時に動かします。子どもは右半身と左半身の違いを理解します。

④ 斜めの動きのパターン

右腕と左足，または左腕と右足を同時に動かします。子どもは右腕から左足までの斜めの部分と，左腕から右足までの斜めの部分の違いを理解します。

子どもがその後に習得するすべての運動パターンはこの4パターンが基礎となり発達します。したがって，運動発達のマイルストーンの発達年齢と比べた時の著明な遅れ（例：歩くこと，這うこと，座ること）を明らかにするためにも，乳幼児期の運動発達の経過を知ることは非常に重要です。

運動発達には姿勢のコントロール，移動運動，行為機能，協調運動・協調動作といった4種類があります。この中で最初に発達するものが姿勢のコントロール（postural control）です。これは，うつ伏せ状態で上半身や腕，足を上げる，四つ這いで腕や足を上げて数秒間伸ばす，片足立ちができる等の姿勢を保つことをいいます。姿勢のコントロールは運動発達の基礎であり，この発達が十分でなければ，今後の運動発達に影響を及ぼすこともあります。次に発達するのが移動運動（locomotion）です。これは，歩行，飛び跳ね，走る等の動きのことをいいます。その後に発達するのが行為機能（praxis）です。これは，物を捕らえる，投げる，蹴る等のように目的をもって身体を動かすことです。行為機能は操作運動に関する応用的能力です。

最後に発達するものが協調運動・協調動作（movement coordination）です。これは，音楽に合わせて体を動かすといった動作のリズム，色や大きさや動作等の違いを認識して調節する識別能力，上下左右前後の位置関係がわかる身体方位感覚，自分が今どの場所にいるのか認識する方向感覚，いつ，何の動作をすれば良いのか判断できる適切な反応，動作を咄嗟に変更できる変換運動等のように，今までの運動の応用的な動きです。

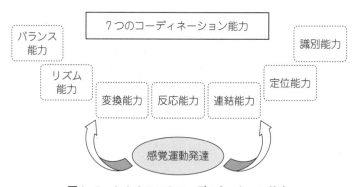

図3-5　ヒトの7つのコーディネーション能力

運動発達領域の協調運動に関するコーディネーションを考えていく上で重要となるのが7つのコーディネーション能力です（図3-5）。ここでいう「コーディネーション」とは「体を巧みに動かす」ことです。コーディネーション能力とは，神経系が知覚情報に応じて動員する筋を組み合わせ，それらの出力を適切に制御する力，つまり，身体動作に伴う神経や筋肉の同時的・共同的仕様の機能であり，随意運動を目的に合わせて調整する能力です（Hartmann, 1999）。

コーディネーション能力は，次の7つに区分することができます。1つ目はバランス能力です。これは，不安定な体勢でも活動を継続する能力です。2つ目はリズム能力です。これは，動きを真似したり，イメージを表現したりする能力です。3つ目は変換能力です。これは，状況に合わせて素早く動作を切り替える能力です。4つ目は反応能力です。これ

は，合図に素早く，正確に対応する能力です。5つ目は連結能力です。これは，関節や筋肉の動きを，タイミングよく同調させる能力です。6つ目は定位能力です。これは，相手やボールなどと自分の位置関係を正確に把握する能力です。7つ目は識別能力です。これは，手や足，用具などを精密に操作する能力です。これら7つのコーディネーション能力は，運動発達領域の評価の中に組み込まれ，判断基準として有効に使われています（Zahradnik & Korvas, 2012）。また，感覚運動遊びを行う親子活動の中にもこの7つのコーディネーション能力を取り入れるといいでしょう。

（2）ヒトの知覚と感覚処理について

感覚運動機能の障害は，その障害の神経心理学的評価から，自閉スペクトラム症（Autism Spectrum Disorders：以下 ASD），注意欠如多動症（Attention Deficit Hyperactivity Disorder：以下，ADHD）などの診断名が付きますが，療育を行う上では感覚運動機能のどこに問題があるのかがわかりにくく，また診断基準により用語が異なるなどの問題があります（McCleery, Elliott, Sampanis, & Stefanidou, 2013）。

子どもの感覚処理，感覚運動，行動，学習，情緒あるいは社会的発達を脳における感覚間の統合という視点で分析し，治療的介入を行います。対象となる障害は，ASDやADHDなどの発達障害が中心ですが，その理論と実践法の原理は，精神障害や高齢者のケア実践にも活用されてきています（Bundy & Murray, 2002）。

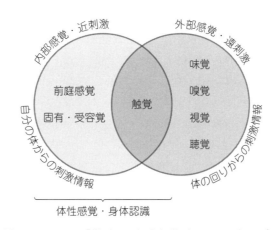

図3-6　ヒトの感覚（sense）と知覚（perception）モデル

「感覚」とは，感覚器官に加えられた外的（体の外から入ってきた刺激）および内的刺激を，脳で情報として受け止め，処理することです。感覚器官には，目で見る視覚，耳できく聴覚，舌で味わう味覚，鼻で嗅ぐ嗅覚，皮膚で感じる触覚の五感と，前庭覚，固有・受容覚があります（図3-6）。前庭覚は自分の体の動きを感じ取る感覚であり，動きに応じて体のバランスをとることや，体の動きにともなって視野がずれないように眼球を動かすことが生じます。その際，体が速く・遅く動くことについて脳に伝えられます。固有・受容覚は，自分の体がどのような姿勢をとっているのか，どの筋肉にどの程度の力が入っているのかを感じ取る感覚です（関節，筋，腱の動きの感覚も含みます）。

感覚処理とは，感覚システムから入ってくる感覚情報をうまく取り扱うことです（Ayres, 2012）。たとえば，揺れる電車の中で倒れないためには，周囲の視覚情報，足の裏からの触覚情報，身体の筋肉からの感覚情報（固有感覚），内耳の器官で感じる揺れや動きの感覚情報を脳の中で取り込み処理することが必要です。感覚情報を処理できたら中枢神経から身体の筋肉に随時信号を送って筋肉の力を微調整することによって倒れずに立っていられます。

　感覚処理の障害（sensory processing disorder）は，ASD，ADHD 及び特異的言語発達障害（Specific Language Impairment：以下 SLI）などを含む発達障害にもみられます。感覚処理障害は，米国精神医学会による精神疾患の診断・統計マニュアル DSM-Ⅳ の診断基準には含まれていないものの，ASD の発達や学習，そして生活や社会参加を考えるうえで医療や教育，福祉の分野で広く注目されてきました。しかし，2013（平成25）年5月に改訂された精神疾患の診断・統計マニュアル DSM-5 では，本質的な ASD の特徴ではないものの，異常な感覚行動（unusual sensory behavior）として感覚情報処理過程に関連した項目が挙げられており，その診断的な意義も認められてきているといえます。DSM-5 で ASD の症状は「発達早期に存在していなければならない」として定義し直しています（American Psychiatric Association, 2013）。しかし，社会的要求が能力の限界を超えるまでは，症状は完全に明らかにならないかもしれません。さらに，DSM-5 では ASD と ADHD との重複診断（並存する状態）を認めるという変更が為されています。これらの感覚処理障害の原因及び機序については明らかになっていない点が多いですが，ASD や ADHD の支援において感覚処理障害は重要な観点の一つであると考えられます。ASD のあるセルフアドボカシー（自己権利擁護）や ASD 当事者・保護者による報告からも，セラピスト（臨床発達心理士，作業療法士，言語聴覚療法士など）が彼らの生活上の困り感の背景を探り，支援や治療の実践を行っていくことが求められます（Grandin & Panek, 2014；Tomchek & Dunn, 2007；Williams, 1998；綾屋，2010）。

　子どもに感覚処理障害がある場合，中枢神経系の何らかの機能異常によって，感覚入力をうまく扱うことができなかったり，感覚情報を統合できなかったりします。その結果，情動，行動，運動などに問題が発生します。感覚処理に関する問題は，主に感覚の過敏性と感覚の鈍感（鈍麻）性（表3-1）の問題として知られています。感覚過敏の場合は，感覚に対して過度に敏感に反応します。感覚鈍感の原因については，いくつかの原因が考えられています。たとえば，神経系の問題によって感覚知覚の閾値が低い，情緒面が不安定，感覚刺激に対する解釈の問題がある，不快な感覚刺激に過剰に集中している，刺激の取捨選択ができないことなどです。感覚鈍感の場合は外部からの刺激に対して感覚が鈍く，情報を感覚に届けることが難しいといわれています。感覚鈍感の原因については，感覚閾値が高い（感覚受容段階に関与する神経学的問題による）か，ある感覚刺激に対する注意が足りない，または感覚刺激に対する反応に違いがあると考えられます（表3-1）。

　ASD や ADHD の子どもによく見られる平衡感覚の問題は，運動の苦手さや方向・空間認知の苦手さ，巧緻性の問題など身体の様々な側面で表れます。平衡感覚の過敏の例としては，ブランコやトランポリンなどの不安定な場所を極端に怖がったり，左右，右回り，

第3章　自閉スペクトラムの理解と支援

反対回りなどがわからなくなったりといったことが挙げられます。平衡感覚の過敏の対策としては，最初に重力不安，姿勢不安を軽減するところから始めます。たとえば，トランポリンに乗ると立つことができず，四つん這いになって固まり，怖がる子どもに対しては，最初はスクーターボードに腹ばいで乗ることで重力不安，姿勢不安が生じ出にくい状態にします。そして，行ったり来たりの運動を続けることで体軸方向の加速刺激を受け，段階を積み重ねながら前庭感覚を鳴らしていくようにします。平衡感覚の鈍麻の例としては，通常，体を回転させると目が回りますが，平衡感覚が鈍麻だと，眼球が左右に揺れる反応である眼振が出なかったり，出にくかったりすることが挙げられます。そのような場合，注視，追視，眼差しを合わせることが苦手なことが多いです。

表3-1　日常生活の中での感覚過敏性と感覚鈍感性の様々な問題

感覚の例	感覚過敏の例	感覚鈍感の例
視覚過敏	・視界が乱れ，物体や光が飛び回って見える ・全体を見るより詳細部を見るほうが得意	・物体が暗く見える，特徴を失う ・奥行きをとらえにくく，物を投げたり，受けたりすることが難しい
聴覚過敏	・騒音が拡大され，音が乱れる ・音を遮断することができず，特に後ろの音が気になって集中できなくなる	・特定の音を認識できない ・人ごみの中，ドアを音をたてて閉めてみる，物で音をたてたりすることを好む
触覚過敏	・触られることに痛みや不快感を感じる ・頭が過敏なため，髪を洗うことや髪をくしでとかすことを好まない	・重い毛布を好む ・ぎゅっとつかむ
味覚過敏	・味覚が繊細で特定の味や食べ物をきついと感じるため，偏食になる	・辛いものが好き ・なんでも食べてしまう（土や草なども）
前提覚過敏	・動いているときにすぐに止まることができない ・動作にコントロールが必要なスポーツが難しい	・揺れたりぐるぐる回ったりすることで外部からの刺激を得ようとするなど

　平衡感覚の鈍麻の対策としては，前庭感覚によって感じる回転加速度や直線加速度，重力加速度の加速度情報を取り入れることです。たとえば，回転椅子で回転の刺激を受けたり，トランポリンで上下の刺激を受けたりすることが挙げられます。眼球運動の未発達には回転刺激，姿勢の崩れには上下・前後の揺れ刺激というように，平衡感覚のどの部分でつまずいているのかによって，取り入れる加速度情報を考慮します。また，自己刺激行動として多動などが現れている場合も，対策の視点は同じですが，この場合，姿勢の調整としての平衡感覚に加え，動きの調整としての固有感覚を合わせて考えるとよいでしょう（木村，2014）。

（3）感覚運動発達支援の実践

　感覚運動遊びの目的は運動計画と運動能力を促しながら，協調性能力，運動バランス，身体意識と生活リズムを高めることです。独立した協調性運動スキル（自己コントロール）と好きな遊びを見つけることが最重要な目的です。子どもの好きな遊びを見つけるポイントは，自由時間（余暇）に好んで習慣的に繰り返し行う行為，事柄やその対象である

ことです。感覚運動遊びの一貫性が非常に重要です。感覚運動遊びの内容を子どもの年齢に合わせて考えることが必要です。

　粗大運動の基礎として体幹運動（コアトレーニング）があります。体幹（コア）の筋肉は，脊柱，骨盤と肩甲帯を安定させる動きを担っています。このベースがあってこそ，四肢が力強くて制御可能な動きができます。肢体の素早い動きが起こる前に，中央の神経系が事前に脊柱を安定させます。体幹とは，解剖学的には「頭部と四肢（両腕・両足）を除いた全ての部位」となり，胴体と呼ばれる部分を指します。また，体幹には3つの機能があり，それは，内臓を所定の位置に納める（生命維持）機能，体を支える（姿勢維持）機能，体を動かす（運動）機能です。そして，体幹を支える主な筋肉として脊柱起立筋，腹直筋，大臀筋，大腿四頭筋があります（図3-7）。これらは抗重力筋といわれ，重力に対して姿勢を保持する緊張を強いられる筋肉です。体幹の筋肉による脊柱，骨盤と肩甲帯を安定させる動きがあるからこそ，四肢を制御可能にする動きができるのです。そして肢体の素早い動きが起こる前に，中央の神経系が事前に脊柱を安定させます。このような効果をもたらすため，体幹運動は，感覚運動遊びの基礎となります。

図3-7　重力に対して姿勢を保持する緊張を余儀なくされる筋肉（抗重力筋）

　運動発達の基礎として，バランス（平衡感覚）や回転を意識することも重要となります。平衡感覚を鍛えるためには3面運動を取り入れます（図3-8）。3面とは，左右の平衡感覚である前頭面，前後や回転運動の平衡感覚である水平面，前後の平衡感覚である矢状面のことです。バランス，回転を刺激することは平衡感覚だけでなく，内耳の中にある三半規管が感じ取る重力加速度，直線加速度も刺激し，それによって運動発達を促すことにつながります。

　このように運動とバランス発達について述べてきましたが，これらの粗大運動発達とバランス発達に，さらにジャンプ力の発達を加えて，3つの発達が相互に作用する関係性があります。これら3つの発達が進むことで微細運動発達も促すことができます。

図3-8　感覚運動発達の3面運動

　運動発達の順序をまとめると，まずは記憶力，前頭前野の選択的注意，目（視覚的コントロール），身体図式・身体像，空間認知・認識が発達することが，その後の発達の土台

となります。そして、次に、粗大運動能力と重力軽減（ジャンプ能力）、平衡感覚が総合的に発達します。その次に、運動コーディネーションの基礎順番、動きの連続性、系列的動きが発達するようになります。この発達の延長として運動コーディネーションの協調性（調整）も発達します。その後、微細運動が発達し、最終的に、利きの発達としてのラテラリティ（利き手、利き足が定まる）が発達します（図3-9）。

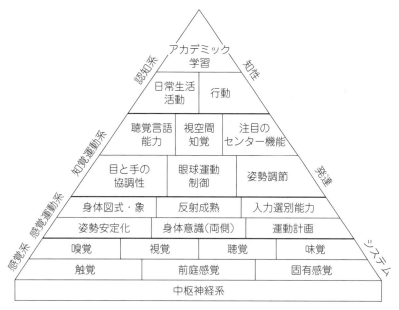

図3-9　学習のピラミッド～行動と学習のための感覚的な統合基盤～
（Williams & Shellenberger（1996）を基に作成）

（トート・ガーボル）

5　言語に関する支援

（1）言語の発達

　日本語の「ことば」には、コミュニケーション（communication）、音声（speech）、言語（language）など複数の意味があります。「コミュニケーション」とは人と人との間での意思のやりとりのことで、その手段は「音声」に限りません。音声言語以外に身振り言語や文字言語などがあるように、「言語」とはシンボル（象徴記号）を操作する能力のことをいいます。ここでは音声言語の発達を、音声、意味、文法、語用の4つに分けて説明します。

①　音　声

　音声には音の組み合わせ規則の「音韻」や音の強弱や長短、高低などの「韻律」などがあります。音への反応で生じるモロー反射は生後3か月には消失し、4～6か月頃には音声や物音への音源定位がみられるようになります。5～6か月頃には人の声を聞きわけ、日常音で期待反応がみられるようになります。音声表出では、2か月頃からクーイングが

みられ，いろいろな音を出す遊びのような喃語から，6〜7か月頃には"bababa" "nanana"など母音と子音を組み合わせる規準喃語が，10か月頃には大人の話すイントネーション（韻律）をまねするような会話様のジャーゴンが見られるようになります。

② 意　味

　音声と意味を結び付けるための認知基盤としては象徴性の発達が重要になります。たとえば，飲む身振りをみて「ジュース」や「お茶」「コップ」など飲み物に関係するものをイメージしたりするのも象徴性によるものです。12か月頃には身近な人やものの名前などを理解し，15か月頃には初語が出始め，18〜20か月頃に，語彙が急激に増加します。語彙発達は個人差が非常に大きく，日本の子どもでは，18か月児の表出語彙数は5〜100語，理解語彙数は70〜340語と幅が見られます（小椋ほか，2015）。

③ 文　法

　語と語をつなげる文法の側面は統語とも呼ばれます。表出語彙が50〜100単語を超える2歳ごろから二語文がみられ，その後，助詞や助動詞を使用し，過去や未来のことを表現できるようになります。3歳を超えると比較やカテゴリー概念なども理解できるようになり，「何？」「どこ？」「だれ？」などの質問を区別して答えられるようになります。

④ 語　用

　場の状況や文脈などによって，ことばの運用を規制するルールを語用論といいます。たとえば，子どもが紙の上にお絵かきをしているときに「何してるの？」と優しく聞くと「お絵かきしてるの」と語義通りに答えるけれども，書いてはいけない壁に落書きをしているときに，「何してるの？」と大声で言うと「ごめんなさい」といって謝る，というように，幼児でも状況や相手の声色などに応じたやりとりができます。乳児期からのアイコンタクトや微笑みあい，生後5か月頃の期待反応，8か月頃の視線や手渡し，身振りや指さしなどでの音声言語以外の原初的なコミュニケーションの発達がその基礎として重要と考えられます。語用論的能力には，社会的認知能力（状況の理解や相手の意図や感情の理解，相手との関係性の理解など）や，会話のやりとりにおけるスキル（ターンテーキング，あいづち，間），相手の興味関心や理解にあわせた話題の展開（テーマの選択，開始，変更など），音声のコントロール（発話の明瞭さ，プロソディ，声の大きさ・高さ・調子，情緒的表現など），非言語的コミュニケーション（姿勢，相手との距離，身振り，表情，視線など）などがあります。

（2）自閉スペクトラム症の言語発達の特徴

　カナー（Kanner, L.）が指摘したASDの言語面の特徴には，始語の遅れ，反響言語，人称代名詞の置換，独り言などがあります。同時期にアスペルガー（Asperger, H.）はことばの遅れはないけれども，ことばの理解や使い方に問題がある高機能のASDについて報告しています。言語障害こそがASDの根本症状であるとしたラター（Rutter, M.）の考えは，

第3章　自閉スペクトラムの理解と支援

言語障害を示さない ASD の社会性の問題に焦点が当たることで後に否定されますが，ASD の言語の問題，とくに語用論的側面に対する臨床研究が進んだという点で大きな役割を果たしました。DSM-5 では，常同性やイマジネーションなどの問題はないけれども社会性や語用に問題をもつ群が「社会（語用）的コミュニケーション症」となりました。ASD 特有の語用の問題があるかどうかは，今後の研究結果を待たなければなりませんが，本節ではこれまでの定義に従い指摘されてきた ASD の音声，意味，文法，語用の問題を以下に示します。

　まず，音声面ではことばを話す ASD では音韻にはほとんど問題が見られません。一方，声の大きさ，高さ，強さ，早さ，リズム，抑揚など韻律には異常があることがあり，単調，質問調のしり上がりの抑揚，甲高い声などが長期にわたって残ることがあります。このような韻律の問題は語用の問題や，相手の感情を韻律から読み取れない，自分の感情を韻律を使って表現できないなどの社会性の問題にも関連しています。

　意味面では，初語の遅れやエコラリアが問題になることがありますが，徐々にエコラリアは減少し，意味と結びついた自発語が増えていきます。理解面，表出面ともに獲得語彙は増え，興味のある分野の名詞を図鑑やビデオなどを見てよく覚え，博士的知識を有したり，新語や造語，隠喩的なことばを好んで使ったりする ASD もいます。マークやロゴなどの視覚的なシンボルの記憶や数字や文字言語を用いた学習が良好であることも特徴的です。

　文法面でも，助詞の使用や受け身文の理解などが難しい場合もありますが，知的な遅れがなければほぼ問題なく学習していきます。ASD の子どもは，周りで話されている会話や TV，ビデオのセリフなどを文のまま固まりで覚えて使用し，のちに意味のある要素に分解し，文法に当てはめて修正したりしながら，正しく話せるようになっていくと思われます。この方略は ASD 独自の方法ではなく，定型発達の子どもにも見られる方略ですが，ASD の子どもたちの場合は特に極端に強く見られるようです。

　語用については，高い知能を有する ASD に「一方的に自分の興味のあることを話す」「相手が知らないことでもかまわず話を進める」「会話の間合いやうなずきなどのタイミングが早すぎたり遅すぎたりする」「丁寧過ぎる話し方をする」「字義通りの解釈をし，比喩や皮肉を理解できない」などの語用の問題が見られることがよく知られています。

（3）ASD の言語の支援

　言語学者のチョムスキー（Chomsky, N.）は，人は普遍文法をもって生まれ，周囲の言語刺激をそれと照合し整理できるという「言語獲得装置」が生得的に備わっていると主張しました。一方，ことばは社会的相互作用の中で発達すると考えたブルーナー（Bruner, J. S.）は，養育者はことばを話し始めた子どもがことばの機能，語彙，文法などを発見しやすいように手がかりを与え，ことば獲得の「足場かけ」となるコミュニケーションの場を創る環境刺激を養育者が調整することが大切であるとする「言語獲得援助システム」を主張しました。ブルーナーのこのような考え方は，子どもの発達には，今できている状態とまだできていない状態との間に周りからの手助けによってはできるという「最近接発達領域」が存在する，とするヴィゴツキー（Vygotsky, L. S.）の考え方がベースになっています。

援助すればできる最近接発達領域にある行動を目標にし，小さなステップを一つずつ達成できるように足場かけをしていくという考えは障害児者の療育や教育の現場においても重要な考え方となっています。

ASDの言語指導については，ラターの言語障害説をきっかけに，行動療法による集中的な言語訓練がロバースら（Lovaas, O.）の研究によって示され，大きな発展がありました。その後，1980年代には言語障害仮説は否定されましたが，ASDの特異な認知障害が明らかになるにつれ，その特性に応じた指導技法が開発され，TEACCHに代表されるようなASDの内的世界を尊重し，その文化に合わせた支援を行うという支援哲学が生まれました。

現在でも様々な指導技法やアプローチが開発されていますが，近年のASDの言語コミュニケーションの支援の共通点をまとめますと，①音声言語に限らず，絵や図形シンボル，文字などの視覚的な手がかりをAAC（拡大・代替コミュニケーション）手段として積極的に用いる，②指導目標となるコミュニケーションスキルを日常の生活の中で使用できるように般化を含んだ目標立てをする，③ASDの認知特性や発達状況を支援者が理解し適切な対応方法を学び実践する，という3点が挙げられます。この3点を念頭に置き，わが国の療育現場でよく知られている言語の支援技法を以下に紹介します。

① 拡大・代替コミュニケーション

拡大・代替コミュニケーション（Augmentative Alternative Communication：AAC）とは音声言語によるコミュニケーションの困難な障害児・者に対して，ジェスチャーや身振り，写真，絵，図形シンボル，文字など，音声以外の方法を用いて意思の交流を行う考え方です。

(1) サイン言語

わが国では，イギリスのウォーカー（Walker, M.）らによって開発された知的障害児者のためのサイン言語であるマカトン法（Makaton Language ProgrammeまたはMakaton Core Vocabulary）がよく知られています。マカトン法は，日常生活の中で頻繁に使用する語彙330語が9つのステージに分けられており，利用者の発達状況に合わせて系統的に教えていく言語指導プログラムです。単語を一つずつ練習するフォーマルな指導と日常会話の中でキーワードをサインと音声を同時に提示するというインフォーマルな指導法を併用します（礒部，2008）。

(2) 図形シンボル，写真，文字単語

わが国ではPCS，PIC，マカトン法，DROPSなどの図形シンボルがよく知られています。PCS（Picture Communication Symbols）は語彙数が多く，コンピューターで検索し，色をつけたり，大きさを変えたりが自由にできる，PIC（Pictogram Ideogram Communication）は黒字に白抜きのピクトグラムで視覚的に見やすく，JISの絵記号として共同開発しているため，一般性が高いなどの特徴があります（藤澤ほか，1995）。マカトン法のシンボルはサインと併用が可能で，手で描けるため文字の代わりに使用できるという特徴があります。DROPS（The Dynamic and Resizable Open Picture Symbols）は学校生活に合わせた語彙が多く，特別支援学校などでよく使用されています。

これらの図形シンボルの他に，写真，文字単語などをコミュニケーションの手段として

第3章 自閉スペクトラムの理解と支援

使用するには，単語を1枚ずつコミュニケーションカード（チップ）にして伝えたい相手に手渡す「手渡し法」と1枚のボードに複数貼り付けたものを指さして伝える方法「指さし法」があります。ASDのためのコミュニケーション支援としてボンディ（Bondy, A.）とフロスト（Frost, L.）（2006）によって開発されたPECS（Picture Exchange Communicaiton System，絵交換コミュニケーション法）では，コミュニケーションチップを1枚手渡すことからスタートし，複数のチップを並べて文を構成してから伝えるように系統的に教えていく方法をとっています。ASDはシンボルを指さすときに，相手の顔をみたり，呼びかけたりしないので，カードを手渡したほうが確実に相手に伝わるという利点があります。

また，音声表出機器（Voice Output Communication Aid：VOCA）に伝えたいシンボルを貼りつけ，シンボルを押すと録音されている音声が流れるという方法も相手に注意をひきつけることができるという点でASDにとって有効です。最近ではスマホやタブレットなどで使用できるソフトも増えています。

② 応用行動分析

わが国でもASDに対する行動療法を用いた言語訓練として，発声や発語の模倣などから語彙の理解と表出を進め，比較概念や形容詞を教え，語連鎖や文理解，文字学習へと系統的に技能を教えていく方法（三好，1981）が紹介されましたが，現在の応用行動分析学（ABA）では，ASDの日常の中でのコミュニケーション行動に注目し，非音声的コミュニケーション手段の活用を含め（山本，1997），自然な環境の中で介入していくという立場が主流になってきています（加藤，1997）。

ABAは言語行動をオペラント行動と位置づけ，弁別刺激（場面：例えば，おやつ場面）→オペラント行動（行動：「ちょうだい」という）→強化刺激（結果：おやつをもらえる）の三項随伴性を基本としています。ターゲット行動を形成するための基本の技法としては，シェイピング法（例：最初は奇声以外の発声すべてに対しておやつをあげる。その後，ターゲット行動「ちょうだい」ということば以外の発声には応じない（消去する）），チェイニング法（例：「ちょうだい」と「おかし」がそれぞれ言えれば「おかし＋ちょうだい」とことばをつなげていく），行動連鎖中断法（例：こどもがおかしに手を伸ばそうとしたら，行動の途中で制止し，ターゲットとなる行動「ちょうだい」を表出させ，言えれば渡す）があります。

ターゲット行動を引き出すためのプロンプトには言語プロンプト（例：「おかし，っていってごらん」）視覚的プロンプト（例：おかしの絵や写真，文字，サインなどをみせる），モデリング（見本をみせる），身体的ガイダンス（学習者の手などをもって操作させる）などを行います。プロンプトは徐々に取り除いたり（「刺激フェイディング」），別の種類のプロンプトに変更し，自発性を引き出すようにしていきます。

機会利用型教授法では，園や家庭などの日常場面を利用し，ターゲット行動に関連する玩具などをわざと手に入れられないようにして待ち，ターゲット行動（例：「ちょうだい」と言う）でないときは，見つめたり，模倣を促したり，質問したりして，本人がターゲット行動ができれば渡します。時間遅延法では，自然にあそんでいるときにプロンプトの提

示を遅らせる方法です。プロンプトを出さないで，じっとみつめて待ち（時間遅延），ターゲット行動がでなければモデルを示し，模倣すればそのものをすぐに渡すという方法をとります。いずれも自発性を重視し，そのための本人の動機づけの評価や環境設定を重視しています。

　ABAでは問題行動に対して，事前の環境を整えるだけでなく，問題行動の機能分析（どのような目的でその行動が生じているか）を行い，同じ機能をもつ適切なことば（非音声コミュニケーションを含む）に置き換えるという機能的コミュニケーション訓練（平澤ほか，1997）を行います。たとえば，きょうだいであそぶと物の取り合いで弟を叩いてしまう場合，できるだけ別々に遊ばせたり，同じものを複数用意したりという環境調整をしつつ，物をほしいという「要求」の機能（目的）を「叩く」という行動に対して等価となる「ちょうだい」ということばあるいは身振りサインを教えます。問題行動の機能には，要求や拒否（逃避）注目，感覚刺激などがありますが，要求では「ちょうだい」「〜したい」拒否には「いや」注目には「みて」などの適切な言語行動に置き換えます。

③ 語用論的アプローチ

　我が国において，1980年代に語用論的アプローチとして紹介されたインリアル（INREAL：Inter Reactive Learning and Communication）アプローチ（Weiss, R.）は自然な環境の中で遊びを主体としたやり取りの中で言語学習の促進をめざして開発されました。子どもの行動をよく観察し，音声言語に限らず，視線や表情，身振りなどの非言語コミュニケーションを重視し，やりとりの力を促しながら言語能力を促進していくプログラムです。とくに，ことばの機能的な側面（要求，拒否，報告，叙述，質問など）を重視し，その機能に合わせたことばかけを促していきます。

　原則として，①子どもの発達レベルに合わせたことばかけをする，②子どもにやりとりの主導権をもたせる，③子どもが自発的にコミュニケーションを開始するのを待つ，④子どものリズムに合わせる，⑤ターン・テーキング（やりとり）を行う，⑥会話や遊びを共有し，コミュニケーションを楽しむ，が挙げられており，大人側の働きかけについては，Silence（静かに見守る），Observation（よく観察する），Understanding（深く理解する），Listening（耳をかたむける）の頭文字4つをとってSOULと呼ばれています。

　また，大人側の言語心理学的技法として，ミラリング（子どもの行動をまねる），モニタリング（子どもの音声をまねる），パラレル・トーク（子どもの行動や気持ちを言語化する），セルフ・トーク（大人の行動や気持ちを言語化する），リフレクティング（子どもの言い間違いを直す），エキスパンション（子どものことばを意味的，文法的に広げて返す），モデリング（子どもに新しいことばのモデルを示す）などの手法を用います。ビデオでやりとりを分析し，大人側の調整能力を高めていくプログラムです（竹田ほか，1994）。

（東　敦子）

第3章　参考文献

第1節

American Psychiatric Association (2013). *Diagnostic and Statistical Manual of Mental Disorders 5th ed. (DSM-5)*. Washington D. C.: American Psychiatric Association.
（米国精神医学会　日本精神神経学会（監修）（2014）．DSM-5 精神疾患の診断・統計マニュアル　医学書院）

Baron-Cohen, S. (1995). *Mindblindness: An essay on autism and theory of mind*. Boston: MIT Press Bradford Books.

Wing, L. (1981). Asperger syndrome: A clinical account. *Psychological Medicine, 11,* 115-130.

World Health Organization (2015). International Statistical Classification of Diseases and Related Health Problems 10th Revision (ICD-10)-2015-WHO Version for; 2015
http://apps.who.int/classifications/icd10/browse/2015/en#/F80-F89

第2節

Ganz, M., L. (2007). The lifetime distribution of the incremental societal costs of autism. *Arch Pediatr Adolesc Med, 161,* 343-349.

Dawson, G., Rogers, S., Munson, J., Smith, M., Winter, J., Greenson, J., Donaldson, A., & Varley, J. (2010). Randomized, controlled trial of an intervention for toddlers with autism: the Early Start Denver Model. *Pediatrics, 125,* e17-e23.

Kasari, C., Kaiser, A., Goods, K., Nietfeld, J., Mathy, P., Landa, R., Murphy, S., & Almirall, D. (2014). Communication interventions for minimally verbal children with autism: a sequential multiple assignment randomized trial. *Journal of the American Academy of Child and Adolescent Psychiatry, 53,* 635-646.

Pickles, A., Le Couteur, A., Leadbitter, K., Salomone, E., Cole-Fletcher, R., Tobin, H., Gammer I., Lowry J., Vamvakas, G., Byford, S., Aldred, C., Slonims, V., McConachie, H., Howlin, P., Parr, J. R., Charman, T., & Green, J. (2016). Parent-mediated social communication therapy for young children with autism (PACT): long-term follow-up of a randomised controlled trial. *Lancet, 388,* 2501-2509.

Inada, N., Kamio, Y., & Koyama, T. (2010). Developmental chronology of preverbal social behaviors in infancy using the M-CHAT: Baseline for early detection of atypical social development. *Research in AutismSpectrum Disorders, 4,* 605-611.

Jones, W., & Klin, A. (2013). Attention to eyes is present but in decline in 2-6-month-old infants later diagnosed with autism. *Nature, 504* (7480), 427-431. doi: 10. 1038/nature12715.

Kamio, Y., Inada, N., Koyama, T., Inokuchi, E., Tsuchiya, K., & Kuroda, M. (2014). Effectiveness of using the modified checklist for autism in toddlers in two-stage screening of autism spectrum disorder at the 18-month health check-up in Japan. *Journal of Autism and Developmental Disorders, 44,* 194-203.

Kamio, Y., Haraguchi, H., Stickley, A., Ogino, K., Ishitobi, M., & Takahashi, H. (2015). Brief Report: Best Discriminators for Identifying Children with Autism Spectrum Disorder at an 18-Month Health Check-Up in Japan. *Journal of Autism and Developmental Disorders, 45,* 4147-4153.

黒田　美保・稲田　尚子（監修・監訳）（2015）．ADOS-2日本語版　金子書房．

下山　晴彦・黒田　美保（編）（2016）．臨床心理学第16巻2号「発達支援のアセスメント」　金剛出版．

辻井　正次・村上　隆（監修）黒田　美保・伊藤　大幸・染木　史緒・萩原　拓他（作成）（2014）．Vineland-2日本版．日本文化科学社．

辻井　正次（監修）伊藤　大幸（作成）（2017）．TASP (Transitional Assessment Sheet for Preschool-

第 1 部　ふれあいペアレントプログラム実施のために知っておきたいこと

ers）保育指導要領のための発達評価シート　スペクトラム出版.

第 3 節

Autism Intervention Research Network for Behavioral Health (2011). Health resources and services administration. from http://www.asdweb.org/

Autism Speaks Initiatives. Autism speaks. Retrieved March (2011). from http://www.autismspeaks.org/ science/research/initiatives/

Barnett, W. S. (2011). Effectiveness of early educational intervention. *Science*, 333, 975-978.

Brookman-Frazee, L., Stahmer, A., Baker-Ericzén, M. J., & Tsai, K., (2006). Parenting Interventions for Children with Autism Spectrum and Disruptive Behavior Disorders: Opportunities for Cross-Fertilization: Clinical Child and Family Psychology Review, *9*, 3/4, 181-200

Corsello, C. M. (2005). Early Intervention in Autism Infants & Young Children: Lippincott Williams & Wilkins, Inc., 18, 2, 74-85.

Dawson, G., Rogers, S., Munson, J., Smith, M., Winter, J., Greenson, J., Donaldson, A. & Varley, J. (2009). Randomized, Controlled Trial of an Intervention for Toddlers With Autism: The Early Start Denver Model. Pediatrics. 17, 17-23.

Dawson, G., Rogers, S., Munson, J., Smith, M., Winter, J., Greenson, J., & Varley, J. (2010). Randomized, controlled trial of an intervention for toddlers with autism: The Early Start Denver Model. Pediatrics, 125, 17-23.

Hwang, A-W., Chao, M-Y., & Liu, S-W. (2013). A randomized controlled trial of routines-based early intervention for children with or at risk for developmental delay. *Research in Developmental Disabilities, 34*, 3112-3123

High Risk Baby Siblings Research Consortium. Autism Speaks. (2011). from http://www.autismspeaks.org/science/research/initiatives/babysibs.php

Ingersoll, B., & Wainer, A. (2013). Initial Efficacy of Project ImPACT: A Parent-Mediated Social Communication Intervention for Young Children with ASD. *Journal of Autism and Developmental Disorders, 43*, 2943-2952

Iovannone, R., Dunlap, G., Huber, H. & Kincaid, D. (2003). Effective Educational Practices for Students with Autism Spectrum Disorders. *Focus on Autism and Other Developmental Disabilities, 18*(3), 150-165.

Kasari, C., Gulsrud, A. C., Wong, C., Kwon, S., & Locke, J. (2010). Randomized controlled caregiver mediated joint engagement intervention for toddlers with autism.Journal of Autism and Developmental Disorders, 40(9), 1045-1056.

Lord, C. (1995). Follow-up of two-year-olds referred for possible autism. Journal of Child Psychology and Psychiatry and Allied Disciplines, 36(8), 1365-1382.

Lovaas., O.I. (1987) Behavioral treatment and normal educational and intellectual functioning in young autistic children. Journal of Consultant and Clinical Psychology. *55*(1), 3-9.

Mesibov, G.B. and Shea, V. (2005) TEACCH Approach to Autism Spectrum Disorders New York: Springer.（服巻 智子・服巻 繁（訳）（2007）．TEACCH とは何か―自閉症スペクトラム障害の人へのトータルアプローチ―　エンパワメント研究所）

三宅 篤子（2017）．TEACCH プログラムにおける早期ペアレント支援― Family Implemented TEACCH for Toddlers (FITT) の特徴と意義―　臨床発達心理実践研究, *12*, 23-29.

National Research Council (2001). *National Research Council. Educating Children with Autism*. Washington, DC: National Academies Press.

Reichow, B., Barton, E. E., Boyd, B. A., & Hume. K. (2014). Early Intensive Behavioral Intervention (EIBI) for Young Children with Autism Spectrum Disorders (ASD): A Systematic Review. *Campbell Systematic Reviews, 9*, 8-116.

Rogers, S.J., & Dawson, G. (2010). *Early Start Denver Model for young children with autism: Promoting language, learning, and engagement.* New York: Guilford Press.

Schreibman, L., Dawson, G., Stahmer, A. C., Landa, R., Rogers, S. J., McGee, G. G., Kasari, C. , Ingersoll, B., Kaiser, A. P. , Bruinsma, Y. , McNerney, E. , Wetherby, A., & Halladay, A. (2015). Naturalistic Developmental Behavioral Interventions: Empirically Validated Treatments for Autism Spectrum Disorder. *Journal of Autism and Developmental Disorders, 45*, 2411-2428

Scottish Intercollegiate Guidelines Network (2007). Scottish Intercollegiate Guidelines Network. Assessment, diagnosis and clinical interventions for children and young people with autism spectrum disorders: a national clinical guideline. Scottish Intercollegiate Guidelines Network. 98.

Spittle, A. J., Orton, J., Doyle, L. W., & Boyd, R. (2007). Early developmental intervention programs post hospital discharge to prevent motor and cognitive impairments in preterm infants. *Cochrane Database Systematic Review* CD005495.

Turner-Brown, L., Hume, K., Boyd, B. A., & Kainz, K. (2016). Preliminary Efficacy of Family Implemented TEACCH for Toddlers: Effects on Parents and Their Toddlers with Autism Spectrum Disorder. *Journal of Autism and Developmental Disorders, 46* (9), 3068-77.

Wetherby, A., & Woods, J. (2006). Effectiveness of early intervention for children with autism spectrum disorders beginning in the second year of life. *Topics in Early Childhood Special Education, 26*, 67-82.

Woods, J. J. & Brown, J. A. (2011) Integrating Family Capacity-Building and Child Outcomes to Support Social Communication Development in Young Children With Autism Spectrum Disorder, *Top Lang Disorders. 31*(3), 235-246.

第4節

American Psychiatric Association (2013). *Diagnostic and Statistical Manual of Mental Disorders (DSM-5).* In (5th ed., pp. 991). Arlington, VA: American Psychiatric Publishing.

綾屋 紗月（2010）．つながりの作法―同じでもなく　違うでもなく―（生活人新書）　東京：NHK出版．

Ayres, A. J. (2012). *Sensory Integration and Praxis Tests (SIPT) Manual, Updated Editon.* Los Angeles: Western Psychological Services.

Baranek, G. T., David, F. J., Poe, M. D., Stone, W. L., & Watson, L. R. (2006). Sensory Experiences Questionnaire: discriminating sensory features in young children with autism, developmental delays, and typical development. *J Child Psychol Psychiatry, 47* (6), 591-601.

Ben-Sasson, A., Hen, L., Fluss, R., Cermak, S. A., Engel-Yeger, B., & Gal, E. (2009). A meta-analysis of sensory modulation symptoms in individuals with autism spectrum disorders. *J Autism Dev Disord, 39* (1), 1-11.

Bhat, A. N., Landa, R. J., & Galloway, J. C. (2011). Current perspectives on motor functioning in infants, children, and adults with autism spectrum disorders. *Phys Ther, 91* (7), 1116-1129.

Bundy, C. A., & Murray, A. E. (2002). Sensory integration: A. Jean Ayres' Theory revisited. In A. C. Bundy, J. S. Lane & A. E. Murray (Eds.), *Sensory integration: Theory and practice* (2nd ed., pp. 3-33). Philadelphia: F. A. Davis.

Frostig, M., & Maslow, P. (1970). *Movement education: theory and practice*: Follett Educational Corp.

第Ⅰ部　ふれあいペアレントプログラム実施のために知っておきたいこと

Grandin, T., & Panek, R. (2014). *The Autistic Brain: Helping Different Kinds of Minds Succeed*. Boston, New York: Mariner Books; Reprint edition.

Hartmann, C. (1999). Development of coordination abilities. In C. Hartmann & H. J. Minow (Eds.), *Understand sport - experience sports (part 2) Methodological Training Basics*. (pp. 322-347). Freistaat Sachsen-Lipsk: University of Lipsk.

木村 順（2014）．保育者が知っておきたい発達が気になる子の感覚統合　学研プラス．

McCleery, J. P., Elliott, N. A., Sampanis, D. S., & Stefanidou, C. A. (2013). Motor development and motor resonance difficulties in autism: relevance to early intervention for language and communication skills. *Front Integr Neurosci, 7*(30).

Tomchek, S. D., & Dunn, W. (2007). Sensory processing in children with and without autism: a comparative study using the short sensory profile. *Am J Occup Ther, 61* (2), 190-200.

Williams, D. (1998). *Autism and Sensing: The Unlost Instinct*. London and Philadelphia: Jessica Kingsley Pub.

Williams, M. S. & Shellenberger, S. (1996). *How does your engine run? A leader's guide to the alert program for self-regulation*. Albuquerque, NM: Therapy Works Inc., p. 1-4.

Zahradnik, D., & Korvas, P. (2012). *The Introduction into Sports Training: Chapter 10 Training Coordination Abilities*. Brno: Masaryk University.

第5節

アンディ・ボンディ／ロリ・フロスト　園山 繁樹・竹内 康二（訳）（2006）自閉症児と絵カードでコミュニケーション―PECSとAAC．

ドロップレット・プロジェクト（2010）．視覚シンボルで楽々コミュニケーション　障害者の暮らしに役立つシンボル1000　エンパワメント研究所．

藤澤 和子・井上 智義・清水 寛之・高橋 雅延（1995）視覚シンボルによるコミュニケーション―日本版PIC　ブレーン出版．

秦野 悦子（2001）入門シリーズ　ことばの発達と障害　ことばの発達入門　秦野 悦子（編）第5章　社会的文脈における語用論知識の発達．

礒部 美也子（編著）　松田 祥子（監修）（2008）マカトン法への招待　日本マカトン協会．

三好 隆史（1980）言語の学習　自閉児　お母さんと先生のための行動療法入門　梅津 耕作（編）　有斐閣選書．

小椋 たみ子・小山 正・水野 久美（2015）乳幼児期のことばの発達とその遅れ　ミネルヴァ書房．

大井 学（2001）入門シリーズ　ことばの発達と障害　ことばの障害入門　西村 辨作（編）第3章　高機能自閉症とアスペルガー症候群　大修館書房．

竹田 契一・里見 恵子（編）（1994）インリアル・アプローチ　子どもたちとの豊かなコミュニケーションを築く　日本文化科学社．

山本 淳一・加藤 哲文（編著）　小林 重雄（監修）（1997）応用行動分析学入門　障害児者のコミュニケーション行動の実現を目指す　学苑社．

第Ⅱ部
ふれあいペアレントプログラムの マニュアル

第4章
ふれあいペアレントプログラムとは

1 社会的コミュニケーション発達を促すペアレントプログラム

　ふれあいペアレントプログラムとは，自閉スペクトラム症（Autism Spectrum Disorder：以下，ASD）の幼児に社会的コミュニケーション発達を促す方法を，その親に教授するための心理教育プログラムです。近年，DSM-5において社会的コミュニケーションの偏りや障害が診断基準に採用されるようになり，ASDの社会的コミュニケーションが注目されています。定型発達では，社会的コミュニケーションの基盤が乳児期後半にできるようになりますが，ASDでは2，3歳でもできない子どもがほとんどです。しかし，社会的コミュニケーションに問題や障害をもっていると，言語発達や社会性発達にも影響を与えることが指摘されており，ASDが抱える社会的コミュニケーションの問題をそのままにしておくと，二次障害としてその他の発達を阻害することが考えられます。そのため，ASD児の社会的コミュニケーション発達を促すことは大変重要な課題です。しかも，定型発達において乳児期後半にクリアする課題については，なるべく早い時期に社会的コミュニケーション発達を促すことが必要です。そこで，ふれあいペアレントプログラムでは，2歳前後～4歳未満のASDの子どもを対象に社会的コミュニケーション発達を促すことを目的にしています。

　ところで，わが国ではASDの診断時期が早まっているものの，それでも1歳後半で診断されればかなり早いといえます。したがって，子どもが2歳前後～4歳未満の時は，ちょうどASDの診断がなされる時期であり，診断されることによって親が心理的な混乱をきたしている時期でもあります。また，未診断でもこの時期になると，子どもの発達が他の子どもと違っていることに気づくようになり，親は大変不安になります。このように，子どもが2歳前後～4歳未満の時は，親が最も不安を感じ，子どもの育て方をどうしていいかがわからない時期でもあります。

　英国では，このような時期に親がASDの子どもの育て方を学ぶ英国自閉症協会（NAS）のアーリーバードプログラム（Early Bird Program）があり，効果を上げています。一方，わが国では，子どもの療育がおよそ3，4歳で始まりますが，療育が始まる前の親が最も不安に思いかつ子育てに困っている時期に，親に対応するプログラムはありません。そこで，これらの状況に対応するために，ふれあいペアレントプログラムを開発しました。

2 ふれあいペアレントプログラムのあゆみ

　ふれあいペアレントプログラムの開発にあたっては，開発者（以下，尾崎）によるこれ

第4章　ふれあいペアレントプログラムとは

までの障害児教育と子育て支援に関する研究と実践が基になっています。子育て支援については，尾崎（2015b）は，これまで一般の親を対象にした子育て支援プログラムと発達障害児の親を対象にしたペアレントプログラムを作成しました。ふれあいペアレントプログラムは，これらのプログラムの背景理論とその実践で培ったノウハウを生かしながら開発したものです。これらのプログラムについてもう少し詳しく説明していきます。

（1）一般の親に対する子育て支援プログラム

　一般の親に対する子育て支援プログラムは，2～3歳の幼児とその母親120～150組を対象にした1年間の親子教室において，尾崎（2005）が，延べ2000組程度の親子に対して子育て支援をする中でプログラムを作成しました。現代社会の子育ての状況において，子育ての孤立化や子育ての方法が分からないといった子育ての問題があります。これらの問題に対処することを目的に，3つの観点から子育て支援プログラムを考案しました。すなわち，①子育てに関する学習，②母親同士のネットワーク作り，③子育ての不安や悩みに対する相談的機能です。なお，子育ての孤立化は育児不安を起こす一つの要因となりますが，軽度の不安であれば母親同士がネットワークで繋がることによって確実に不安は軽減されていきます（尾崎，2003）。また，不安症状が重い場合は相談的機能によって対応すると効果的です。一方，子どもの育て方がわからないことは育児困難の一つの要因になりますが，この問題は子育てを学ぶことにより解決されます。また，育児困難と育児不安は相互に関係しており，育児困難が解消されれば育児不安も軽減するといえます。これらの子育て支援プログラムの基本的な考え方は，ふれあいペアレントプログラムの作成でも礎になっています。ふれあいペアレントプログラムでは，子育ての方法を教授することが実施内容の中心ですが，これはASDの育て方がわからない親に対してその方法を教えることによって育児困難に対処すること，そしてその結果，育児不安の軽減することを目指しています。ふれあいペアレントプログラムでは，育児不安に対応することを全面に出していませんが，二次的な効果として育児不安軽減を想定しています。

　この子育て支援プログラムは，基本的には，子育ての学習や母親のネットワーク作りなど実践的な意識レベルの活動で構成されています。これは，心理教育プログラムとして，ピアジェの認知発達理論，応用行動分析などの発達科学や脳科学の知見などを基にして考えられています。しかし，親子関係に問題を抱えている場合には，以下に示す発達精神病理学や児童精神医学における理論を参考に対応しました。これは，ふれあいペアレントプログラムでも同様です。プログラムの実施内容としてこれらの理論は前面に出ていませんが，親子関係の捉え方の背景にはこれらの理論があります（本テキスト第2章3を参照）。

ボウルビィのアタッチメント理論：子育て支援においてまず役に立つ理論は，ボウルビィ（Bowlby, J.）のアタッチメント理論です（本テキスト第2章2を参照）。幼児期前半の子どもが母子分離を前提とした集団活動をする時には，子どもが危機的状況に遭遇した時と同様のアタッチメント行動が起こり，様々なアタッチメント・パターンが見られます（尾崎，2003）。そのため，愛着理論とアタッチメント・パターンを知ることによって，子どもの理解と母子関係の把握ができます。また，母親もまた自分の子どものアタッチメント行動を目の当り

に見ることによって，あるいは他の子どもと比較することによって，自分の子どもの行動と情動を知ることとなります。さらに，その対応を専門家から助言してもらうことによって，母親は，自分の子どもを的確に把握し，その対応の仕方を直に学ぶことができます。
ザメロフの交互作用プロセス：ザメロフ（Sameroff, A.）の親子交互作用プロセス（transactional process）（本テキスト第2章3を参照）も，親子関係を知る上で有用です。親子関係に問題があると，とかくどちらに要因があるかを追求しがちですが，親子に出会った時点では，元はどちらかが原因であったとしても，親子の両方に影響がでていることを考慮しなければなりません。明らかに親子のどちらかに原因があることがわかった場合には，それを丁寧に説明して対処しますが，多くの場合は，どちらに原因があるかはわからず，親子で問題がでていることが多いです。そこでは，ただ原因を追究してそれを責めるのではなく，悪循環で絡まった親子関係を解きほぐしていきます。
スターンの行動-表象相互作用：スターン（Stern, D. N.）の行動-表象相互作用モデル（本テキスト第2章3を参照）を基にして，親子の関係性に動揺（perturbation）や阻害（disturbance）が生じているケースに対応します。基本的には，母親の行為に介入し，具体的な子どもの関わり方について助言することを中心に行います。行動的に関係が改善されることによって，母親の表象も変化していくことが予想されます。

（2）発達障害のペアレントプログラム

次に，尾崎（2015a）は，発達障害児とその親を対象にした親子教室を開催し，約100組の親子に子育て支援を実施する中で，ペアレントプログラムの試作を繰り返して「社会的コミュニケーション発達を促すプログラム」を開発しました。これは，2013年度神奈川県大学発・政策提案制度に採択され，その助成金によって冊子を作成しました。また，この冊子を使って，神奈川県の保健師や療育関係者など専門家を対象に指導者養成セミナーを開催しました。これら一連の過程において，社会的コミュニケーション発達に関して社会的に周知されていない現状があり，「社会的コミュニケーション発達を促すプログラム」を実施するには，さらなる工夫が必要であることがわかりました。

（3）ふれあいペアレントプログラム

そこで「社会的コミュニケーション発達を促すプログラム」を改訂し，指導者にも親にもわかりやすい説明と方法を取り入れて新たに開発したのが「ふれあいペアレントプログラム」です。なお，ふれあいペアレントプログラムでは，最も効果がある2～4歳未満のASD児をもつ親を対象にしました。

3　ふれあいペアレントプログラムの背景にある理論

（1）発達論的アプローチ

現在，国内外で，発達障害に対する様々な親支援プログラムが提案されていますが，それらは，拠り所としている理論によって大きく3つに分けることができます。それは，行

動的アプローチ，発達論的アプローチ，そしてこの2つを組み合わせた包括的アプローチです。

ふれあいペアレントプログラムは，発達論的アプローチになります。発達論的アプローチとは，社会的認知などの発達理論や研究知見に準拠して，子どもの発達を促す支援の総称です。発達論的アプローチは，DIR/Floortime プログラム（Greenspan & Wieder, 2006）に始まり，その後，発達的社会-語用論モデル（Developmental Social-Pragmatic Model）も加わって，多くのプログラムが提案されています。

表4-1　DIR/Floortime プログラムにおける発達段階

ステージ1	情動の調節と外界への関心（0～3か月）
ステージ2	外界（周囲の人や物）と関わる（2～5か月）
ステージ3	意図の芽ばえと双方向コミュニケーション（4～10か月）
ステージ4	問題解決，感情と行動の調節，自己意識の形成（10～18か月）
ステージ5	シンボルの創造，言葉と観念の芽生え（18～30か月）
ステージ6	感情的思考，論理的思考，現実感覚が身につく（30～42か月以降）

DIR/Floortime プログラムは，グリーンスパン（Greenspan, S.）が考案した ASD の治療プログラムです。DIR の正式名称は，Developmental, Individual-differences, & Relationship-based model（発達段階と個人差を考慮に入れた，相互関係に基づくアプローチ）であり，Floortime は DIR の中核技法を表しています。DIR の基本理念は「社会性，言語，認知の発達は，情動的交流を伴う人間関係を通じて獲得される」です。そして，発達科学の知見をもとに発達段階を6つのステージに分け（表4-1），発達段階を考慮して支援が行われます。

また，語用論モデルとして有名なのが，More Than Words（Sussman, 2012）です。これは，カナダのヘイネンセンター（Hanen Centre）で開発され，実践されている ASD 児の親のためのペアレントプログラムです。このプログラムでは，コミュニケーションの発達段階を4つのステージに分け，発達段階ごとに目標や方法を親に提示して，親が家庭で子どもに対応する方法を教えます。なお，ふれあいペアレントプログラムでも，社会的コミュニケーション発達を4つの段階に分類していますが，これは基本的に More Than Words の発達段階に対応しています。

一方で，近年，行動的アプローチについても，発達原理を取り入れた自然な発達的行動介入（Naturalistic Developmental Behavioral Interventions：NDBI）が行われるようになりました。NDBI は，日常的な文脈を利用した自然な場面で行われ，発達的に必要なスキルを教えるために多様な行動的方略を使う介入法です。現在，NDBI に基づき，社会的コミュニケーション発達に介入するプログラムが多数開発されていますが（本書第1章4を参照），その中に，JASPER（Kasri et al., 2010）と ImPact（Ingersoll & Dvortcsak, 2010）があります。JASPER は，カサリ（Kasari, C.）によって開発された ASD の介入方法であり，遊びを通して，共同注意，象徴遊び，相互的関わり，感情調整に焦点を合わせて行うプログラムです。JASPER は，生後2か月から8歳までの ASD 児を対象にした個別介入として始まり

ましたが，療育者の指導のもとに親が子どもに行う介入（JASPER Parent-mediated model）も提案されています。また，ImPactは，インガーソル（Ingersoll, B.）らによって開発された，More Than Wordsを参考にしてABAに基づく介入方法を取り入れた親への心理教育プログラムです。

　ふれあいペアレントプログラムでは，発達論的アプローチであるDIR/Floortimeプログラムや More Than Words プログラムを参照するとともに，社会的コミュニケーションを促すプログラムであるJASPERとImPactプロジェクトを参考にしました。また，現在の社会的認知発達及び社会的コミュニケーションに関する多くの研究知見を取り入れて，日本の親子にとって使いやすいプログラムとして，尾崎（2015b, 2017）がオリジナルに開発しました。

（2）社会的相互作用論

　ふれあいペアレントプログラムの理論的背景には，社会的認知は子どもの発達早期からの周りの人との相互作用を重ねることによって発達するという，社会的相互作用論があります。

　現代の社会的認知研究における主要な関心は，社会的認知発達が，乳児の意図の気づきに始まり，共同注意能力が獲得され，それが心の理論とどのようにつながるかという社会的認知の発達連続性にあります。乳児の共同注意や心の理論の獲得時期はすでに確かめられていますが，乳児の意図の気づきについては，乳児期に単純な意図への気づきが発達することへの異論はないものの，その開始年齢は研究者によって異なっています。また，社会的認知の発達連続性に関しても，様々な考えがあり，統一された見解に至っていませんが，ふれあいペアレントプログラムでは，ブルーナー（Bruner, J. S.），フォーゲル（Fogel, A.），レゲァスティ（Legerstee, M.），トレバーセン（Trevarthen, C.），トロニック（Tronick, E. Z.）らの社会的相互作用論者による見解である，社会的相互作用によって連続的に社会的認知が発達するという社会的相互作用論に依拠しています。そのため，プログラムでは，いかに親子で相互の関わり合いを行い，社会的相互作用を重ねるかについて，様々な提案がなされています。

　また，レゲァスティ（Legerstee, 2005）は，社会的相互作用において情動共有が伴うことを重視しています。情動調律をする親と，それに応じる乳児との間の情動共有が調律的な相互作用を生じさせ，いっそう他者を自分のようだ（like me）と気づかせるので，情動共有は，人の心の理解の発達促進メカニズムであり，また，そのような情動的相互作用は，乳児の社会的コンピテンスや間主観性も促進させると述べています。そこで，ふれあいペアレントプログラムでは，社会的相互作用を重ねる時に，単なる行動のやりとりではなく，そこに情動共有がなされていることを重視した親子の関わり合いを提案しています。

4　ふれあいペアレントプログラムのターゲットスキル

　ふれあいペアレントプログラムでは，子どもの社会的コミュニケーション発達を促すこ

とを目標に行いますが,具体的なターゲットスキルは,「人との相互的関わり」「共同注意」「感情や気持ちの共有」です。実際には,遊びを通してこれらのスキルを子どもが獲得できるようにしていきます。

(1) 人との相互的関わり

人は,アイコンタクト,身ぶり,発声,言葉などの手段を使って,相手に物を要求したり,自分から働きかけたりするなど,相手との関わりをもちます。「人との相互的関わり」とは,相手と相互に関わり合うことです。本プログラムでは,相互に関わり合う時に言葉や行動が交わされることを「やりとり」と呼んでいます。このような「人との相互的関わり」のスキルを身につけることは,すべての社会的コミュニケーションのスキルを発達させるための土台になります。

前項の理論的背景で述べたように,ふれあいペアレントプログラムでは社会的相互作用を重ねることを重視し,それを行うためのスキルを身につける方法を提案しています。しかし,ASDの幼児の場合,相手に関心を示さなかったり,相手の働きかけに応えないことが多く,相手との相互の関わり合いを行うことによって社会的相互作用が生じる前の段階にいます。そこで,ふれあいペアレントプログラムでは,関わり(engagement)という用語を使っていきます。最初は,親から子への一方的な関わりであったり,子どもから親への一方的な関わりからスタートし,最終的に「人との相互的関わり」ができることを目指します。

本プログラムでは,社会的コミュニケーションを促すための最も重要なターゲットスキルとして「人との相互的関わり」を位置づけています。親子の関わり合いができる工夫や方法を提案していき,親子のやりとりが何度もできることを目標にしていきます。

(2) 共同注意

相手と同じ物を見て,相手と注意や情報を共有することを共同注意といいます。ふれあいペアレントプログラムの2つ目のターゲットスキルです。共同注意ができるようになることは,発達のターニングポイントとなります。定型発達では,生後9か月以降にできるようになりますが,ASDの幼児では,2～4歳でも共同注意ができないことが多いです。ふれあいペアレントプログラムの社会的コミュニケーションの発達段階では,早期コミュニケーション段階が共同注意のできる段階に相当します。したがって,ASDの幼児が早期コミュニケーション段階をクリアできるかどうかが大きな発達の節目になります。共同注意は,芽ばえ段階やリクエスト段階において人との関わりを重ねる中で形成されていく能力であり,共同注意が成立することにより「人との相互的関わり」がいっそう発達していきます。

共同注意を表す行動として,視線や指さしの追従,共同注視,手渡し行動や提示行動,自発的指さしなどがあります。これらは,具体的な行動としてわかりやすいので,プログラムのターゲットスキルを獲得したかどうかをしっかりと確かめることができます。

（3）感情や気持ちの共有

「人との相互的関わり」において，相手との行動のやりとりに感情や気持ちをのせていき，相手と感情や気持ちを共有できるようにしていきます。このような「感情と気持ちの共有」が，ふれあいペアレントプログラムの3つ目のターゲットスキルです。これはいわゆる情動共有を表していますが，プログラムでは，定型発達の発達初期における情動共有から，乳児期後半以降に三項関係において生じる気持ちや意図の共有までを含めて，「感情と気持ちの共有」としています。

本プログラムでは，「感情や気持ちの共有」が難しい子どもに対して，親の方から豊かな情緒的関わりや情緒的応答性を行うことにより，それに応じる子どもとの間に感情や気持ちを共有する方法を提案します。

（尾崎康子）

第4章 参考文献

Ingersoll, B., & Dvortcsak, A. (2010). *Teaching social communication to children with autism: A manual for parents*. New York: Guilford Publications.

Greenspan, S., & Wieder, S. (2006). *Engaging autisum: Using the floortime approach to help children relate, communication, and think*. Boston: Da Capo Press.（グリーンスパン，S・ウィダー，S. (2009). 自閉症のDIR治療プログラム―フロアタイムによる発達の促し― 創元社）

Kasari, C., Gulsrud, A. C., Wong, C., Kwon, S., & Locke, J. (2010). Randomized controlled caregiver mediated joint engagement intervention for toddlers with autism. *Journal of Autism and Developmental Disorders, 40*, 1045-1056.

尾崎 康子（2003）．子育て支援による母親の心理的変化―母親を主体にした援助の検証―家庭教育研究所紀要，*25*, 38-50.

尾崎 康子（編著）（2005）．親子が育ち合う家庭教育―日立家庭教育センターの30年間の実践から― 日立家庭教育センター．

尾崎 康子（2015a）．社会的コミュニケーション発達を促すプログラム 尾崎 康子・Toth Gabor（編）発達を促すペアレントプログラム 相模女子大学子育て支援センター．

尾崎 康子（2015b）．子育て支援プログラム開発の道程 家庭教育研究所紀要，*27*, 73-87.

尾崎 康子．（2017）．社会的コミュニケーション発達を促すペアレントプログラムの開発と検証．臨床発達心理実践研究，*12*, 10-16.

Sussman, F. (2012). *More Than Words 2nd Edition: A Parent's Guide to Building Interaction and Language Skills for Children with Autism Spectrum Disorder or Social Communication Difficulties*. Toronto: The Hanen Centre.

Tomasello, M. (1999). *The cultural origins of human cognition*. Cambridge, Boston: Harvard University Press.（トマセロ，M. 大堀 壽夫・中澤 恒子・西村 義樹・本多 啓（訳）（2006）．心とことばの起源を探る 勁草書房）

第5章

ふれあいペアレントプログラムの基本的な考え方

1 プログラム実施において指導者が留意すること

　ふれあいペアレントプログラムは，親がASDの子どもの育て方を学ぶものです。いろいろな知識を学ぶ場面も多いので，正確な基礎知識の習得やそれを使った問題解決を最終目標としていると思われるかもしれませんが，本プログラムでは知識の正確で完璧な習得を目指しているのではありません。

　確かにASDの子どもは，定型発達の子どもと異なる特性をもち，特徴的な発達過程をたどるので，親がASDの子どもの特性や発達過程を知ることがとても大切です。それにより親は子どもの対応方法がわかり，子育てに生かすことができます。また，ASDの子どもの親の育児不安には，子どもの行動や特性を理解できないことが原因になっていることが考えられます。そこで，どのように子どもを理解すればいいか，子どもにどのように対応すればよいかを学ぶことは，親にとって子育ての方法を学ぶともに，育児不安を軽減する意味でも重要なことです。そこで，本プログラムでは，具体的には子どもへの対応を学ぶようになっています。

　しかし，プログラムで学んだ知識を完璧に習得し，その通り正確に家庭で実施することを強いているわけではありません。最終的には，プログラムで学んだ子どもへの関わり方や遊び方を参考にして，我が家に合ったやり方を考えることが最終目標です。子どもの発達や特性は，一人一人違います。そして，親もまた一人一人違った個性や能力をもっています。そこで，親と子の特徴や能力に合わせた子育て方法を工夫していくこと，日常生活で無理なくでき，長く続けていけるものであることが最も重視していることです。この姿勢を親が習得することができれば，今後，子どもの成長過程において様々な困難が生じても対応できることでしょう。ポジティブケイパビリティというよりもネガティブケイパビリティの姿勢を大事にしているといえます。プログラムで学ぶことはそのためのきっかけを提供するという位置づけです。

　心理学や保育学などを学んだことがない親にとって，社会的コミュニケーションや社会的認知の発達を正確に理解することは難しいと思われます。そこで，親用テキストでは，イラストで具体的にやり方を示しました。それらの知識を正確に理解できない親でも，イラストを見ながら理解し，イラストのやり方を真似することで，やり方を体得していくといいでしょう。ただし，親のやり方が，あまりに逸脱していたら指導者が助言していきます。

2 プログラムに必要な基礎知識

　参加者である親には基礎知識を完璧に習得することを強いることはありませんが，その分，指導者は，親を導いていくために正確な基礎知識を身につけてください。

　ふれあいペアレントプログラムは，親を介してASDの子どもの社会的コミュニケーション発達を促すことを目的にしています。この社会的コミュニケーションは社会的認知発達を基盤にして獲得されていくため，社会的コミュニケーション発達と社会的認知発達について熟知しておくことが何よりも重要です。学習会では，親用テキストに沿って話すだけで一通りの説明はできますが，その支援が子どもにとってなぜ必要かについて知っていないと，指導者が親用テキストの内容を理解できないばかりか，親からの質問にも答えることができません。

　また，ASDの子どもは，定型発達とは異なる社会的コミュニケーションの発達をたどります。ASDの子どもの障害特性と認知発達の特徴を知ることも必要です。

　さらに，ペアレントプログラムは，子どもの発達を促すのは親であり，親にその方法を学んでもらうものです。そのため，親がいかに安心して取り組むことができるかを指導者は考える必要があります。前述したように（本テキスト第1章1を参照），ASDの子どもの親は，育児不安が高い傾向にあり，さらに子どもが小さいほど親は障害受容ができていないことが多いです。そこで，親が安心してプログラムに参加できるようにカウンセリングの基本を知っておくとよいでしょう。

　これらに関する基礎知識は，本指導者用手引きの第Ⅰ部に書かれているとともに，親用テキストにも書かれています。まずそれらに書かれている内容を熟知してください。さらに，専門的内容については，以下の参考図書をみてください。

【参考図書】

藤野 博・東條 吉邦（編）(2018c). 発達科学シリーズ第10巻　自閉スペクトラムの発達科学　新曜社.

近藤 清美・尾崎 康子（編）(2017). 講座・臨床発達心理学第4巻　社会・情動発達とその支援　ミネルヴァ書房.

Legerstee, M. (2005). *Infants' sense of people: Precursors to a theory of mind*. Cambridge: Cambridge University Press.（レガァスティ, M.　大藪 泰（訳）(2014). 乳児の対人感覚の発達―心の理論を導くもの―　新曜社）

尾崎 康子・小林 真・水内 豊和・阿部 美穂子（編）(2018a). よくわかる障害児保育―改訂版　ミネルヴァ書房.

尾崎 康子・三宅 篤子（編）(2015a). 知っておきたい発達障害のアセスメント　尾崎 康子・三宅 篤子（編）乳幼児期における発達障害を支援する1　ミネルヴァ書房.

尾崎 康子・三宅 篤子（編）(2015b). 知っておきたい発達障害の療育　尾崎 康子・三宅 篤子（編）乳幼児期における発達障害を支援する2　ミネルヴァ書房.

尾崎 康子・森口 佑介編 (2018b). 発達科学シリーズ第9巻　社会的認知の発達科学　新曜社.

（尾崎康子）

第6章

ふれあいペアレントプログラムにおける親支援の考え方

1　何のための親支援か

　国内外において，様々なペアレントトレーニングやペアレントプログラムが行われています。そのような取り組みの中には，親をトレーナーとして教育することを目的にしているものがあります。すなわち，家庭において親がトレーナーとなって，しっかりと療育することを求めるものです。家庭で親がトレーナーとなって長時間にわたって子どもを療育すると，確かに短期的には効果がでるかもしれませんが，長期的にどのような影響がでるかは疑問です。そして，何よりも，子どもにとって親は安全基地であり避難所です。親が指導者であって本来の親ではなくなった時，子どもはどれだけ不安になることでしょう。定型発達の幼児にとって，幼児期は遊びなど人との楽しい活動をたくさん経験して，心を豊かにしていく時期です。障害児にこそもっと楽しい時間を過ごさせてあげるべきところを，逆に障害児からその楽しい幼児期を奪うことは，避けなければなりません。

　ふれあいペアレントプログラムでは，親にトレーナーになってもらうために，子育ての方法を教えているわけではありません。プログラムは，最終的には我が家の子育てを親が工夫して行えるための導入的役割です。

2　親のエンパワメント

　指導者は，子育ての不安や困難さをもっている親の心情に共感します。だからといって，障害児をもっている親を同情したり，障害の否定的な面を悲観するのではありません。指導者がプログラムに臨む基本は，障害をもつ子どもの生きる力と成長する力をリスペクトし，そして，その子どもを育てる親をリスペクトすることです。そして，指導者は親を高所から指導するのではなく，親が主体となって前向きに子育てしていくように親をエンパワメントしていくという姿勢をもつことが何よりも大事です。なお，本プログラムでは，直接，育児不安を解消し，育児困難を減らす働きかけはしません。プログラム全体を通して子どもを理解することによって，徐々に親の子育ての不安や困難を軽減することを目指しています。

3　親が置かれている状況と様々な背景をもつ親への理解

　プログラムを始めるにあたっては，様々な親がいることに配慮します。協力的で積極的な親ばかりとは限りません。働きかけても迷惑そうな親，あまり気乗りがしないような親，

抑うつ的な親、そして批判的な親などいろいろな親がいます。その背景には、子どもの障害を受容できないこと、障害児の親としての自分を受容できないこと、家族に障害を理解してもらえないなど、様々な要因が考えられます。しかし、表現型や背景は違っていても、どの親も子育ての手がかりを求めてなんとかしたいと思っていることに違いはありません。指導者は、その心情をくみ取りながら、それぞれの親に向かい合っていくことが求められます。

4　親の後悔と罪悪感

　障害の子どもをもっている親は、少なからず自分の子育てについての後悔や罪悪感をもっていることがあります。ふれあいペアレントプログラムでは、発達初期から人との関わりをたくさん行うことが効果的であることを強調します。すると、親は、もっと早い時期から上手に対応すれば子どもがもっと発達したのではないかと悔やむかもしれません。そして、それをしてこなかった自分にさらに罪悪感をもつかもしれません。しかし、ザメロフの親子の交互作用で示されたように（本テキスト第2章3を参照）、人への関心が薄く、人との関わりが上手くできない子どもは、親の働きかけに応じることが苦手であるため、親もどうすればいいかがわからないうちに、気がつけば親子の関わり合いが乏しくなっているという親子の交互作用が生じています。これは、通常の生活を過ごす中で自然に生じてしまうことです。これを悔やんでもしかたがないので、子どもにとって人との関わりが重要であると気づいた時から始めましょうというメッセージを、親に送ります。

5　障害告知と親の心情

　ふれあいペアレントプログラムでは、2～4歳未満の子どもの親を対象にしていますが、子どもがまだ幼いので自閉スペクトラム症の診断を受けていない場合がほとんどです。そのため、プログラムを実施する時期というのは、子どもに診断が下りるかどうかがわからないという親にとってはとても不安な時期に相当します。しかし、不安だからといって、自閉スペクトラム症のことを避けて通るわけにはいきません。正確な情報を提供して、親が自分の子どもをしっかりと把握できることを目指します。そのような時期の親とともにプログラムを進めるためには、指導者は障害に対する深い洞察と障害をもつ人やその親へのリスペクトの念を忘れてはなりません。プログラムの実施している期間中に、子どもが診断を受けるかもしれません。その時、親は極度の不安とストレスをかかえることが予想されます。指導者は、その親子を受け止める広い度量をもっていたいものです。

（尾崎康子）

第7章
ふれあいペアレントプログラムの内容

1 プログラムの対象

　ふれあいペアレントプログラムのコアターゲットは，2歳前後〜4歳未満の自閉スペクトラム症の子どもをもつ母親あるいは父親です。社会的コミュニケーション発達が気になる子どもを対象として明記しているのは，2歳前後〜4歳未満の子どもでは，まだ診断を受けていないことが多いからです。診断を待っていては年齢が高くなるので，診断にかかわらず社会的コミュニケーションが気になる子どもを対象としています。とにかくふれあいペアレントプログラムは，2歳前後〜4歳未満の年齢の時に行うのが一番効果的です。この時期では，まだ親はスターンの言う母性や父性のコンステレーションの状態にあり，子どもとの関係が大事だとわかると親子関係に没頭する心性が見られますが，4歳を過ぎると没頭しにくいように感じます。そして，子どもが4歳を過ぎると，親の意識は幼稚園や学校での集団生活での社会性や学習能力を育てることに気持ちが向いているように思われます。また，言葉が少しでも出てくると言葉を増やすことに集中してしまい，それ以前に習得しておくべき社会的コミュニケーション能力に問題があるとしても，そこに後戻りすることが難しいようです。しかし，子どもが2歳前後〜4歳未満であれば，親は親子関係を新たに構築することも厭わない傾向にあります。また，前述したように，子ども自身も少しでも早くに社会的コミュニケーション能力を身につけることによって，次の発達へと進みやすくなります。

　また，他の発達障害や知的障害の幼児でも，社会的コミュニケーション発達に問題をもっている場合が結構あります。プログラムのコアターゲットは，自閉スペクトラム症ですが，社会的コミュニケーション発達に問題をもっている発達障害の幼児にも適用できます。

2 プログラムの指導者

　ふれあいペアレントプログラムでは，親5名前後のグループに対して1名の指導者が中心になってプログラムを進めます。指導者には，心理士，保健師，療育関係者（保育士，言語聴覚士，社会福祉士などを含む）などの専門家が適しています。ただし，これまで述べてきたように，指導者は社会的コミュニケーションや社会的認知の発達について熟知していなければなりません。

　指導者になる人のために，ふれあいペアレントプログラムの指導者養成講座が開催されています。指導者養成講座の日程と場所などの開催要領については，ふれあいペアレント

プログラム推進研究会のホームページ（http://fureaipp.main.jp/）でお知らせします。

3　プログラムの教材と使い方

各回のセッションで共通して使う教材は，以下の3点です。

1. 親用テキスト『社会的コミュニケーション発達が気になる子の育て方がわかる　ふれあいペアレントプログラム』
2. 指導者用テキスト（本テキスト）『社会的コミュニケーション発達が気になる子の育て方がわかる　ふれあいペアレントプログラム　指導者用ガイド』
3. 学習会用スライド
   ＊スライドは指導者養成講座で配布するCDに収録されています。

指導者は指導者用テキストと親用テキストを一冊ずつ，親は一人一冊の親用テキストを用意します。学習会では，学習用スライドをディスプレイなどに表示して説明します。親はそのスライドと手元にある親用テキストを見て学びます。

4　プログラムスケジュールの立て方

（1）事前の親子面接とアセスメント

ふれあいペアレントプログラムが始まる前に，事前親子面接をすることをお勧めします。プログラムに参加するのは親ですが，そこで取り扱う内容は子どもに関することです。そ

表7-1　社会的コミュニケーションの発達評価票

発達アセスメント票　　子ども氏名：　　　（　歳　か月）　記入日：　年　月　日			はい	たまに	いいえ
お子さんが・現在できること，あるいは以前にできたことには「1．はい」 ・現在たまにする，時々することには「2．たまに」 ・現在も以前もできないことには「3．いいえ」の番号を丸で囲んでください。						
リクエスト段階	1．	1，2秒より長く，あなたの目を見つめますか	1	2	3
	2．	あなたと遊んでいて目が合いますか	1	2	3
	3．	身体接触（おんぶや抱っこ）が好きですか	1	2	3
	4．	あなたがお子さんの顔をみたり，笑いかけると，笑顔を返してきますか	1	2	3
	5．	お子さんをブランコのように揺らしたり，ひざの上で揺すると喜びますか	1	2	3
	6．	イナイイナイバーなど，簡単な遊びを仕向けると喜んで応じますか	1	2	3
	7．	してほしいことや，取って欲しいものがあるときに，目を見ないで，大人の手を取ってそれをさせようとすることがありますか（クレーン行動）	1	2	3
	8．	欲しいものがあるときに，視線，発声，動作などで要求しますか（クレーン行動を除く）	1	2	3
	9．	あなたが名前を呼ぶと，あなたの方に顔を向けますか	1	2	3

第 7 章　ふれあいペアレントプログラムの内容

	10. 人に向かって声を出しますか	1	2	3
	11. あなたの身体に触って，自分の方に注意をひこうとしますか	1	2	3
早期コミュニケーション段階	12. 音声をまねしようとしますか	1	2	3
	13. あなたのすることを見ていて，まねをしようとしますか（イナイイナイバー，電話のまね等）	1	2	3
	14. あなたが（指さししないで）ある方向を見ると，お子さんもその方向を見ることがありますか	1	2	3
	15. あなたがおもちゃなどを指さすと，その方向を見ますか	1	2	3
	16. あなたがお子さんの後ろにあるおもちゃを指さすとお子さんは振り返ってそれを見ますか	1	2	3
	17. あなたが見たり，指さしているものを見て，その後，確かめるようにあなたの顔を見ることがありますか	1	2	3
	18. お子さんが持っているものを指さして，「それちょうだい」というと，渡したり，見せてくれることがありますか	1	2	3
	19. そのとき，お子さんがあなたをからかうように，わざとそれを引っ込めることがありますか	1	2	3
	20. お子さんが自分から，おもちゃなどを差し出してあなたに渡したり，見せてくれることがありますか	1	2	3
	21. お子さんが何か欲しいものがあるとき，自分からそれを指さして要求することがありますか	1	2	3
	22. そのとき，確かめるようにあなたの顔を見ることがありますか	1	2	3
	23. お子さんが何かに興味をもったり，驚いたとき，それをあなたに伝えようとして，指さしをすることがありますか	1	2	3
	24. そのとき，確かめるようにあなたの顔を見ることがありますか１２３	1	2	3
コミュニケーション段階	25. 誰かが，指を傷つけたり，お腹が痛いとき（またはふりをしたとき），その人の顔を心配そうに見ることがありますか	1	2	3
	26. そのとき，なぐさめたり，いたわるような行動をすることがありますか１２３	1	2	3
	27. 小さなおもちゃを，なめる，たたく，投げるような感覚遊びではなく，それを適切に使って遊べますか	1	2	3
	28. ごっこ遊びでおもちゃのコップにお茶を入れるふりをすると，それを飲むふりをすることがありますか	1	2	3
	29. 同年代のお友達と一緒に遊べますか１２３	1	2	3
	30. あなたが「○○はどこ？」とたずねると自分からそれを指して，あるいは言葉で教えてくれることがありますか	1	2	3
	31. 「お名前は？」と聞くと，自分の名前がいえますか	1	2	3
	32. 子どもたちだけで会話ができますか	1	2	3
	33. 自分の気持ちや考えを話すことができますか	1	2	3
	34. 保育園や幼稚園などで，人の話をちゃんと聞いたり，指示に従うことができますか	1	2	3
	35. 絵本をみて「これは何？」と聞くと３つ以上の名前を答えられますか（ゾウさん，りんご等）	1	2	3
	36. 「どこに行ったの？」「誰と遊んだの？」などの質問に答えられますか	1	2	3
	37. 「どうやって作ったの？」「どうしてけんかしたの？」などの質問に答えられますか	1	2	3
	38. 過去や未来のできごとについて，わかるように教えてくれますか	1	2	3
	39. 物をこわしたときや悪いことをしたとき，バツの悪そうな顔をしたり，すまなそうにしますか	1	2	3
	40. 「いい子ね」「上手ね」などとほめたとき，照れたりしますか	1	2	3

こで，事前に親子面接やアセスメントをしておくと，指導者が子どもの発達状況を把握する機会になり，プログラム実施中に子どもに対する的確な助言ができます。アセスメントとして，子どもの社会的コミュニケーション発達を評価できる発達アセスメント票（表7-1）を親に記入してもらいます。発達アセスメント票は，日本語版 M-CHAT，発達チェックリスト（大神，2008）などの項目を参考に著者が社会的コミュニケーション段階に合わせて構成したものです。これは，プログラムにおいて社会的コミュニケーション段階を決める時に役に立ちます。さらに，事前面接で親の心理状態などを聞いておくと，プログラムを進める時に親に配慮することができます。

プログラムが始まると，グループ活動になるので，それぞれの親と個別にゆっくり話す時間は少なくなります。そこで，事前面接で親と個別に話して信頼関係を築いておくと，プログラムを進行しやすくなります。そして，親の名前と子どもの名前をしっかりと覚えておくと，それだけでも親は信頼を寄せてくれます。

（2）基本タイプとサブタイプ

ふれあいペアレントプログラムは，全部で9回のセッションからなり，どの回も学習会，グループワーク，ホームワークから構成される心理教育プログラムの形態をとっています。週1回，計9回を2～3ヵ月間にわたって行うことが基本タイプです。週1回にするのは，ホームワークを家庭で実践する期間を1週間確保するためです。実際に計画する場合は，実施する機関において実現可能な回数や1回あたりの時間を決めて，日程を組みます。その場合，基本タイプ以外に，次のようなサブタイプが考えられます。

①7回タイプ

長期間のプログラム実施が難しい場合は，全9回のところを第6回と第8回をやらずに計7回にします。この第6回と第8回はいずれも段階別のやり方の説明ですので，もしやらない場合は，各自でテキストを見てもらいます。

②間隔短縮タイプ

長期間のプログラム実施は難しいけれど，9回実施したい場合は，ホームワークができる期間を担保して，セッション間の間隔を狭めます。

③個別セッション追加タイプ

逆に，もっと丁寧にしたい場合があります。基本のやり方は，すべてグループで行いますが，子どもごとに発達段階や対応方法が違うので，親に個別に対応方法を教授するとさらに丁寧です。基本のグループセッション以外に，個別セッションを入れていくといいです。

（3）プログラム以外のオプション

参加者の交流をもっと増やしたい場合は，セッション以外にオプションをつけるといいです。一番お勧めするのは，セッション終了後に，親子遊びをすることです。親は座学だけよりも，他の親子と一緒に親子遊びをすると楽しいと思います。これは，親同士が打ち解け合う機会になり，また，他の子どもの様子がわかったり，他の親子関係や親の子ども

への接し方などを知るとてもよいチャンスです。特に，他の親がどのように子どもと接するかをみると大変勉強になるそうです。「他のサークルに参加しても，自分の子どもが他の子どもと違っているので，親も居場所がない。」「このグループだと同じような子どもが集まっているので，気兼ねなく参加できる。」「他の親のやっていることもすぐに真似できる。」などの点が親に好評だと思います。また，親子遊びは，プログラムで取り上げる親子ふれあい遊びにします。そうすると，学習会で学ぶよりも，実際のやり方がよくわかり，さらには自分の子どもだけでなく他の子どもがどのように遊ぶのかがわかり，親はとても勉強になります。

　また，参加者の交流を増やしたい場合は，セッションの途中でティーブレイクを入れることも効果的です。持ち寄ったお茶やお菓子をとりながら，自由に話せる時間があると，親同士の交流が深まります。

（4）親子分離か親子同室か

　親の会合を催す際に問題となるのが，子どもを同伴するかどうかです。保健センターや子育て支援センターのようにはじめから親子教室が設けられている場合は，スタッフに子どもを見てもらっている間に，親がプログラムを行うことができます。あるいは，療育センターや保育所に子どもを通わせている場合も，その間に親が集まってプログラムを行うことができます。しかし，家庭保育児の場合は，他に子どもを見てくれる人がいなければ，親は子どもを連れてこざるを得ません。その場合，場所や人に余裕がある場合は，託児を実施することが望まれます。さらに，親子で来ていることを生かして，セッション終了後に，親子遊びをする時間を設けるといいでしょう。

（尾崎康子）

第7章　参考文献

大神　英裕（2008）．発達障害の早期支援—研究と実践を紡ぐ新しい地域連携—　ミネルヴァ書房．

国立精神・神経センター精神保健研究所児童期精神保健部「日本語版 M-CHAT」[https://www.ncnp.go.jp/nimh/jidou/aboutus/mchat-j.pdf]

第 8 章

セッションの実際の進め方

1 セッションの構成

　各回のセッションは，基本的に，学習会，グループワーク，ホームワーク（出題と発表）で構成されています。表8-1は全体の所要時間が100分の場合の時間配分の例です。実施機関によって全体の所要時間と各活動の時間配分を決めて下さい。

表8-1　ふれあいペアレントプログラムのセッション構成（例）（1回100分の場合）

活動	内容	所要時間
前回のホームワークの発表	前回に出題されたホームワークについて，一人ずつ発表する。	15分
学習会	親用テキストの該当回を説明する。※全て説明すると時間がかかるので，実際には，重要箇所をピックアップして説明する。	40分
グループワーク	親用テキストの該当回の最後に掲載されているワークシートに書かれた課題を行う。	40分
ホームワークの出題	グループワークと関連したホームワークが出題されるので，次回までに行っておく。	5分

2 学習会の進め方

　セッションでは，5名前後の親で構成されたグループに対して，指導者1名が中心になって進めていきます。指導者は，親用テキストに沿って説明していきますが，親用テキストを全て説明する時間はありません。そこで，次章の第9章では親用テキストの重要な個所をピックアップしてスライド形式にしてありますので，それを説明します。また，学習会で取り上げられなかったテキストの内容については，親が自分で読んで勉強しておきます。

　指導者は，プログラム内容を説明していきますが，参加者の様子を見ながら，適宜質問したり，意見を求めるなど，参加者が能動的に学習できるようにするといいでしょう。たとえば，指導者が事前面接などで子どもの様子を知っている場合には「この前，○○ちゃんはこれができていましたね。」などと声をかけるとよいです。親は，自分の子どもでもどのような手段でコミュニケーションをしているかに気づいていないこともあるので，指導者から言われると自分の子どもを捉えなおすきっかけになります。そして，親にとっては，それはとても嬉しいことです。また，指導者が子どもの様子を伝えると，他の親も「○○ちゃん，この前○○していたのを見ました」などと言うかもしれません。親にとっ

ては，自分の子どもを他の親が認めてくれることは大変嬉しいことです。
　このような親同士の相互交流を大切にします。親の相互交流が学習会において生じるように，学習会の雰囲気作りをすることも指導者の重要な役割です。

3　グループワークの進め方

（1）参加者同士の交流
　学習会の後には，必ずグループワークをします。それぞれの回で学習会の内容に関した課題が設定されていますが，その課題について突然発表を求めてもうまく話せないでしょう。そこで，まず，親は自分一人で考えてそれをワークシートに記載します。それをもとに発表してもらうと，大半の人は臆せずに話すことができます。前述の学習会の進め方と同様に，発表に対して，他の親から質問，意見，感想などを言ってもらうと，親同士の交流が進み，親のネットワークが作られるようになります。

（2）指導者に求められるカウンセリングの素養
　ふれあいペアレントプログラムでは，指導者が学習会やグループワークを進めるにあたって，カウンセリングの素養があると円滑に進めることができます。グループカウンセリングでは，一人一人を尊重し，その発言を肯定的に受け止めることをします。同様に，グループワークでは，必ず一人一人発表し，それに対して他の人が感想を述べたり，質問をしたりしますが，この時の原則は，発表や意見を傾聴し，その内容について否定しないということです。これは，指導者も参加者も同じです。このような守られた空間の中で，発表者は自分を全面的に肯定してもらう経験をし，自信を得ていきます。
　指導者は，さらに，プログラム全体を通して，共感的理解と受容的態度で親に接していきます。

4　ホームワークの進め方

　セッションの最後には，ホームワークが出されます。また，第3回からは前回に出されたホームワークを発表してもらいます。ホームワークは，基本的にグループワークで行った課題を家庭で子どもにやってみることです。実際に子どもにやってみると，思っていたこととは違う結果になるかもしれません。それは，親にとって子どもの見方が変わるきっかけになるかもしれません。良い結果となったことが発表されれば賞賛しますが，たとえ悪い結果，つまり子どもにやっても上手くいかなかったことに対しても，親が家庭でやってみたこと自体を評価して，労をねぎらいます。もちろん上手くいかなかったことは次へのチャレンジの足掛かりになるはずです。

（尾崎康子）

第 9 章

セッションの解説

　ふれあいペアレントプログラムは，下表に示す全9回のセッションで構成されています。本章では，セッションの実際の進め方がわかるように回ごとのガイダンスが記載されています。重要な文章や図表がピックアップされたスライドが示されていますので，指導者はこのスライドに沿って説明していってください。

回　数	プログラム内容
第1回	ガイダンス 1．プログラムグラムの説明 2．アイスブレーキング（自己紹介，子どもの発見ワーク）
第2回	社会的コミュニケーションの方法 1．社会的コミュニケーションとは 2．社会的コミュニケーションの発達 3．社会的コミュニケーションの方法
第3回	社会的コミュニケーション段階の特徴と目標 1．社会的コミュニケーション段階の特徴 2．社会的コミュニケーション段階の目標
第4回	子どもの育て方（1）関わり方の基本 1．子どもとの関わり方 2．子どもと感情や気持ちを共有する
第5回	子どもの育て方（2）やりとりの工夫 1．やりとり（ターンテイキング） 2．やりとりのきっかけを作る 3．子どもの興味や行動に合わせる 4．子どもにモデルを示す 5．子どもの世界を広げる
第6回	子どもの育て方（3）段階別の関わり方とやりとり 1．社会的コミュニケーション段階における関わり方とやりとりの工夫
第7回	親子ふれあい遊び（1）ふれあい方略 1．遊びの発達 2．親子ふれあい遊びとは 3．親子ふれあい遊びでできること 4．ふれあい方略
第8回	親子ふれあい遊び（2）段階別のふれあい方略 1．社会的コミュニケーション段階におけるふれあい方略
第9回	親子ふれあい遊びの発展 1．親子ふれあい遊びの発展 2．親子ふれあい遊びのまとめ 3．全体のふりかえり 修了式

第1回　ガイダンス

1．第1回のガイドライン

親が学ぶこと
1．ふれあいペアレントプログラムの目的や内容を理解します。
2．グループメンバーのリレーション作りをします。
3．プログラム参加へのモチベーションを高めます。

準備するもの
1．実施機関の日程表や実施要領
2．出席カード
　　＊実施機関で作成して参加者に配付します。

セッションの進め方
1．プログラムのガイダンス
　ガイダンスでは，プログラムの概要に加えて，開催場所での日程や実施要領などについて説明します。実施機関でそれらの資料を作成して参加者に配付するとよいでしょう。
2．自己紹介と子ども発見ワーク
　自己紹介は，しっかりと語ってもらい，他の参加者には是非感想や質問をしてもらいたいものです。指導者は参加者が十分に語れるように配慮します。その結果，自己紹介の時間が長くなった時には，子どもの発見ワークのグループワークはやめて，ホームワークにします。第1回のホームワークの発表の機会はありません。しかし，第1回の取り組みをプログラム終了後に見直してみると，親は子どもに対する認知が変容したことに気づくと思います。

第Ⅱ部　ふれあいペアレントプログラムのマニュアル

アウトライン

　本セッションのアウトラインを見て，セッションの全体像と流れを把握しておきましょう。

　下表には，セッションで説明する内容の項目とそのスライド番号（No）が書かれてあります。これらは親用テキスト頁に対応しています。

	内　容	スライド No.	親用テキスト頁
導　入	タイトル	1	7〜9章
	はじめに	2-3	i・vi
	第1回のプログラムスケジュール	4	7〜9章
学習会	第7章プログラムを始める前に知っておくこと	5	7章
	・ふれあいペアレントプログラムとは	6	50
	・社会的コミュニケーション発達が気になる子ども	7	41-44
	・プログラムのターゲットスキル	8	51-52
	・実施の心得	9	55
	第8章ふれあいペアレントプログラムの説明	10	8章
	1．プログラムの概要	11	56
	2．プログラムのスケジュール	12	57
	・プログラムが提案すること	13	56
	第9章アイスブレーキング	14	9章
	1．自己紹介		58
	2．子どもの発見ワーク		59
グループワーク	グループワーク（自己紹介）	15	60
	グループワーク（子どもの発見ワーク）	16	60-61
	ホームワーク	17	60-61

第9章　セッションの解説

2．第1回の解説

No. 1　《親用テキスト第7～9章》

初めてグループで顔合わせをする第1回では，親は緊張と不安な状態で参加していることが想定されます。プログラムの内容はどのようなものか，プログラムの内容についていけるだろうか，他の親とうまくやっていけるだろうかなど，心配はつきません。そこで，第1回では，指導者は，親の緊張と不安を少しでも軽減するように留意します。第1回で，親の緊張が少しでも和らぎ，グループに自分の居場所を見つけられれば，第2回以降の参加が円滑に進むでしょう。親が指導者に対して親近感を持てるように，指導者も自己紹介をします。その際，親と共有できるような経験を交えて話すといいでしょう。

No. 2　《親用テキストⅰ頁》

プログラムを始める前に，親の子育ての不安や困難さについて問いかけ，親の心情に共感します。ただし，ここでは，これ以上に深く立ち入り，不安を解消する働きかけはしません。本プログラムでは，プログラム全体を通して子どもを理解することによって，徐々に親の子育ての不安を軽減することを目指しています。

No. 3　《親用テキストⅵ頁》

前述の子育ての戸惑いに対して，ふれあいペアレントプログラムが応援していくことを説明します。しかし，プログラムで良い育て方を知ると，もっと早くからその育て方をすれば，子どもの障害状況が違っていたのではないかと，親はこれまでの自分の子育てを否定し，それを行った自分自身を責めることにもなりかねません。しかし，対人相互交渉の乏しい発達障害児を育てていると，ほとんどの親は子どもとの関わりがうまくいきません。これは人間であれば自然ななりゆきです。これを悔やんでも仕方がないので，親子の関わりが重要であることがわかった時点で取り組めばよいことを，親にわかってもらいます。そして，育てにくい子どもをこれまで精一杯育ててきた親の苦労をねぎらいます。

第Ⅱ部　ふれあいペアレントプログラムのマニュアル

No. 4　《親用テキスト第7〜9章》

第1回のプログラムスケジュール
- ◆ガイダンス
  1. プログラムを始める前に知っておくこと
  2. ふれあいペアレントプログラムの説明
- ◆グループワーク
  1. 自己紹介
  2. 子どもの発見ワーク
- ◆ホームワークの出題

　各回の初めには，その回のプログラムスケジュールと内容を親に説明します。親は，何をすればいいのか，わからなかったらどうしようと不安に思っているかもしれません。その日のスケジュールがわかれば，安心して取り組めるでしょう。なお，自己紹介が長引いた場合は，「子どもの発見ワーク」はやらずに，ホームワークにします。

No. 5　《親用テキスト第7章50〜55頁》

第7章
プログラムを始める前に知っておくこと

　次の第2回からは，社会的コミュニケーション発達に関する詳細な内容について学習していくことになります。細かな内容を学習することは具体的な取り組みをする際には必要ですが，プログラムがどのような特徴をもっており，どのようなことを目指しているかについての俯瞰的な見方が抜け落ちがちです。そこで，プログラムを始める前にふれあいペアレントプログラムの特徴や目標などを説明しておきます。そして，親には，それを理解した上で第2回以降の内容に取り組んでもらいます。

No. 6　《親用テキスト50頁》

ふれあいペアレントプログラムとは
- ふれあいペアレントプログラムとは，子どもの社会的コミュニケーション発達を促すプログラムです。
- 社会的コミュニケーション発達の土台は，人生早期における人との関わりを沢山経験することによって築かれます。
- 子どもとの関わり方を学ぶことによって，**親子の関わりを沢山行うこと**を，このプログラムでは最も大切にしています。

　ふれあいペアレントプログラムの最も鍵となる概念は，社会的コミュニケーション発達を促すことです。そして，プログラムの対象は，社会的コミュニケーション発達が気になる子どもをもつ親であり，親がプログラムで学んだことを子育てに生かすものであることを説明します。

　社会的コミュニケーション発達がもっとも気になる子とは，自閉スペクトラム症（以下，ASD）あるいはASDと診断されないがASDのボーダー領域にある子どもです。ただし，注意欠如・多動症（以下，ADHD）や学習障害などの発達障害の子どもも社会的コミュニケーション発達が遅れていることがしばしば認められるので，その対応を求める親もプログラムの対象になります。

　定型発達の幼児は，日常の営みの中で自然に社会的コミュニケーションを身につけていきます。そのため，定型発達の幼児にこのプログラムを適用すると，過剰な関わりになってしまいます。それに対して，社会的コミュニケーション発達が気になる子は，日常の営みだけでは社会的コミュニケーションを身につけていくことができません。そこで，ASD児の社会的コミュニケーション発達を促すためには，親や専門家が支援していくことがとても重要です。

第9章　セッションの解説

No. 7　《親用テキスト41～44頁》

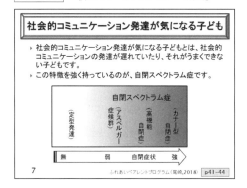

ここでは、親用テキスト第5章の「自閉スペクトラム」に書かれている基礎知識について説明します。子どもが自閉スペクトラム症の診断を受けている親は、専門的な話を聞きたいと思いますが、診断を受けていない場合には、親はこのような話を聞くと自分の子どもが果たしてどれに該当するか不安に思っていると思います。指導者はこのような親の事情を念頭に入れて説明します。

No. 8　《親用テキスト51～52頁》

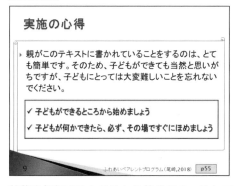

ふれあいペアレントプログラムがターゲットとしているスキルは、「人との相互的関わり」「共同注意」「感情や気持ちの共有」です。子どもが獲得するスキルの中で、ふれあいペアレントプログラムにおいて最も重視しているのが、これらのターゲットスキルです。ここでは、項目だけを示しておき、詳細は、これからのプログラムの中で説明していきます。

現在、社会的コミュニケーション発達を促す支援法が国際的にも多く提案されていますが、それぞれの支援法でターゲットが少しずつ異なります。ターゲットをどのように設定するかでプログラムの特色がでてきます。ふれあいペアレントプログラムでは、親子が相互に感情や気持ちの共有しながら、相互的関わり合いをすることを最も重視しており、ASD児はこれらの関わりができることにより、社会的コミュニケーションが発達すると考えています。

No. 9　《親用テキスト55頁》

プログラムを実施する際に基本的に心がけておかなければならないことがあります。社会的コミュニケーションは、定型発達の人にとってはできて当たり前のことです。親にとっても勉強した記憶もなく、気がついたら身についていたことだと思います。そのため、ASDの子どもが社会的コミュニケーションができない場合、親は子どもがなぜできないかがわかりません。そこで、まず、子どもは何ができるのか、何ができないのかをよく確かめて、子どもの状態を把握するところから始めます。そして、子どもの状態に合わせた支援をしていきます。子どもができないような難しいことを要求すると、子どもは嫌になって、ますます社会的コミュニケーションが不得意になるので気を付けます。また、子どもができて当然だと思っている親は、子どもができるようになっても、それを評価しないかもしれません。しかし、ASDの子どもにとって、社

89

会的コミュニケーションが少しでもできるようになったら、すごい進歩です。それによって今後の発達がさらに保証されることになるので、しっかりと子どもができたことを評価しましょう。しかし、ASDの子どもをほめても反応がないかもしれません。すると、親はほめても子どもが喜ばないと思い、だんだんほめなくなることが多いものです。反応が乏しくても、ASDの子どもはほめられたら嬉しいはずです。子どもの反応が乏しくても、できたらほめることを親は心に留めておくことが必要です。

そして、ほめる時には、その時にその場でほめることが重要です。あとでほめても、子どもは何をほめられたかわかりません。

No. 10　《親用テキスト第8章56〜57頁》

ここでは、これから9回にわたって実施するプログラムの具体的な方法を説明します。プログラムの内容に入る前に、参加者にプログラムの全体像を把握してもらい、プログラムに意欲的に臨めるようにすることがポイントです。

No. 11　《親用テキスト56頁》

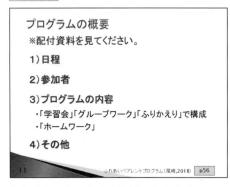

グループで行う実際の日程、実施要領が書かれた資料を配付し、説明します。特に、欠席する場合の連絡方法については、必ず参加者にわかるようにしておきます。子どもをもつ親を対象にする集まりでは、親と子どものどちらかの体調が悪いと参加できなくなるため、欠席することが多くなります。しかし、9回を通して参加し、そしてホームワークを家庭で実施することによって、しっかりとプログラムの内容を理解することができるので、「頑張って参加しましょう」と声をかけておきます。

また、グループワークでは、最初に自分で考えて、それをワークシートに書いた後、それを発表し合います。そのような場で、障害の子どものことを話すのは気が引けるかもしれません。しかし、同じような子どもをもつ親同士が集まると、案外オープンに話し合う雰囲気がでてくるものです。グループワークに不安をもっている参加者がいれば、指導者があらかじめリラックスするように声かけをしておくとよいでしょう。

第9章　セッションの解説

No. 12　《親用テキスト57頁》

プログラムのスケジュール
- 第1回　ガイダンス
- 第2回　社会的コミュニケーションの方法
- 第3回　社会的コミュニケーション段階の特徴と目標
- 第4回　子どもの育て方(1)関わり方の基本
- 第5回　子どもの育て方(2)やりとりの工夫
- 第6回　子どもの育て方(3)段階別の関わり方とやりとり
- 第7回　親子ふれあい遊び(1)ふれあい方略
- 第8回　親子ふれあい遊び(2)段階別のふれあい方略
- 第9回　親子ふれあい遊びの発展

　プログラムの基本は、全9回が基本ですが、どうしても施設の都合などで9回実施できない場合は、第6回と第8回を除く全7回の短縮版を行います。第6回と第8回は、いずれも社会的コミュニケーション段階ごとにやり方を提案したものです。全7回で実施する時には、第6回と第8回については家庭でよく読んで実施するように言っておきます。

No. 13　《親用テキスト56頁》

プログラムが提案すること
- ふれあいペアレントプログラムは、長時間にわたるトレーニングをするものではありません。
- 日常生活における子どもとの自然な営みの中で、子どもの発達にあわせた配慮をしていくものです。
- 親子で遊ぶことによって、子どもと関わる機会を増やしていきます。
- 子どもが楽しいと感じる活動が基本です。

　かつての自閉症に対する発達支援は、行動的アプローチによる集中的早期療育が中心でした。これは、長時間のトレーニングによって行動を学習するものです。それに対して、近年、日常生活における自然な取り組みの中で支援することが主流になっています。そのような流れに沿って、ふれあいペアレントプログラムは開発されました。指導者は、このような療育の国際的な療育の動向を念頭に置いて、本プログラムを実施します。

No. 14　《親用テキスト第9章58～61頁》

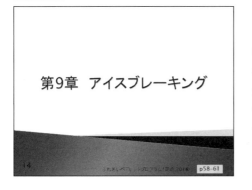

　初めてグループワークをするので、参加者が緊張していないか、不安をかかえていないかなど、参加者のコンディションに配慮しながら進めます。指導者は、各参加者がオープンに自己を開示できる雰囲気を作り出していくことが最も重要な役目になります。この時、指導者が心がけることは、以下の点です。

- 発表者の意見を傾聴する
- 発表者の意見を尊重する
- 発表者の意見を批判しない

No. 15　《親用テキスト60頁》

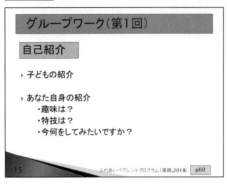

　自己紹介をしてくださいと親に頼むと，名前だけとか，子どものことだけを話す人が多いのです。そこで，親の趣味や特技なども紹介してもらいます。また，他の人がそれについて質問することによって，親の立場ではなく，一人の人間として他の人と交流することができます。
　子どもがいると，自分自身ではなく親として生きることになりがちです。親にも自分を大切にしてほしいものです。親が子どもを大切にすること，そして自分自身を大切にすること，ともに大事です。これが，ふれあいペアレントプログラムのスタンスです。子どものためだけにプログラムを実施しているわけではありません。だから，本プログラムは，親が自分をないがしろにして子どもに尽くすことを勧めるものではありません。
　親は他の人に子どものことを紹介するのは，気が重いかもしれません。そのような人がいれば無理強いしないようにします。しかし，同じような子どもを持つ親同士のグループでは，普段の集まりとは違って，親もとても話しやすいようです。誰かが自分の子どもの障害についてオープンに話すと，それに続いて他の人も話しやすくなります。そして，「自分の子どもも同じ」「自分の子どもにも同じことがあった」などと感想を言ってもらうと，同じ立場で分かり合える仲間がいることにとても安心するようです。親がありのままを言える雰囲気を作ることが指導者の重要な役目です。そのような雰囲気を作るには，前述したように，指導者や仲間が，親が話すことを尊重し，決して批判しないことによって，親が共感や受容をしてもらった経験がもてるかどうかにかかっています。
　なお，自己紹介は全員発表します。時間がないからといって，途中で中止しないように，どの参加者も認められて受容されたと感じられるようにします。

No. 16　《親用テキスト60～61頁》

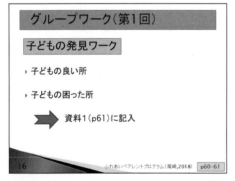

　自己紹介が長引いた場合には，この「子どもの発見ワーク」は中止するか，あるいは良い所を1つだけ発表します。そして，できなかったところは，ホームワークにします。
　このワークは，認知行動療法に基づくものです。子どもの良いところと困ったところを書きだし，それを見た時どのように思ったかを改めて考えることによって，親がもっている子どもの認知とそれに伴う感情レベルを整理します。今までわからなかった子どもの良いところに突然気づいたり，困ったと思っていたところが実はそれほど困ることではなかったりと，見る角度によって違った捉え方ができれば，随分子どもの見方が変わります。プログラムを通して，親の子どもに対する認知の変容が起こることを期待しています。プログラム終了時に子どもの良いところがたくさん見つけられると，親は自分の変化に気が付くことができると思います。

第9章　セッションの解説

No. 17　《親用テキスト60〜61頁》

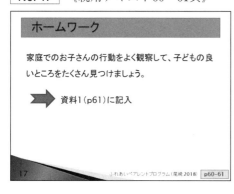

家でホームワークをしてもらいます。セッション中に子どもを思い浮かべて書いたものと、家庭で子どもの行動をよく観察して書いたものでは違ってくるかもしれません。表象としての子どもと現実の子どもの違いです。これに気が付くことも、子どもを正しく理解するきっかけになります。

次の第2回では、このホームワークを発表しません。プログラムを全部終了した時に、これがどのように変わっているかをみると、親は自分の認知の変容に気づくことでしょう。

【親用テキスト】

尾崎康子著『社会的コミュニケーション発達が気になる子の育て方がわかる
　ふれあいペアレントプログラム』
　ミネルヴァ書房，2018年，B5判240頁，本体2600円
　ISBN：978-4-623-08127-1

第2回　社会的コミュニケーションの方法

1．第2回のガイドライン

親が学ぶこと
1．社会的コミュニケーションとは何かを知り，子どもの発達の土台であることを理解します。
2．コミュニケーションには，言語的コミュニケーションと非言語的コミュニケーションがあること，そして，非言語的コミュニケーションをたくさん行うことが重要であることを理解します。
3．親は自分の子どもが使っているコミュニケーションの方法を把握します。

セッションの進め方
1．通常のグループによるセッション
　第2回では，コミュニケーションの手段と目的について多様な種類があることを説明します。親はすべての種類を理解しておくとよいので，テキストのすべてのイラストを順に説明します。なお，第2回では，第1回のホームワークの発表はありません。スケジュール説明後，すぐに第2回の学習会に入ります。
　学習会では，指導者が一方的に説明するのではなく，子どもの様子を尋ねながら進めるとよいでしょう。たとえば，「○○ちゃんは，お母さんの手を引っ張ったりしますか？」などと問いかけます。ただし，話したがらない親に無理強いしません。話したい素振りを見せる親に話を振り向けていきます。また，わからないことがあれば，そのつど質問してもらいます。
2．個別セッション
　グループセッションで内容を理解できれば，特に必要ありません。

第 9 章　セッションの解説

アウトライン

種　別	内　　容	スライド No.	親用テキスト頁
導　入	タイトル	1	10章
	第2回のプログラムスケジュール	2	10章
学習会	1．社会的コミュニケーションとは 　1）社会的コミュニケーション	3	62
	2）人との相互的関わり	4 - 6	62-63
	3）コミュニケーション	7	63
	2．社会的コミュニケーションの発達	8	64
	3．コミュニケーションの方法	9	64
	1）コミュニケーションの手段	10-21	65-68
	2）コミュニケーションの目的	22-33	69-73
グループワーク	グループワーク（第2回）	34	74
	ホームワーク	35	74-75

2．第2回の解説

No.1 《親用テキスト第10章62～75頁》

第1回のセッションで指導者が最も配慮したのは親の緊張を解きほぐすことでした。第2回ではプログラムの内容に入りますので，緊張している親がいたら，緊張せずに学習に臨めるように配慮します。また，学習内容が難しいようなら，少しでもわかりやすく説明することを心掛けます。

No.2 《親用テキスト第10章62～75頁》

第2回のプログラムスケジュール
◆学習会
　1．社会的コミュニケーションとは
　2．社会的コミュニケーションの発達
　3．社会的コミュニケーションの方法
　　・コミュニケーションの手段
　　・コミュニケーションの目的
◆グループワーク
◆ホームワークの出題

直接，内容を説明し始めると，親は学習会の全体像がわからないままに進んでしまうので，最初に学習会のアウトラインを示し，学習会の流れを把握することによって第2回の重要点を知ってもらいます。

No.3 《親用テキスト62頁》

社会的コミュニケーションとは
社会的コミュニケーションとは、
▶人と関わり合ってコミュニケーションすることです。
▶「人との相互的関わり」と「コミュニケーション」の領域が含まれています。

社会的コミュニケーションでは，「人との相互的関わり」ができることが基本となります。第1回で示したように，「人との相互的関わり」は，本プログラムのターゲットスキルであり，とても重要な発達の基礎です。

ASD児の場合は，社会的コミュニケーションが苦手ですが，発達初期から「人との相互的関わり」ができないことに大きな問題を抱えています。本プログラムでは，親子の相互的関わりがどのようにすればできるかを学んでいきます。

第 9 章　セッションの解説

| No. 4 |《親用テキスト62頁》

人との相互的関わり
- 相手の働きかけに応答すること（応答）と、自分から相手に働きかけること（自発）があります。
- 相手とやりとりして関わり合っていることを「人との相互的関わり」と言います。

　これから学んでいくふれあいペアレントプログラムでは、「人との相互的関わり」をどのように構築していくかが大きな目標となります。そのため、最初に、親に「人との相互的関わり」についてしっかりと学んでもらいます。そして、「人との相互的関わり」には、「応答」と「自発」があること、そして、発達的に子どもはまず「応答」ができるようになり、次に「自発」ができるようになることを説明します。ASDの子どもにとっては、この「自発」が特に難しく、これができるようになることは一つの発達マイルストーンになります。親に「お子さんは人との相互的関わりができますか？」と聞くと、「できます」という答えが返ってくることが多いです。それは、子どもが「応答」するだけでも、またその「応答」が1回だけでも、親は子どもができているという思いになっています。しかし、応答しかできない、あるいは1回の相互関わりしかできないと、円滑な社会的コミュニケーションにはなりません。親が「できます」と言っても、指導者はそれで終わらずに、実際の子どもの状況を把握して、親に今後の目標を提示していきましょう。

　もちろん、親が自分の子どもができると思い込んでいることは、非難されるべきことではありません。親は、自分の子どもが少しでもできるようになってほしいという思いから、子どもの能力を過大評価する傾向があります（本テキスト2章3節参照）。そのような思いは親だからこその心情といえます。指導者は、その点を考慮しながら、子どもの能力を的確に把握して、子どもに対する発達目標を考えていくことが求められます。

| No. 5 |《親用テキスト62頁》

　No. 4で人との相互的関わりの説明をしましたが、ここでは、人との相互的関わりができていない子どもの様子をイラストで示して、人との相互的関わりについて理解します。実際には、参加している親に「太郎君は、人との関わりができていますか？」と質問することによって、人との関わりについて改めて考えてもらいます。

No. 6 《親用テキスト63頁》

No. 5で示した太郎君は，人との関わりができていませんでしたが，ここでは，人との関わりができている事例です。特に，人との関わりにおける応答ができている例です。

日常生活では人との関わりがなければ成り立ちません。親にとっては当たり前のことなので，多くの親は人との関わりがどのようなものかを意識せずに過ごしていると思います。そのため，親に「お子さんは人との関わりができますか」というような質問をしても，人との関わりができるとは具体的にどのようなことかがわからないことがあります。そこで，最初にイラストを使って，人との関わりを具体的に説明し，親に人との関わり，そして「応答」がどのような状態かを理解してもらい，自分の子どもが応答できているかを考えてもらう機会にします。

No. 7 《親用テキスト63頁》

コミュニケーション
- 言語的コミュニケーションだけでなく，非言語的コミュニケーションがあります。
- 非言語的コミュニケーションを沢山行うことが，言葉の発達に繋がります。
- 言葉がまだ話せない子どもは，非言語的コミュニケーションを沢山行うことが何よりも重要です。

コミュニケーションには，言語的コミュニケーションと非言語的コミュニケーションがあることは，専門家にとっては当たり前のことですが，親には新鮮に感じられるようです。言葉が話せない子どもをもつ親は，子どもが言葉を話さないとコミュニケーションができないと思っています。そして，子どもに言葉を話させることに全力を挙げていることが多く，頭の中は，子どもに言語的コミュニケーションをとらせることだけで一杯です。しかし，子どもがどのような非言語的手段を使っているかがわかれば，親は子どもが言葉を話さなくてもコミュニケーションしていることを知ることになります。しかも，言葉を話さない子どもにとって，非言語的コミュニケーションが大事であること，それが言葉の発達につながることを知ることは，親にとって言語発達に対する認識を変えるほどの大きなインパクトになるようです。

言葉を教え込むのではなく，他の方法があるのだということに対する驚きは，このプログラムをこれから行っていく上で親のモチベーションを高めます。また，言葉を教えても子どもが言葉を話さないことにあきらめの気持ちをもっている親にとっては，明るい光にもなると思います。

ここでは，このような親の気持ちを汲みながら，丁寧に説明していきます。

第9章　セッションの解説

No. 8　《親用テキスト64頁》

社会的コミュニケーションの発達

- 日常生活において親子でやりとりを沢山行うことによって、社会的コミュニケーションは発達していきます。
- 子どもの中には、人と関わり合うことが苦手な子どもがいます。苦手だからといって、そのままにしておくと、さらに上手くいかなくなります。

ふれあいペアレントプログラムでは、社会的コミュニケーションが発達していく要因として社会的相互作用があると考えています。これを社会的相互作用論といいます。そのため、プログラムでは、親子のやりとりをたくさん行い、相互に関わる経験を重ねることを重視しています。

参加している親の子どもの社会的コミュニケーション発達の状態は様々です。グループでの学習会では、発達の基本が説明されますが、親にとっては、自分の子どもの発達状況が気になると思われます。親の心配や疑問について答えていくためにも、指導者は、社会的コミュニケーションの発達過程をしっかりと理解しておく必要があります。

No. 9　《親用テキスト64頁》

コミュニケーションの方法

- コミュニケーションの方法として、「コミュニケーションの手段」と「コミュニケーションの目的」に分けられます。
- 手段と目的にはたくさんの種類がありますが、難易度が異なります。
- 子どもは、やさしい手段や目的から始まり、徐々に難しい手段や目的を習得していきます。

本プログラムでは、コミュニケーションの方法を手段と目的に分けてみていきます。人は他者と、ある目的のためにある手段を使ってコミュニケーションをしています。ただし、行っているコミュニケーション自体は一つの行為ですが、コミュニケーションの行為を手段と目的の2つの側面から見ていくことにより、子どもが使っているコミュニケーションの方法を的確に把握することができ、子どもが今後どのような方法を身につけていけばよいかがわかるようになります。

No. 10　《親用テキスト65頁》

コミュニケーションの方法
コミュニケーションの手段

- コミュニケーションの手段は、言葉だけではありません。非言語的な手段がたくさんあります。
- 言葉が話せない子どもでも、非言語的な手段を使ってコミュニケーションをしています。
- それに気づけば、親は子どもとのコミュニケーションを楽しむことができるでしょう。

ここからは、具体的に説明します。

非言語的コミュニケーションとは、非言語的手段を使ってコミュニケーションすることにほかなりません。非言語的手段には実に多様な種類があるので、それを知ることから始めます。親は、自分の子どもが言葉を話さないと、コミュニケーションができないと思っています。しかし、親が自分の子どもがどのような非言語的手段を使っているかを知れば、自分の子どもがコミュニケーションしていることがわかります。これに気づくことは、親にとって子どもに対する認知を変えるほどのインパクトがあるようです。そして、何よりも親にとって嬉しいことです。

No. 11　《親用テキスト65〜68頁》

　ここからコミュニケーションの手段を具体的に見ていくことを伝えます。そして，おおよそやさしい手段から難しい手段へと順番に説明すること，そしてその中で親には自分の子どもがどのようなコミュニケーションの手段を使っているかに注目してほしいことを伝えます。

　第2回では，ここから最後まで具体的なコミュニケーションの手段と目的の説明をしますが，その進め方についてのポイントです。すなわち，自分の子どもが使っている手段がでてくると，参加している親から自分の子どもの様子を話してくれるかもしれません。良い機会なので，グループ同士で情報交換するといいです。また，指導者が子どもの様子を把握しているならば，「○○ちゃんはこの前これができていたね。」などと示してあげます。あるいは，他の親からも「○○ちゃんは，これをやってたね。」などという発言があるかもしれません。親は子どもを毎日見ていても，見落としていることも結構沢山ありますので，子どもの様子を指導者や他の親から指摘してもらうととても新鮮に感じられます。

　また，ここで示すコミュニケーションの方法は，定型発達の子どもにとっては乳児期にできることがほとんどですが，ASDの子どもでは，幼児期になってもできないことがたくさんあります。そこで，指導者は定型発達のコミュニケーションの発達過程を熟知しているだけでなく，ASDのコミュニケーション特性をよく知っておく必要があります。そうでないと，参加者の親から質問があった時に，定型発達の発達過程と比べるだけになってしまい，ASDの子どもがもつ特性への適切な助言ができません。

No. 12　《親用テキスト65頁》

　ここからは，コミュニケーションの手段について，やさしい手段から難しい手段まで順番に一つずつ説明します。指導者が事前面接などで子どもの様子を知っている場合には「この前，○○ちゃんはこれができていましたね。」などと声をかけるとよいです。親は，自分の子どもでもどのような手段でコミュニケーションをしているかに気づいていないこともあるので，指導者から言われると自分の子どもを捉えなおすことができます。そして，親にとっては，それはとても嬉しいことです。

　また，指導者が子どもの様子を伝えると，他の親も「○○ちゃん，この前○○していたのを見ました」などと言うかもしれません。親にとっては，自分の子どもを他の人が見ていてくれて，評価してくれることは大変嬉しいことです。

　このような親の相互交流を大切にします。学習会において親の相互交流が生じるような雰囲気作りをすることも指導者の重要な役割です。これ以後も同様です。

No. 13 《親用テキスト66頁》

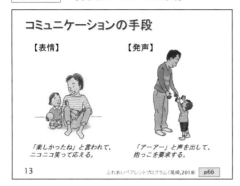

「表情」や「発声」は，大人がコミュニケーションしている時にもメッセージを伝える有効な非言語的な手段としてとして機能しています。これがわかれば，親も，子どもが「表情」や「発声」をコミュニケーションの手段として使えることの重要さを理解できることでしょう。

No. 14 《親用テキスト66頁》

イラストで示した「手を引く」という動作は，いわゆる「クレーン行動」あるいは「リフトハンド」などと呼ばれています。以前は，クレーン行動は，自閉症の特徴として挙げられていて，親は子どもがクレーン行動をしないように注意していたことがありました。しかし，ここで示すように，クレーン行動と呼ばれる「手を引く」という動作は，相手に自分の意図を伝えるための有効なコミュニケーションの手段です。子どもがこれをするようになったら大事にしていきます。ただし，これをずっとしていては，子どもが相手に要求する手段が増えません。成長とともに，手段を変えていくように支援します。

コミュニケーションの手段としての「動作」は，イラストで示した「手を引く」だけではありません。その他に，首をふる，手をふる，首をかしげるなどの身ぶり手ぶり，そして，手を引く，物を取る，相手に近づくなどの動作があります。

No. 15 《親用テキスト66頁》

「物の提示」は，提示行動（showing）といわれています。また，「物の手渡し」は，手渡し行動（giving）といわれています。どちらも，物を介した人との関係，すなわち三項関係ができていることが基盤となって成り立ちます。

発達順序としては，「物の手渡し」が先にできて，そのあとに「物の提示」ができます。「物の提示」は相手の注意を提示した物に向けさせることに使われますので，発達的に難しい行動です。ASDの子どもは，特に人の注意を向けさせることが難しいため，「物の提示」の出現がかなり遅れます。

No. 16　《親用テキスト66〜67頁》

リーチングは、子どもが欲しい物に手を伸ばす行動です。それには、自分の欲求のためだけするリーチングと他者に要求するために用いるリーチングがあります。ここでは、後者の要求のためのリーチングを見ていきます。

リーチングをしている手は開いていますが、やがて、指を立ててさす指さしができるようになります。リーチングは指さしの前段階といえます。手を広げたリーチングで物を要求しても、そこにたくさん物があればどれをさしているかわかりません。しかし、指さしをすると、どれをさし示しているかがピンポイントでわかります。いかに指さしが便利なものかがわかります。

一方、定位の指さしは、指の形状としてすでに指さしの形ができていますが、他者に要求する、注意を引くなど他者との関係性の中で使われるものではありません。このような指さしの機能をもつのは、この後説明する要求の指さしと叙述の指さしです。定位の指さしは、これらの機能を身につけるまでの段階と言えます。

No. 17　《親用テキスト67頁》

定型発達では、生後9か月以降に、人―人―物という三項関係が成立し、共同注意、指さし（要求の指さし、叙述の指さし）、社会的参照ができるようになります。このように最も重要な社会的認知能力を獲得する生後9か月は、「9か月の奇跡（the 9-month miracle）」とも呼ばれています。特に指さしの発現はわかりやすいので発達のマイルストーンになります。社会的参照は、相手の情動や情報を得るために参照視することです。

「要求の指さし」は欲しい物を要求する指さしであり、「叙述の指さし」は、他の人の注意を向けさせるためのものです。「要求の指さし」は、欲しい物を手に入れるために必要に駆られてでてくるので、子どもが獲得するのに比較的やさしいものです。それに対して、「叙述の指さし」は相手の関わりができていて、相手の注意を向けさせるものであり、子どもにとっては、「要求の指さし」よりも難しくなります。特に、ASDの子どもは、「要求の指さし」は比較的できやすいですが、「叙述の指さし」を獲得するのが難しいことが知られています。

第9章　セッションの解説

No. 18　《親用テキスト67頁》

以前は、「オウム返し」をASDのネガティブな特徴であると捉えて、「オウム返し」を言わないように指導している時もありました。確かに、定型発達児よりもASDの子どもの方が「オウム返し」をする頻度は高いですが、言葉を話せなかった子どもにとって「オウム返し」は、言葉を発したことに変わりはありません。まずは、「オウム返し」として言葉を発したことを大事にしながら、徐々に「オウム返し」から通常の話し方に変えていくように支援します。支援方法については、この後のセッションで示します。

No. 19　《親用テキスト67頁》

このイラストでは、「何がほしい？」と質問されて、子どもはその質問に対して的確に「単語」で答えています。このような言語的コミュニケーションができるためには、人との相互的関わりができていることを土台にして、相手の質問の言語的理解ができていること、質問に回答するというターンテイキングのやり方を知っていること、回答の言語表出ができることが必要です。

No. 20　《親用テキスト67頁》

「文章」は最も難しいコミュニケーションの手段です。コミュニケーションの手段として、子どもは言語的な手段を急に獲得することはできません。非言語的な手段を徐々に獲得し、使いこなす中で、「文章」を使ったコミュニケーションができるようになります。

親は、どうしても言葉だけを教えようとしますが、このようにコミュニケーションの手段が具体的に示されることによって、自分の子どもが今何を使うことができ、そしてこれから何を獲得すればよいかがわかると、言葉だけを教えることが重要でないことがわかることでしょう。

No. 21　《親用テキスト68頁》

表Ⅱ-1 コミュニケーションの手段の一覧表
- これまで見てきた様々なコミュニケーションの手段が表にまとめられています。
- お子さんがどのような手段でコミュニケーションをしているか、もう一度確かめてみましょう。

　ここまでコミュニケーションの手段を見てきましたが、一つ一つ見ていると全体像がわからなくなるので、表Ⅱ-1でそれらをまとめます。
　最後のグループワークでは手段と目的をしっかりとまとめますが、それはまだ先になるので、ここでは一旦、コミュニケーションの手段についての理解度を確かめるために何人かに発表してもらうといいでしょう。また、途中で質問できなかったことについてもここで尋ねてもらいます。

No. 22　《親用テキスト69頁》

コミュニケーションの方法
コミュニケーションの目的
- 子どもがコミュニケーションするための目的には、様々なものがあります。
- 子どもが、これらの目的でコミュニケーションできるようになるには、発達の順序があります。

　これまで見てきた手段と同様に、コミュニケーションの目的には様々なものがあり、またその目的でコミュニケーションすることについてもやさしいものから難しいものまであることを説明します。

No. 23　《親用テキスト69頁》

花子ちゃんとたけし君のコミュニケーションの違いは？

花子ちゃんは、誰も見ていない時でも高い所に置かれた玩具に手を伸ばします。そこに人がいても、その人と関わることはありません。

たけし君は、棚の上に置かれたお菓子がほしいので、お菓子を指さしながら、お母さんを見ました。

　花子ちゃんとたけし君のコミュニケーションの違いを通して、コミュニケーションの目的について説明します。花子ちゃんは、棚の上のミニカーが欲しくて手を伸ばしています。これは、お母さんに要求するために手を伸ばしているのではなく、自分が欲しい物にただ手を伸ばしているだけであり、コミュニケーションは成立していません。
　それに対して、たけし君は、棚の上のお菓子を指さして、その後お母さんを見ました（参照視）。たけし君は、指さしと参照視を使って、お母さんにお菓子を要求しています。たけし君は、要求するためにコミュニケーションをしていますが、このような時、「コミュニケーションの目的」は、「要求する」です。

第9章　セッションの解説

　ここからコミュニケーションの目的を具体的に見ていくことを伝えます。そして，おおよそやさしい目的から難しい目的へと順番に説明すること，そして，親には，その中で自分の子どもがどのような目的でコミュニケーションしているかに注目してほしいことを強調します。

　親が働きかけた時に，子どもが「嫌だ」とか「やめて」という表現をすることは，とても大事な行動です。これは，親の働きかけに対して「抗議する」あるいは「拒否する」という目的で子どもが応答している一つのコミュニケーションの形態です。親にとっては，抗議されたり，拒否されたりすると，困りますが，子どもにとっては，自分が嫌なことに対して抗議や拒否をしないと，嫌なことを全部受け入れなければなりません。それを考えると，抗議や拒否ができない場合，それがいかに子どもにとって苦痛であるかがわかります。
　また，嫌なことや嫌な物を押しつけられることは，子どもにとって苦痛をはっきり意識することができるため，「抗議する」「拒否する」は，発達早期に現れるコミュニケーションの目的になります。

　子どもが相手に対して何かを要求することは，子どもから自発的に働きかける行動です。通常，コミュニケーションにおいて子どもは相手に応答することを先に獲得し，次に自分から自発的に働きかけることができるようになります。しかし，要求することは，子どもの自発的行為ですが，早い時期に現れるという特徴があります。特に，早く現れるのは，食べ物を要求することです。子どもにとって食べ物は最も興味を惹かれる対象ですから，その食べ物を求めることは強いモチベーションになって，食べ物を要求することができると思われます。手助けを要求することは，少し後になってできるようになります。

105

No. 27　《親用テキスト71頁》

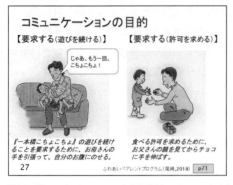

　No. 26と同様に，ここでもコミュニケーションの目的は「要求する」です。発達的には食べ物の要求が最も早く現れ，手助けや遊びを続けることがそれよりも後に現れます。そして一番最後に現れるのは許可を求めることです。したがって，子どもが「要求する」ことができるかどうかを見る時に，何を要求しているのかを見ることが必要です。それによって難易度が異なるからです。親に子どもが「要求する」ことができるかどうかを尋ねると，これらを区別せずに，何か一つでも要求ができていれば，それでできると判断しています。しかし，これらを区別して子どもの要求行動を把握することができれば，子どもの発達を的確に評価できるでしょう。

No. 28　《親用テキスト71頁》

　ここでは，相手の働きかけに対して「応答する」という例です。通常，「応答する」が「自発する」よりも早い段階でできるようになります。
　「応答する（相手の注意に追従する）」の例として，相手が向けた視線に追従して同じところを見る視線追従，相手が指さしたところを見る指さし追従があります。定型発達の子どもでは，視線追従は乳児期前半に，指さし追従は乳児期後半にできますが，ASDの子どもは，2，3歳でも難しいことがあります。
　「応答する（選択する）」の例では，「何がほしい？」と質問されて「チョコ」と言葉で答えればすぐに欲しい物がわかります。しかし，言葉がまだ話せない時に，選択肢を提示して「指さし」「リーチング」などで応答させると，相手に自分の気持ちを伝えられるコミュニケーションの機会になります。

No. 29　《親用テキスト71頁》

　ここでの「応答する（働きかけに応える）」は，相手が言葉や動作で質問したり，働きかけたことに対して，子どもが応答することを表しています。言葉や動作で働きかけられることは，日常生活において頻繁に行われているコミュニケーションであり，多様な形態で生じているコミュニケーションといえます。
　挨拶では，子どもが応答する場合と自発する場合がありますが，親に挨拶（バイバイ）されて，それに応じることはできますが，自分から先に挨拶する，つまり自発することは難しいです。

第9章 セッションの解説

No. 30 《親用テキスト72頁》

ここからは，子どもが自分から働きかける「自発する」の例になります。「応答する」よりも「自発する」の方が難しいので，子どもが自分から働きかけるようになったら，コミュニケーションの発達が進んだと思ってください。親は，日常生活において親から働きかけているのか，子どもから先に働きかけるのかを区別せずに，子どもに関わっていると思われます。「親子で関わりができていますか？」と親に質問して，「はい」と答えても，子どもが自発できているかどうかがわからないことが多いです。しかし，応答と自発とを区別することがわかると，子どもの行動評価が的確になり，そして子どもへの支援方法がみえてきます。

No. 31 《親用テキスト72頁》

このように過去や感情を「話す／表す」ためには，言葉が話せること，過去という時間感覚がわかること，自分の感情に気づくことなど，大変高次な精神活動ができることが必要です。大人にとっては，過去や未来を話すことは当たり前に思いますが，子どもはこれまで「今，ここ」にあることだけしか考えられなかったので，子どもが過去や未来を話せるようになったことがどれほど時間感覚を飛躍的に発達させたかがわかります。また，感情を「話す／表す」についても，これまで転んで泣く，叱られて泣く，楽しくて笑うといった本能的な感情表現はしていましたが，自分の感情をしっかりと意識して気づき，さらにそれを表現することはとても難しいことです。

このように過去や感情を「話す／表す」ことができるようになると，子どものコミュニケーションは豊かになっていきます。

No. 32 《親用テキスト72頁》

「ふりをする」ことは，子どもに表象機能が育ったことを表しています。玩具のケーキを本物のケーキに見立てて，食べるふりをしています。この「ふりをする」ことができるようになると，ままごとなどのごっこ遊びが楽しくなります。

「ふりをする」ことができることは，幼児期に獲得すべき最も高次なコミュニケーションの目的です。

第Ⅱ部　ふれあいペアレントプログラムのマニュアル

No. 33　《親用テキスト73頁》

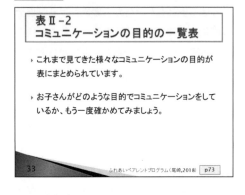

　ここまでコミュニケーションの目的をみてきましたが，一つ一つみていると全体像がわからなくなるので，表Ⅱ-2でそれらをまとめます。また，途中で聞けなかったことについて，ここでまとめて質問してもらいます。

No. 34　《親用テキスト74頁》

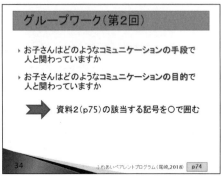

　これまでの学習会でも自分の子どもの様子を調べてくださいと投げかけていたので，親は自分の子どもができるコミュニケーションの手段と目的についておよそ把握していると思います。しかし，親は自分の子どもはできると思いこんでいることが多いです。しかし，過度な期待をかけることは，子どもに負担がかかります。グループワークでは，他の親の発表を聞いて，自分の思い込みの部分などに気づくかもしれません。また，指導者が子どもの様子を知っている場合は助言します。グループワークをすることによって再確認します。

No. 35　《親用テキスト74～75頁》

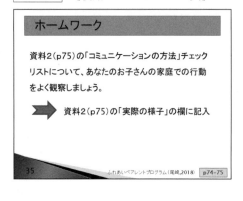

　グループワークでは，子どもを思い出しながら資料のチェックリストに記入しましたが，実際に家庭で子どもの様子を観察すると，違った面も見られるかもしれません。できると思ったことができていなかったり，逆にできないと思っていたことができていたりするかもしれません。それを知ることによって，親は自分の思い込みで子どもを捉えていること，そして実際の子どもをよく観察して理解することの大切さに気づくと思われます。

第9章 セッションの解説

第3回 社会的コミュニケーション段階の特徴と目標

1. 第3回のガイドライン

親が学ぶこと
1. 社会的コミュニケーション段階を4段階に分類することを知り，自分の子どもの社会的コミュニケーションの段階を把握します。
2. 社会的コミュニケーション段階ごとの特徴と目標を学びます。
3. 親は自分の子どもがどのような社会的コミュニケーションの特徴をもっているかを知り，子どもに対する社会的コミュニケーションの目標を立て，家庭で実際にやってみます。

セッションの進め方
1. 通常のグループによるセッション

　学習会の時間が長くとれる場合は，社会的コミュニケーション段階のふれあい方略について，4段階すべてを説明します。しかし，学習時間が長くとれない場合は，社会的コミュニケーション段階の4段階すべてを同じ割合で説明するのではなく，グループの対象児の段階に合わせて調整します。基本的に，ふれあいペアレントプログラムの対象児の年齢が2～4歳未満であることから，対象児の社会的コミュニケーション段階は，芽ばえ段階やリクエスト段階であることが多いです。そこで，芽ばえ段階，リクエスト段階，早期コミュニケーション段階を中心に説明し，コミュニケーション段階の説明は概要くらいに留めます。なお，他の段階の子どもが多い場合は，その段階に応じて説明してください。

　学習会では，指導者が一方的に説明するのではなく，参加者に子どもの様子を尋ねながら進めるとよいでしょう。また，わからないことがあれば，そのつど質問してもらいます。

2. 個別セッション

　親は子どもの社会的コミュニケーション段階をチェックリストによって評価します。しかし，すべての親が客観的に正確に評価できるとは限りません。親は，子どもができると一方的に思い込んでいる場合があります。逆に，子どもは何もできないと思い込んでいる場合もあります。そこで，指導者からみて，親の評価が子どもの実態とかなりかけ離れている場合には，個別セッションで親に説明しながらインタビュー形式で評価するといいでしょう。あるいは，親がどのように評価したらよいかがわからない場合も，親が希望すれば個別セッションで丁寧に説明します。

　親にとっては，自分の子どもの段階に合わせて教えてもらった方がよくわかります。そこで，個別に時間がとれる場合は，子どもの段階の特徴，コミュニケーションの方法について親に説明し，親からの質問に答えるとよいでしょう。この個別面談の時間を設定することができれば，親の理解は一層深まります。

第Ⅱ部　ふれあいペアレントプログラムのマニュアル

アウトライン

種　別	内　　容	スライドNo.	親用テキスト頁
導　入	タイトル	1	11章
	第3回のプログラムスケジュール	2	11章
	第2回のホームワーク	3	74-75
学習会	1．社会的コミュニケーション段階の特徴	4	76
	※社会的コミュニケーション段階のチェック	5-10	76, 97-98
	（導入）	11	
	・芽ばえ段階の特徴	12-14	76-77
	・リクエスト段階の特徴	15-17	78-79
	・早期コミュニケーション段階の特徴	18-20	79-80
	・コミュニケーション段階の特徴	21-22	81
	2．社会的コミュニケーション段階の目標	23	81-82
	（導入）	24	
	・芽ばえ段階の目標	25	83
	1）身体遊びで楽しいやりとりにもちこむ	26	83
	2）身体遊びや感覚遊びの中でやりとりすることを教える	27	83
	3）意図的コミュニケーションの場面を設定する	28	84
	・リクエスト段階の目標	29	84
	1）身体遊びの中で動作や発声を使ったやりとりを増やして長く遊ぶ	30	84
	2）手を引っ張る行動，身ぶり，発声，絵を　使って要求する	31	85
	3）子どもが要求するものを増やす	32	85
	・早期コミュニケーション段階の目標	33	88
	1）身体遊びの時いつも一定したやりとりをする	34	88
	2）子どもが自分からやりとりを始める	35	88-89
	3）身ぶり，指さし，サイン，絵，言葉を使って要求	36	89
	4）コミュニケーションの手段を改善する		90
	5）多様な目的でコミュニケーションする		90-91
	・コミュニケーション段階の目標	37	91
	1）手助けもらって難しい会話でやりとりする	38	91
	2）コミュニケーションの手段を改善する	39	92
	3）多様な目的，場面で，いろいろな相手とコミュニケーションする	40	92
	4）友達と一緒に遊び，会話を続ける	41	92
グループワーク	グループワーク（第3回）	42	95
	ホームワーク	43	95-96

2．第3回の解説

No. 1 《親用テキスト第11章76～98頁》

これまで2回のセッションを行ってきたので，親はグループの仲間とも顔なじみになってきた頃だと思います。しかし，指導者は，緊張していないか，学習内容は難しくないかとグループの状況を見ながら配慮していきます。このあたりでまだなじめない人がいたら，プログラムの実施前後に個別に声をかけてみましょう。

No. 2 《親用テキスト第11章76～98頁》

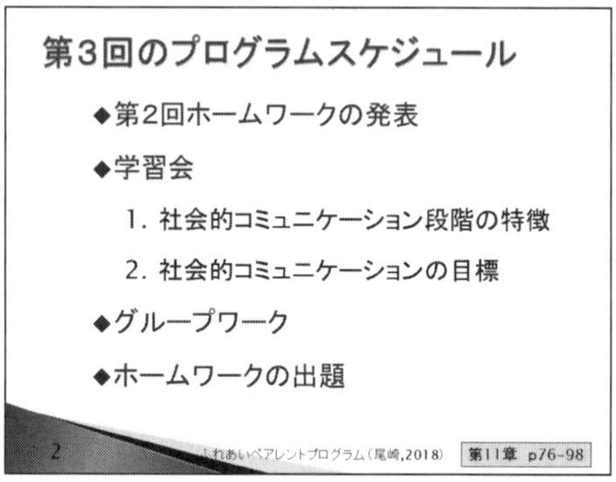

だんだん学習会の内容も難しくなってきます。親が学習会の内容を理解していないようなら，指導者が助言します。ただし，このプログラムは，学習会の内容を完璧に理解することが目的ではなく，親が子どもを理解して，子どもに合わせた子育てができることにあることに留意してください。

No. 3 《親用テキスト74～75頁》

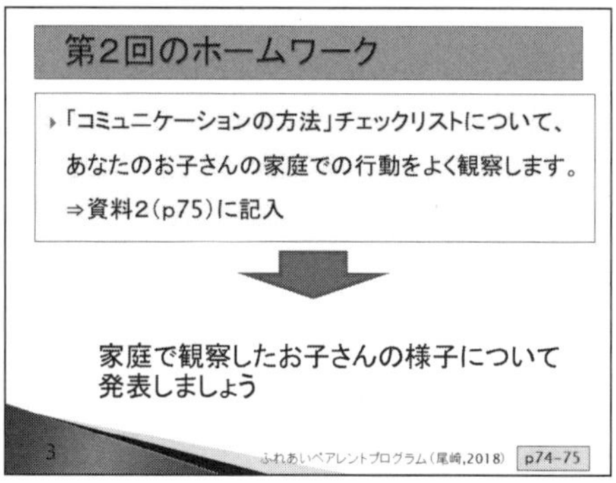

今回が初めてのホームワークの発表になります。
他の親のホームワークの発表を聞くと，自分の子どもも同じだとか，その意見を参考にして自分の家庭でもやってみようとか思うようになります。これがグループで実施することの一番のメリットです。
家庭で実施してみると，前回のグループワークで発表した内容と違っていたかもしれません。その違いから親の思い込みの程度や子どもに対する新たな気づきについて注目し，参加している親への理解を深めます。

第Ⅱ部　ふれあいペアレントプログラムのマニュアル

No. 4　《親用テキスト76頁》

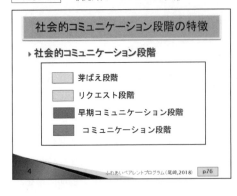

　ふれあいペアレントプログラムでは，社会的コミュニケーション段階を4つに分類します。これは定型発達児の社会的コミュニケーション発達過程をもとに4つに分けたものです。第4回以後も，この4段階ごとに説明していきますので，指導者はしっかりと4段階の特徴と目標を覚えておきます。

No. 5　《親用テキスト76頁》

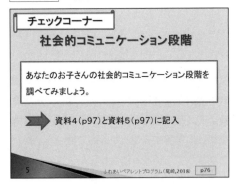

　資料4と資料5に記入することによって，子どものコミュニケーション段階がわかるようになっています。これは，親が簡単にチェックできるように作成されたものです。指導者は，さらに詳しい発達評価票（本テキスト7章を参照）を参考にそれぞれの子どもの段階を把握しておきます。

No. 6　《親用テキスト97頁》

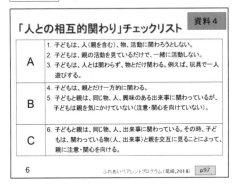

　資料4は，人との相互的関わりについて，項目1の人と全く関わらない状態から項目6の親と相互に関わる状態まで順番に並んでいますが，該当する番号に○をつけて，A，B，Cのどのレベルかを評価します。

第 9 章　セッションの解説

No. 7　《親用テキスト97頁》

資料5の項目1から項目5は，共同注意の様子がやさしいものから難しいものへと並べられています。子どもができるものに全部○をつけます。定型発達では，1から6の項目へと順番にできるようになりますが，ASDでは発達に偏りがあるために順番にできないことがあります。

親が項目に書かれた内容を理解できるように，次のNo.8とNo.9にイラストでわかりやすく示してあるので，それを見ながら説明します。しかし，それでも親が理解できない場合があります。その時には，指導者が事前に調べておいた発達評価票（本テキスト7章を参照）を参考にして「○○ちゃんは，この前こんな場面でこれができていましたね。」などと親に助言していきます。

No. 8

1．資料5の項目1は，指さし追従ができるかどうかを問うものです。
2．資料5の項目2は，応答的手渡し行動や応答的提示行動ができるかどうかを問うものです。手渡し行動と提示行動のどちらも，相手の働きかけに対して，子どもがそれに応じるという応答的な行動になります。
下段左のイラストは，お父さんが，子どもが持っているボールを指さして「それちょうだい」と働きかけると子どもがお父さんにボールを手渡すという，応答的手渡し行動を示しています。下段右のイラストは，お母さんが，子どもの持っているクマのぬいぐるみを指さして「それちょうだい」と働きかけると子どもがお母さんに向かってクマを提示して見せるという，応答的提示行動を示しています。これらどちらかができれば，資料5の項目2ができることになります。

No. 9

3．資料5の項目3は，自発的手渡しや自発的提示行動ができるかどうかを問うものです。手渡し行動と提示行動のどちらも，子どもから相手に働きかけるという自発的な行動になります。上段左のイラストは，子どもが自分からお父さんにボールを差し出して，お父さんにボールを手渡すという，自発的手渡し行動を示しています。上段右のイラストは，子どもが自分からお母さんにクマのぬいぐるみを提示するという自発的提示行動を示しています。これらどちらかができれば，資料5の項目3ができることになります。

4．資料5の項目4は、要求の指さしができるかどうかを問うものです。イラストは、子どもは、目の前にあるコップを指さして、お母さんにジュースを要求するという要求の指さしを示しています。要求の指さしができれば、資料5の項目4ができることになります。

5．資料5の項目5は、叙述の指さしができるかどうかを問うものです。イラストでは、子どもが、お母さんの注意を犬に向けさせるために指さしをしています。この叙述の指さしができれば、資料5の項目5ができることになります。

No. 10　《親用テキスト98頁》

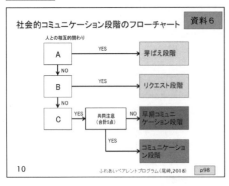

社会的コミュニケーション段階は人との相互的関わりの発達と共同注意の発達の状況によって分類します。芽ばえ段階は人との関わりができない段階、リクエスト段階は、人との関わりが一方的である段階です。これらの段階ではまだ共同注意が成立していません。そして、早期コミュニケーション段階は、人との相互的関わりができるようになり、共同注意ができ始める段階です。コミュニケーション段階は、人との相互的関わりができ、かつ共同注意ができる段階です。

これら4つの段階のうち発達のターニングポイントになるのは、早期コミュニケーション段階です。人との相互的関わりと共同注意ができ始める時期です。これは定型発達では生後9か月頃に相当します。そして、早期コミュニケーション段階を経ることにより次の言語的コミュニケーションが豊かになるコミュニケーション段階に至ります。しかし、ASDの子どもにとって、人との相互的関わりと共同注意を獲得することがとても難しいので、早期コミュニケーション段階をクリアすることが大変困難です。そのため、このふれあいペアレントプログラムでは、子どもが早期コミュニケーション段階に達しているかどうかを評価することが鍵になります。

このフローチャートによる子どもの社会的コミュニケーション段階の評価方法は、親が簡単にできることを目的に作成しました。簡単な評価法であっても、親の理解が足りなかったり、親が子どもを客観的に評価できないなど、親は子どもの社会的コミュニケーション段階を間違って評価していることが往々にしてあります。その時には、指導者が事前に子どもの発達状態を発達評価票などで確かめておき、それをもとにして親に子どもの様子を伝えながら、親が自分で間違いに気づいて修正していけるようにもっていきます。ふれあいペアレントプログラムでは、指導者が親に一方的に教えるのではなく、親が自分で子どもの状態に気づくこと、自分で子どもを理解していくことを大事にしています。

第9章　セッションの解説

No. 11

　ここから社会的コミュニケーション段階の特徴を，段階ごとに具体的にみていくことを伝えます。その際，親は，先ほどのフローチャートで評定した自分の子どもの段階について，再度特徴を知ることによって子どもの段階を確認します。また，現在の子どもの段階に注目するだけでなく，4段階を進むにつれて変わっていく社会的コミュニケーションの特徴についても理解しておくことが重要です。子どもがどのような段階を経て現在に至っているのか，そして今後どのようにして次の段階へと進んでいくかを知ることによって，親は自分の子どもの発達を理解し，どのように援助すればいいかがわかるようになります。なお，社会的コミュニケーション段階の特徴を説明していると，参加している親から自分の子どもの様子を話してくれるかもしれません。良い機会なので，グループで情報交換するといいです。

No. 12　《親用テキスト76頁》

　ここでは，芽ばえ段階の特徴を説明します。指導者は，各コミュニケーション段階の特徴をしっかりと把握しておき，必要に応じて，親が理解できるように詳しく解説します。
　芽ばえ段階の子どもは，人との関わりができません。自分が人に関わることが，その人に影響を与えることを知りません。だから，この段階の子どもは，親に直接要求しないのです。決して，親を拒否しているとか，親を嫌っているわけではありません。親は，自分を頼ってこない子ども，何でも一人でやろうとする子どもをもつと，とても寂しい気持ちになると思います。また，一人でやる方がいいのなら，関わらないでおこうと思うのは人間としての自然な成り行きだと思います。しかし，このような芽ばえ段階の子どもは，親に頼ることを知らないだけで，方法がわかれば親に頼るようになります。頼るようになるためには親がどのような関わり方をすればよいかを学ぶのがこのふれあいペアレントプログラムです。芽ばえ段階の子どもには，あきらめないで関わっていくことを親にわかってもらいます。

No. 13　《親用テキスト77頁》

　花子ちゃんは，お母さんと関わることができません。そして，自分が人に関わることが，その人に影響を与えることを知りません。つまり，親にドアを開けてと要求すると，親がドアを開けてくれることを知りません。
　この花子ちゃんの場合，お母さんは次のように対応するとよいです。花子ちゃんはお母さんに頼りませんが，お母さんは花子ちゃんの行動を見て「花子は外に行きたいらしい」と花子ちゃんの気持ちを察

115

します。そして，花子ちゃんがお母さんの方を見た時に「花子は外に出たいのね」と花子ちゃんに声かけしながらドアを開けてあげます。このような状況を何度か経験すると，花子ちゃんはお母さんの方を見るとドアを開けてくれることがわかるようになります。すると，花子ちゃんは，外に出たいときにはお母さんの方を見る（注視する）ようになるでしょう。

No. 14　《親用テキスト77頁》

　子どもが一人遊びをしていれば，大人はその方が楽なので，それ以上誘いかけなくなります。また，子どもが応えてくれないと，子どもが自分を拒否したり，嫌っていると思ってしまいます。これらは，一般的な大人の反応です。しかし，子どもはお父さんを拒否したり，嫌っているわけではありません。人との関わり方を知らないだけです。親が，このまま関わりを持たないと，ますます子どもは人と関われなくなります。

　なお，お父さんからの遊びの誘いに応じない子どもの場合，お父さんは次のように対応するとよいです。お父さんから子どもに遊びを働きかけるのではなく，まずは子どもの遊びの世界を一緒に楽しむことをします。子どもがタイヤを回していたら，お父さんもタイヤを回してみます。そして，子どもがお父さんの方を見たら（注視する），「楽しいね」などと声をかけます。子どもは，お父さんが自分と同じ遊びをしていて，それを「楽しいね」と言ってもらう経験をします。この経験を重ねるうちに，子どもは一人で遊ぶよりもお父さんと遊んだ方が楽しいと感じるようになるでしょう。

※芽ばえ段階の特徴について親用テキスト77頁にまとめられていますが，芽ばえ段階の特徴をもっと丁寧に説明する場合は，以下を参考にしてください。

芽ばえ段階の特徴のまとめ　（親用テキスト77頁を参照）
　芽ばえ段階の7つの特徴を以下に説明します。
① 親に対して関わりをもとうとしない──人との関わりができないことを示しています。
②（親に頼らず）自分で何でもしようとする──①と同様に，人との関わりができないことを示しています。
③ 欲しい物を見る，あるいは手を伸ばす──他の人に要求するために見たり（注視する），手を伸ばす（リーチング）のではありません。自分の欲求のままに欲しい物に指向しているだけです。
④ 親と意図的コミュニケーションをしない──自分の意図を相手に伝える意図的コミュニケーションをしないことを示しています。なお，非言語的コミュニケーションであっても非言語的な手段で相手に意図を伝えている場合は，意図的コミュニケーションになります。子どもが最もコミュニケーションを取りやすいのは親ですから，親とコミュニケーションしないということは，他の人とも全くコミュニケーションしないことを表しています。
⑤ 玩具本来の遊び方で遊ばない──玩具の機能を理解していないので，玩具本来の遊び方で遊ばないことを示しています。そして，自分が興味を示した物や部分に対して感覚運動遊びをします。

第9章　セッションの解説

⑥ 嫌がって泣き叫んだり，キーキー声を出す——コミュニケーションの手段として，「注視する」や「動作」などのやさしい手段さえ使うことができずに，自分の感情のままに「泣き叫ぶ」や「キーキー声」を出すだけであること示しています。

⑦ ほとんど言葉を理解しない——その意味のままですが，言葉というコミュニケーションの手段をまだ全く使うことができません。

No. 15　《親用テキスト78頁》

リクエスト段階の特徴
- リクエスト段階の子どもは，自分が行動することで親に何かを伝えることができることを分かり始めています。
- 親が身体遊びを途中でやめたら，子どもは親を見たり，体を動かすことで，もっと続けてほしいと要求するようになります。

ここでは，リクエスト段階の特徴を説明します。芽ばえ段階では親との関わりができませんでしたが，リクエスト段階では一方的ではありますが，親との関わりができるようになっています。自分がしたことが相手に影響を与えることがわかるようになりました。リクエスト段階では，欲しい物を取ってほしいという意図を相手に伝えているので，意図的コミュニケーションができるようになっています。そして，リクエスト段階の終わり頃には，共同注意の準備が整ってきます。

No. 16　《親用テキスト78頁》

リクエスト段階の子どもは，親との関わりができるようになり，親の手を引っ張ることによって，欲しい物を要求できることがわかり始めたのです。

人の手を引っ張って，自分の欲しい物をとってもらう行動は，クレーン行動とかリフトハンドとか言われています。これは，言葉が話せず，指さしができない発達段階の子どもにとっては，自分の要求を伝えるための大変便利なコミュニケーションの手段です。この段階の子どもが用いられる手段として大事にしていきます。

No. 17　《親用テキスト79頁》

リクエスト段階の子どもは，欲しい物を要求（リクエスト）するだけでなく，遊びをもっとしてほしいという要求もできるようになります。リクエスト段階では，いつでもどこでも誰にでも要求できるわけではありません。最初は，親に対して，とても欲しい物がある時に限って要求するところから始まり，そして，徐々に要求する事物が増えていきます。また，遊びを続けてほしいという要求も比較的早くにできるようになります。子どもが要求行動をできるようになるには，子どもにとって大変魅力的であり，どうしても欲しい，どうしてもやってほしい

という強い動機があることが重要です。つまり、子どもに要求させたければ、子どもの動機を高めればよいということになります。

　このように、欲しい物を要求する、遊びをもう一回することを要求するなど、何かを要求（リクエスト）することができるのがリクエスト段階です。親との関わりができず、自分が何か行動することが相手に影響を与えることもわからなかった芽ばえ段階と比べると、発達段階が進んだことがよくわかります。

※リクエスト段階の特徴について親用テキスト79頁にまとめられていますが、リクエスト段階の特徴をもっと丁寧に説明する場合は、以下を参考にしてください。

リクエスト段階の特徴のまとめ　（親用テキスト79頁を参照）
　リクエスト段階の6つの特徴を以下に説明します。
① 親と少しだけ関わる──人との関わりができるようになったことを示していますが、その関わりは限定されています。すなわち、人といっても親に限定されています。また相互的な関わりとはならず、子どもからの一方的な関わり（要求）が中心で、親は子どもの気持ちを推し量って応じることによりようやくコミュニケーションが成り立つ状態です。
② 欲しい物に手を伸ばす──「親と少しだけ関わる。」時の手段として手を伸ばすリーチングを使うようになったことを表しています。芽ばえ段階のようにただ欲しい物に手を伸ばすのではなく、リクエスト段階では、相手に欲しい物を伝える手段として手を伸ばしている（リーチング）ところに発達の進展があります。
③ 親を押したり、手を引っ張ることによって親に関わる──「親と少しだけ関わる」時の手段として「押す」や「手を引っ張る」などの動作を使うようになったことを表しています。
④『イナイイナイバー』や『たかいたかい』のような身体遊びで、注視、表情、動作、発声を使って遊びをしたいことを伝える──身体遊びにおいて親と関わる時には、関わる手段にバラエティーがでてきたことを示しています。注視、表情、動作、発声を使って、身体遊びをすることを要求することができます。
　　これまでの手段をまとめると、リクエスト段階では、手を伸ばす（リーチング）、相手の身体を押す、相手の手を引っ張るなどの動作、そして注視、表情、発声のコミュニケーション手段を使うことができるようになっています。
⑤ やることがわかれば、時折、親しい人の視線を追従する──やることがわかっている場合と親しい人が対象の場合に限定して、視線追従ができるようになったことを表しています。視線追従は、共同注意の成立に向けての第一歩になります。次の早期コミュニケーション段階は共同注意ができるようになることに特徴がありますが、リクエスト段階は、共同注意の準備段階と言えます。
⑥ いつもやり慣れている活動では、次に何をすればいいかがわかる──いつもやっているルーティンのある活動なら、次にやることがわかることを示しています。身体遊びや身辺自立活動などで、次に何をすればいいかがわかれば、遊びや活動を習得しやすくなりますし、また親とのやりとりもスムーズに進みようになります。

　以上、リクエスト段階の特徴は、親と少し関わりができ、その関わりの手段が少し広がることでした。そして、親との関わりで最も特徴的なことは、親に要求することができるように

なったことです。しかし，いつでもどこでも誰にでも要求することができません。また，手段も少し広がりがでてきたものの，手渡し行動，提示行動そして指さしなど共同注意の成立に必要な手段はまだできません。

No. 18 《親用テキスト79頁》

早期コミュニケーション段階の特徴
- 早期コミュニケーション段階の子どもは，親とやりとりができ，自分の意図をもってコミュニケーションします。
- この段階の子どもは，親に好きな物を要求したり，遊びを続けたいことを知らせるために，身ぶり，発声，言葉を使います。
- その際，共同注意が成立し，指さし，手渡し行動，提示行動などができるようになります。

ここでは，早期コミュニケーション段階の特徴を説明します。リクエスト段階では，親との関わりができるようになりましたが，一方的でした。それに対して早期コミュニケーション段階では，双方向的な意図的コミュニケーションができるようになります。しかし，早期コミュニケーション段階の初期は，要求するためのコミュニケーションが中心です。その後，徐々に相手の注意を向けるための働きかけなどコミュニケーションの目的は広がっていきます。

また，コミュニケーションの手段については，リクエスト段階では，手を押したり引っ張ったりと簡単な動作や発声などの手段しか使えませんでした。それに対して，早期コミュニケーション段階では，身ぶり手ぶりさらに言葉を使うことができるようになります。そして，双方向コミュニケーションでは，共同注意が成り立ち，指さし，手渡し行動や提示行動が見られるようになります。ただし，言葉は単語中心で巧みな会話にはなりません。

No. 19 《親用テキスト80頁》

早期コミュニケーション段階の子どもは，物を指さして要求することができるようになります。これを要求の指さしと言います。指さしを使うとピンポイントで物を指し示すことができるので，親は子どもが欲しい物をすぐに理解することができます。したがって，子どもにとって，指さしは，親に示すための大変効率的で便利な手段です。

また，指さして要求する際の対象には難易度があります。実物を指さして要求するのが一番やさしく，次に写真，絵カード，抽象的なサインや文字の順で難しくなります。すなわち，子どもにとって目の前の具体物はわかりやすいですが，象徴的あるいは抽象的になるとわかり難くなります。早期コミュニケーション段階が進むにつれて，だんだん指さす対象が，象徴的あるいは抽象的なものへと変化していきます。そして，これらができることは，早期コミュニケーション段階の大きな特徴となります。

No. 20 《親用テキスト80頁》

早期コミュニケーション段階の特徴
お母さんにぬいぐるみを提示することで、自分がこのぬいぐるみを好きなことを伝えます。
ふれあいペアレントプログラム(尾崎,2018) p80

　早期コミュニケーション段階の子どもは、物を提示する手段を使って人の注意を操作することができるようになります。これを、自発的提示行動といいます。この行動ができる背景には、人－人－物という三項関係の上に共同注意が成立していることが挙げられます。物を提示することによって、人の注意を向けさせます。その時、子どもは「ぬいぐるみ、可愛いい。」という気持ちも一緒に伝えており、それを受け取ったお母さんと気持ちの共有が図られます。この共同注意が成立し、意図と気持ちの共有ができるようになる早期コミュニケーションン段階は、発達のターニングポイントに相当します。

※早期コミュニケーション段階の特徴について親用テキスト80頁にまとめられていますが、早期コミュニケーション段階の特徴をもっと丁寧に説明する場合は、以下を参考にしてください。

早期コミュニケーション段階の特徴のまとめ　（親用テキスト80頁を参照）
　早期コミュニケーション段階の9つの特徴を以下に説明します。
① 慣れた場面で、親や親しい人と関わり合う――リクエスト段階では、要求するという目的で人と関わることができましたが、その関わりは子どもからの一方的なものでした。それに対して、早期コミュニケーション段階になると双方向的に関わること、つまり関わり合いができるようになります。しかし、どこでも誰でも関わり合うことができるわけではなく、慣れた場面で親などの親しい人と関わり合うことができるようになります。
② 遊びで親とやりとりが続く――上記のように、親と関わり合うことができるようになっていますが、いつものやりとりはすぐに終わってしまいます。しかし、遊びでは、やりとりが長く続きます。
③ 共同注意ができる――事例でも説明したように、早期コミュニケーション段階がリクエスト段階と大きく違うのは、共同注意ができるようになることです。
④ 物の手渡しや提示ができる――共同注意が成立したことにより手渡し行動や提示行動できるようになります。
⑤ 「イナイイナイバー」や「たかいたかい」のような好きな遊びを続けることを、同じ動作、発声、言葉を使って要求する――リクエスト段階の子どもも手を差し出したり、親の身体を押したりして遊びを続けることを要求していましたが、それはもう一回してほしいという一過性のものでした。それに対して、早期コミュニケーション段階の子どもは、遊びのルーティンにそっていつでも同じように要求することができるようになります。
⑥ 絵、身ぶり、指さし、言葉を使って、興味のあることを意図的に要求する――リクエスト段階の子どもでも要求していましたが、その手段は限られていました。早期コミュニケーション段階の子どもは、さらに高度な手段である、絵、身ぶり、指さし、言葉などを用いて要求できるようになります。
⑦ 親の注意を引くために、身ぶり、指さし、言葉を使う――早期コミュニケーション段階が

第9章 セッションの解説

進むと，簡単な言葉を使って注意を引くこともできるようになります。

⑧ 簡単で普段からよく使っている言葉が理解できる――早期コミュニケーション段階では，簡単な言葉を使うとともに，言葉の理解もできるようになります。ただし，日常生活でよく使っている簡単な言葉に限ります。

⑨「こんにちは」や「バイバイ」の挨拶を言う――これまで目の前でバイバイと手をふられると真似してバイバイすることができたかもしれませんが，早期コミュニケーション段階では，意図的な挨拶のやりとりをするようになります。

No. 21　《親用テキスト81頁》

コミュニケーション段階の特徴
- コミュニケーション段階の子どもは，簡単な会話ができ，幼稚園でしたことや誕生日に欲しいものなど過去や未来のことについても話すことができ始めます。
- 自分の関心のあることについてはよく話をします。しかし，慣れない場面では会話のルールを把握できないことがあります。
- 他の子どもと一緒に遊びますが，どうやって遊べばよいかが分からないことも多く，そんな時には一人で遊んでいます。

ここでは，コミュニケーション段階の特徴を説明します。早期コミュニケーション段階では，簡単な言葉なら話せるようになっていましたが，言葉による会話にはなりませんでした。それに対してコミュニケーション段階では，言葉による会話ができるようになります。ただし，自分の関心のあることについては会話できますが，関心がないことには会話に参加しないこともあります。また，慣れない場面や慣れない人との会話も難しいことがあります。すなわち，早期コミュニケーション段階で，言葉が話せるようになった，会話ができるようになったといっても，まだ十分ではありません。会話が成立しない時には，親や周りの大人の手助けが必要です。また，コミュニケーション段階の特徴として，親と遊ぶよりも他の子どもと遊ぶことが楽しくなることです。しかし，ルールが難しい遊びや協調性が必要な遊びでは，どうやって遊べばいいかわからないことがあります。その時には大人の手助けが必要です。

No. 22　《親用テキスト81頁》

コミュニケーション段階の子どもは，簡単な会話はできますが，相手が何を言っているか理解できない時にはオウム返しで答えることがあります。親は，子どもが言葉を話せるようになると，会話が円滑にできると思ってしまいますが，円滑な会話が成り立つまでにはまだ時間がかかります。また，言葉が話せても，これまでの社会的コミュニケーション段階の課題が十分に達成されていない，たとえば，人との関わり合い，共同注意，気持ちの共有などができていないと，会話は成り立ちません。

※コミュニケーション段階の特徴について親用テキスト81頁にまとめられていますが，コミュニケーション段階の特徴をもっと丁寧に説明したい場合は，以下を参考にしてください。

コミュニケーション段階の特徴のまとめ　（親用テキスト81頁を参照）
　コミュニケーション段階の7つの特徴を以下に説明します。
① 親と長く関わり合いができる——早期コミュニケーション段階でも親との関わり合いができましたが，そこでのやりとりの長さは限られていました。コミュニケーション段階ではやりとりが長く続くようになります。
② よく知っている遊びであれば，他の子どもと遊ぶ——早期コミュニケーション段階までは，親と遊ぶことにより社会的コミュニケーションを学んできましたが，コミュニケーション段階になると他の子どもと遊ぶようになります。そして，他の子どもと遊ぶことによって社会的スキルを身につけていくようになります。子ども自身も親と遊ぶよりも子どもと遊ぶ方が楽しくなるのがこの段階です。
③ 言葉などのコミュニケーションの手段を使って，要求する，挨拶する，相手の注意を向けさせる，働きかけに応えるなどをする——コミュニケーションの手段として言葉が使われるようになります。また，要求するだけでなく，相手に注意を向けさせるなど多様な理由で言葉によるコミュニケーションをするようになります。
④ 言葉などのコミュニケーションの手段を使って，過去・未来について話す，感情を表現する，ふりをすることを始める——過去・未来の話，感情の表現，ふりについて，言葉を用いてコミュニケーションすることは難しい課題になりますが，コミュニケーション段階が進むとでき始めます。
⑤ 短い会話ができる——言葉が話せることは会話ができることとイコールではありません。会話とは，相手との言葉によるやりとり（ターンテイキング）です。相手の言葉を理解し，そこに含まれている気持ちをうけとることができ，それの文脈に沿った言葉による発言をすることによって会話が成り立ちます。コミュニケーション段階では短い会話がようやくできるようになります。
⑥ 相手が自分の話す意味を理解してない時には，言い直したりする——コミュニケーション段階では，自分が話すだけでなく，その話を相手が理解したかどうかがわかるようになります。そして，相手が理解していないようなら，再度言い直します。これは，会話が文脈に沿って進むことが理解できるようなったこと，相手の立場に立って相手の意図や気持ちがわかるようになったことが背景にあります。
⑦ 様々な言葉の意味を理解する——早期コミュニケーション段階では言葉の理解が限定的でしたが，コミュニケーション段階になると，様々な言葉の意味を理解できるようになります。

第9章　セッションの解説

No. 23　《親用テキスト81-82頁》

社会的コミュニケーション段階の目標

1. 人と相互に関わり合う
2. コミュニケーションするための手段を身につける
3. コミュニケーションするための目的をもつ

ふれあいペアレントプログラムでは，社会的コミュニケーション段階の目標を，3つの観点から立てます。なお，親用テキスト82頁に目標の3つの観点が詳しく説明されているので参照してください。もちろん子どもごとに様々な目標があると思いますが，ここでは，社会的コミュニケーションに関してこれまで学んできた内容に焦点化します。

1．人と相互に関わり合う

　これは，本プログラムのターゲットです。「社会的コミュニケーション段階の特徴」において，各段階の「人との相互的関わり」の状況を説明してきましたので，それを参考にすると子どもの目標をどのレベルに設定すればいいかがわかると思います。

2．コミュニケーションするための手段を身につける

3．コミュニケーションするための目的をもつ

　2．と3．は，各段階でどのようなコミュニケーションの手段や目的を獲得するかを示しています。これは，親用テキスト10章で様々な手段や目的があること，そして，それらには発達的に難易度があることを説明してきました。そして，親は子どもが現在どのような手段や目的を身につけているかをチェックしたので，コミュニケーションの手段や目的の獲得目標をどのような発達的難易度にすればいいかがわかると思います。子どもが，現在身につけていない新しい手段や目的を使えるようになること，あるいは時々しかできない手段や目的をいつでもどこでも使えるようになることが目標になります。

　このように，本プログラムでは，段階ごとに3つの観点から目標を立てます。親は，子どもの段階とその特徴を知ることによって，どのように目標を立てていけばよいかをイメージすることができます。

No. 24

　ここから社会的コミュニケーション段階の目標を，段階ごとに具体的に説明していきます。その際，親は，自分の子どもの段階とその特徴を確認します。また，現在の子どもの段階に注目するだけでなく，段階が進むにつれて目標のレベルが上がっていくことを理解します。子どもがどのような段階を経て現在に至っているのか，そして今後どのような段階に進んでいくのかを知ることは，子どもの発達を理解し，どのように援助すればいいかがわかるようになります。

No. 25　《親用テキスト83頁》

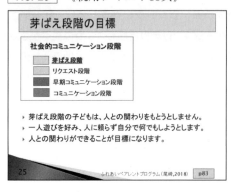

ここまで社会的コミュニケーション段階の分類と特徴について説明してきましたが、一度に覚えきれないと思われます。そこで、社会的コミュニケーション段階の4段階を示し、芽ばえ段階がどこに位置づいていたか、そして、芽ばえ段階の特徴はどのようなものであったかを確認します。

No. 26　《親用テキスト83頁》

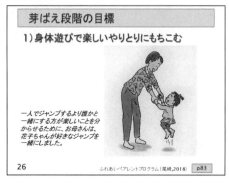

芽ばえ段階の目標1）の「身体遊びで楽しいやりとりにもちこむ」は、「人と相互に関わり合う」の観点から設定した目標です。芽ばえ段階の子どもの最も注目すべき特徴は、人との関わりができないことにあります。そこで人と関わることを目標に据えるのですが、それにはコツがあります。子どもが興味をもつ活動をしている時に関わることです。特に、芽ばえ段階の子どもと最も関わりがもてるのが、身体遊びをしている時です。この時に上手く関わりがもてるようにすることが目標になります。

No. 27　《親用テキスト83頁》

芽ばえ段階の目標2）の「身体遊びや感覚遊びの中で、身体の動き、アイコンタクト、微笑、発声を使ってやりとりすることを教える」は、「コミュニケーションするための手段を身につける」の観点から設定した目標です。芽ばえ段階の子どもの特徴は、人との関わりができないことにあります。人との関わり合いには、応答と自発がありますが、自発ができるのはまだ先の段階です。まずは応答ができることを目指しますが、芽ばえ段階の子どもは、応答する手段もほとんど持ち合わせていません。そこで、子どもが人との関わりができるための具体的なやり方として、子どもが親の働きかけに対する応答の手段を身につけることを目標にします。このイラストでは、子どもが一人で走っているところに意図的に介入し、それに対して子どもが注視と表情で応えることを目標にしました。

第9章　セッションの解説

No. 28　《親用テキスト84頁》

　芽ばえ段階の目標3)の「意図的コミュニケーション（要求すること）の場面設定をする」は、「コミュニケーションするための目的をもつ」の観点から設定した目標です。芽ばえ段階の子どもは、自分のしたことが相手に影響を与えることがわかりません。そのため人に頼らず自分一人でやろうとします。もちろん子どもはまだ人に要求することはできませんが、子どもが要求する場面を親は積極的に設定していきます。最初は、子どもに要求させることを目標にするのではなく、要求する場面を設定し、子どもが、親の手助けによって自分ができないことができる経験をすることが目標です。そして、この経験を積み重ねていくことによって、子どもが欲しい事物を親に要求できることを目指します。要求ができるのは次のリクエスト段階です。

No. 29　《親用テキスト84頁》

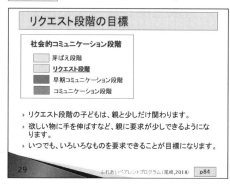

　リクエスト段階の目標を説明するにあたって、社会的コミュニケーション段階におけるリクエスト段階の位置づけとリクエスト段階の特徴について確認します。

No. 30　《親用テキスト84頁》

　リクエスト段階の目標1)の「身体遊びの中で、動作や発声を使ったやりとりを増やして、長く遊ぶ」は、「人と相互に関わり合う」の観点から設定した目標です。リクエスト段階の子どもの特徴は、一方的であれば親と少しだけ関わることができることにあります。そこで人と双方向的に関わり合うことが目標です。リクエスト段階の子どもの人との関わりは、一方的に親に要求するというスタイルから始まります。そこで、親と双方向的に関わり合うことを目標にします。芽ばえ段階と同じように、リクエスト段階の子どもも身体遊びや感覚遊びを好みます。そのような好きな遊びであれば、やりとりが成立しやすいです。しかし、子どもが自発的にやりとりに参加することは難しいので、親がやりとりできるように主導していくことが必要です。このイラストでは、やりとりを増やして長く遊ぶという目標を立て、親がくすぐるのを止めて待つという場面を設けて、子どもとのやりとりを引き出しています。

No. 31　《親用テキスト85頁》

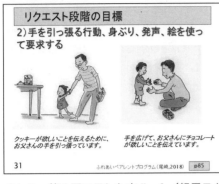

リクエスト段階の目標2）の「手を引っ張る行動，身ぶり，発声，絵を使って要求する」は，「コミュニケーションするための手段を身につける」の観点から設定した目標です。リクエスト段階の子どもの特徴は，一方的に要求することにありますが，要求する手段は限られています。しかし，段階が進むにつれて，多様な手段を使って要求できるようにするのが目標です。基本的には，やさしい手段の獲得から始まり徐々に難しい手段を獲得するようになりますから，第2回で示した表Ⅱ-1（親用テキスト68頁）を参考に目標を決めるといいです。しかし，リクエスト段階では，言葉を使えないだけでなく，共同注意に関する提示行動や指さしなどもできません。

No. 32　《親用テキスト85頁》

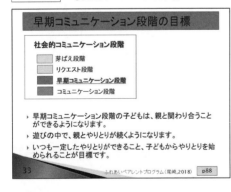

リクエスト段階の目標3）の「子どもが要求するものを増やす」は，「コミュニケーションするための目的をもつ」の観点から設定した目標です。

リクエスト段階の子どもの特徴は，一方的に要求することにあり，それ以上のコミュニケーションの目的をもつことはできません。そこで，要求行動を多彩にしていきます。すなわち，リクエスト段階の始まりでは，自分が好きなものだけ要求する，あるいは要求するものは1個か2個に限られています。そこで，リクエスト段階が進むにつれて，要求する対象事物を広げていくことが目標です。

No. 33　《親用テキスト88頁》

早期コミュニケーション段階の目標を説明するにあたって，社会的コミュニケーション段階における早期コミュニケーション段階の位置づけと早期コミュニケーション段階の特徴について確認します。

第 9 章　セッションの解説

No. 34　《親用テキスト88頁》

早期コミュニケーション段階の目標1）の「身体遊びの時，いつも一定したやりとりをする」は，「人と相互に関わり合う」の観点から設定した目標です。早期コミュニケーション段階では，子どもは親と関わり合いができるようになっていますが，誰にでもどんな活動でも一定して関わり合いができるわけではありません。関わり合いができる相手は親であり，もっとも関わり合いができる活動は身体遊びです。そこで，親と身体遊びをしている時に，いつも一定したやりとりができることを目標にします。

No. 35　《親用テキスト88〜89頁》

早期コミュニケーション段階の目標2）の「子どもが自分からやりとりを始める」は，「人と相互に関わり合う」の観点から設定した目標です。早期コミュニケーション段階では，前の No. 34 で，一定のルールに沿ったやりとりができることを目標にしましたが，ここではさらに進んで，一定のやりとりにおいて，子どもからやりとりを始めることを目標にします。

No. 36　《親用テキスト89頁》

早期コミュニケーション段階の目標3）の「身ぶり，指さし，絵，言葉を使って要求する」は，「コミュニケーションするための手段を身につける」の観点から設定した目標です。リクエスト段階でも要求することはできていましたが，要求するための手段が限られていました。早期コミュニケーション段階では，さらに身ぶり，指さし，言葉を使って要求することが目標です。

No. 37 《親用テキスト91頁》

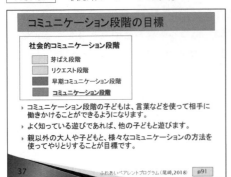

コミュニケーション段階の目標を説明するにあたって、社会的コミュニケーション段階におけるコミュニケーション段階の位置づけとコミュニケーション段階の特徴について確認します。

No. 38 《親用テキスト91頁》

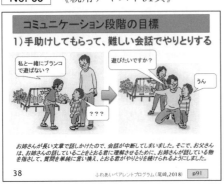

コミュニケーション段階の目標1）の「手助けしてもらって、難しい会話でやりとりする」は、「人と相互に関わり合う」の観点から設定した目標です。コミュニケーション段階の子どもは、会話が単純であれば、会話に参加することができます。しかし、長い文章で話されると理解できなくなり、会話が中断してしまいます。大人に手助けしてもらって、難しい会話でもやりとりができるようになることが目標です。

No. 39

コミュニケーション段階の目標2）の「コミュニケーションの手段を改善する」は、「コミュニケーションするための手段を身につける」の観点から設定した目標です。多様なコミュニケーションの手段があり、それらの難易度は異なります。徐々に難易度の高い手段に改善していくことが目標です。コミュニケーション段階では言葉が話せるようになるので、オウム返しから自分の言葉へ、一語文から二語文へ、二語文から三語文へなど、言葉を使ったコミュニケーションの改善が中心になります。

第9章　セッションの解説

No. 40　《親用テキスト92頁》

コミュニケーション段階の目標3）の「多様な目的，場面で，いろいろな相手とコミュニケーションする」は，「コミュニケーションするための目的をもつ」の観点から設定した目標です。コミュニケーションをする場合，多様な目的で，様々な場所において，いろいろな相手を対象にすることが想定されます。早期コミュニケーション段階では，「今ここで」のことを話したり，表現しましたが，コミュニケーション段階では，「今ここで」にはない過去や未来を話したり，ふりをするなど，より高次な目的でコミュニケーションができることを目標にします。また，早期コミュニケーション段階では，主に慣れた場所でよく知っている人とコミュニケーションしていましたが，コミュニケーション段階では，様々な場面でいろいろな相手とコミュニケーションできることを目標にします。

No. 41　《親用テキスト92頁》

コミュニケーション段階の目標4）の「友だちと一緒に遊び，会話を続ける」は，「人と相互に関わり合う」の観点から設定した目標です。これまでの段階で「人と相互に関わり合う」時の対象は親でした。発達早期にはまず親との関わりが重要でした。子どもが関われなくても，親がそれをカバーして関わってくれるからです。そこで，発達早期には親との関わりをたくさんもつことが社会的コミュニケーションの発達を促すポイントでした。しかし，コミュニケーション段階になると，相手に関わりをカバーしてもらわなくても，ある程度の関わり合いができるようになっています。そこで，友だちと一緒に遊ぶことが楽しくなります。コミュニケーション段階の初めには，友だちと一緒に遊ぶことはできても会話が成立しないかもしれません。段階が進むにつれて，友だちと会話を続けることを目標にします。

No. 42　《親用テキスト95頁》

グループワークでは，学習会で学んだ3つの観点から子どもの目標を立ててもらいます。その時に，ワークシートの1）で書いた社会的コミュニケーション段階の特徴をもとに，それを発達させる目的で目標を立てられればいいのですが，これを的確にできる親は少ないと思います。

多くの親は，学習会で示された事例をもとに頭に浮かんだことを目標にすることが多いです。そこで，3つの観点が押さえられていれば学習会の事例をもとにした目標でも構いません。ここで目標を立てることは，これを忠実に実行するためではなく，およそ子どもに対してどのような方向に導いていくかの指針がわかることです。

しかし、ここで注意しなければならないのは、親が子どもの目標を立てると、子どもの現状よりも目標が高すぎる傾向にあることです。親はどうしても子どもによりできるようになってほしい、より高く発達してほしいという気持ちが強いですから、目標を立てると子どもにとって難しい、高い目標になりがちです。そこで、指導者は、親が発表した時に、適切な目標であるかどうかを助言していきます。目標を立てる時のキーポイントは、スモールステップで目標を立てていくことです。

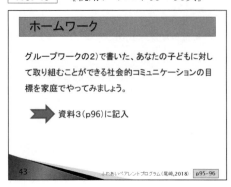

グループワークで、3つの観点から目標を立てましたが、家庭で実施するとなかなか上手くいかないと思います。子どもにとって実現可能な目標であれば、親の取り組みに参加してきますが、子どもにとって難しすぎる目標の場合は、親が一生懸命働きかけても子どもは応じないでしょう。このホームワークの目的は、親が立てた目標が子どもにとって実現可能であるかを調べることにあります。次回以降のプログラムでは、子どもとの関わり方を学んでいきますが、その際にどの程度の目標を立てて関わっていけばよいかが分かるために、家庭でよく子どもを観察しておきます。

第4回　子どもの育て方（1）関わり方の基本

1．第4回のガイドライン

親が学ぶこと
1．子どもとの関わり方として，子どもの行動に合わせることを理解します。
2．子どもの行動に合わせるための関わり方の基本として4つの観点を理解し，家庭で実際にやってみます。
3．感情や気持ちの共有レベルの4つのレベルについて，子どもの状態と親の対応方法を理解します。

セッションの進め方
1．通常のグループによるセッション
　感情と気持ちの共有レベルを調べるチェックリストは，概要を紹介するだけで学習会では行いません。関心のある親には家庭でやってもらいます。
　ASDの子どもの親は，子どもと気持ちが通じないことを日々感じていると思います。気持ちが通じないことが，どういうことなのか，なぜそうなるのか，また成長とともに気持ちが通じるようになるかについても，ほとんど客観的な情報がありません。そこで，感情と気持ちの共有レベルについて，学習会でもっとも目標としているのは，親が4つのレベルを知り，共有レベルが成長とともにどのように変化するかを知ることです。そこで，学習会では4つのレベルの子どもの特徴と親の対応方法を説明し，親はそれらを学ぶとともに自分の子どものレベルを考えます。
　学習会では，指導者が一方的に説明するのではなく，子どもの様子を尋ねながら進めるとよいでしょう。また，わからないことがあれば，そのつど質問してもらいます。
2．個別セッション
　特に必要ありません。

第Ⅱ部　ふれあいペアレントプログラムのマニュアル

アウトライン

種別	内容	スライドNo.	親用テキスト頁
導入	タイトル	1	12章
	第4回のプログラムスケジュール	2	12章
	第3回のホームワーク	3	95-96
学習会	1．子どもとの関わり方	4	99
	4つの関わり方	5	99-103
	1）子どものしていることをよく見る	6-8	99-100
	2）子どもが言っていることをよく聞く	9-11	100-101
	3）子どもがするのを待つ	12-14	101-102
	4）子どもと向かい合って関わる	15-17	102-103
	2．子どもと感情や気持ちを共有する	18-19	106-107
	※感情や気持ちの共有チェックコーナー	20	107
	（導入）	21	
	・オレンジ・レベル	22-24	107-108
	・レッド・レベル	25-27	108-109
	・ブルー・レベル	28-30	109-110
	・グリーン・レベル	31-33	111-112
グループワーク	グループワーク（第4回）	34	113
	ホームワーク	35	113-114

2．第4回の解説

No.1　《親用テキスト第12章99～116頁》

　第2回と第3回のセッションでは，社会的コミュニケーションの基本について学習してきました。第4回は，これらの学習をもとにして実践編に入ります。これまでの学習が理解できているかどうか，学習内容は難しくないかとグループの状況を見ながら配慮していきます。理解が難しい人には，プログラムの実施前後に個別に声をかけてみましょう。

No.2　《親用テキスト第12章99～116頁》

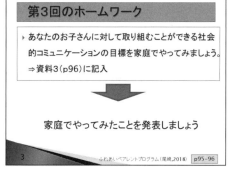

　第4回では，これまでの学習会の内容が理解できていればよくわかる内容となっています。しかし，これまでの学習会の内容を正確に理解できていなくても，事例を見ながら実際のやり方を学ぶことができます。本プログラムでは，学習会の内容を完璧に理解することが目的ではなく，親が子どもを理解して，子どもに合わせた子育てができることにあります。

No.3　《親用テキスト95～96頁》

　この目標を実施すると，子どもの様子はこうだったとか，この目標をやっても子どもは全然応じくれなかったとか，目標をもう少しやさしいものにすると子どもが応じたとか，いろいろな発表があると思います。うまくいったという報告に対しては，他の親も同じように家庭でやってみようと思うかもしれません。あるいは，最初の目標はうまくいかなかったがこのようにするとうまくいったという報告は，親にとって一番学べる機会になるので，指導者はその報告がすばらしいことをフィードバックしていきます。基本的には，ホームワークが上手くいっても，上手くいかなくても，ホームワークに取り組んだことを尊重します。

No. 4　《親用テキスト99頁》

子どもとの関わり方

親が子どもの行動に合わせると
- 子どもは、親が選んだものより自分で選んだものに注意を向けます。
- 子どもは、親が指示した時より自分で選択して行動した時のほうが、社交的で双方向的になります。
- 共同注意が成り立ちやすくなります。
- 子どもは、自分が周りの人に影響を与えることを理解するようになります。

※発達段階が進むにつれて、「親が子どもの行動に合わせる」⇒「親の指示に従う」⇒「子どもが自分からする」を重視する。

社会的コミュニケーションに問題をもつ子どもの典型は、ASDの子どもです。ASDの子どもに対して親が困るのは、どのように関わったらよいかが分からないことです。定型発達の子どもについては、親が日常生活において養育をする中で、気がつくと子どもとの関わりができていたということだと思います。そのため、これまで子育て経験がある親でも改めてどのように関わるかを問われてもわからないことがほとんどです。そして、他のきょうだいと同じように関わるとASDの子どもは応じてくれません。ASDの子どもは発達早期にすでに人との関わりに問題をもっていることがみられます。そこで、ASD児の発達早期にこそ、人との関わり方を学ばせる必要があります。人との関わりができることによって、その後の社会性や言語や認知などの発達に大きな違いが出てくるからです。その際の課題は、人との関わりができない子どもとどのように関わるかですが、まず最初に重要な関わり方は、「親が子どもの行動に合わせる」です。親は関わりをもたない子どもに、どうにかして関わりを持とうとして、親から一方的に働きかけたり、指示をしたり、指導をしたくなります。しかし、これでは、子どもは、それを避けるばかりで、関わりはできません。第4回では、子どもとの関わり方の基本として、「親が子どもの行動に合わせる」について具体的な方法を見ていきます。

　しかし、発達段階が進むにつれて、「親が子どもの行動に合わせる」ことのあり方を変化させる必要があります。目安としては、芽ばえ段階では「親が子どもの行動に合わせる」だけですが、リクエスト段階では「親の指示に従う」ことができるようにしていき、早期コミュニケーション段階以降では「子どもが自分からする」ことを重視していきます。いつまでも「親が子どもの行動に合わせる」だけですと、子どもは自己中心的な状態から抜け出せません。そこで、親との関わりができるようになると、「親の指示に従う」ことを交えていき、そして、さらに相互的関わりができるようになると、「子どもが自分からする」という自発性を重視していきます。ただし、発達段階が進んでも、子どもが困難にであって自発性を発揮できない時には「親が子どもの行動に合わせる」ことによって困難の対処法を見つけることに変わりはありません。

No. 5　《親用テキスト99～103頁》

親が子どもの行動に合わせるための4つの「関わり方」

1. 子どもがしていることをよく見る
2. 子どもが言っていることをよく聞く
3. 子どもがするのを待つ
4. 子どもと向かい合って関わる

「親が子どもの行動に合わせる」ために、具体的にどのようにすればいいかを4つの観点からみていきます。

1．子どもがしていることをよく見る——ASDの子どもは、ちょっと変わったものに興味をもったり、親が想定しない行動をしたり、一般の遊び方とは違う遊び方をすることがあります。親の固定観念で子どもを捉えるのではなく、子どもがしていることをよく観察して、子どもの行動や興味をもっている事物を理解します。そして、子どもの行動や興味に親が合わせていくことによって、子どもと関わったり遊んだりできるようになるでしょう。

2．子どもが言っていることをよく聞く──ASDの子どもは，ちょっと変わった発声や言葉を発したり，言葉の使い方が少し変わっていたりします。しかし，それによって何かを伝えていることがあります。また，それが言葉の出始めであったりします。そこで，子どもの言っていることをよく聞いて理解していこうという姿勢が重要です。

3．子どもがするのを待つ──自分から働きかけることが難しいASDの子どもには，親が子どもに対して何でもやってあげるという関係になりがちです。しかし，何でもやってあげていると，いつまでたっても子どもの自発性が育ちません。そこで，親は，子どもが自分からするのを待つことによって，子どもが要求したり働きかける機会を設けます。

4．子どもと向かい合って関わる──ASDの子どもは，目の前の事物には注視していますが，周りに注意を向けることは苦手です。そのため，子どもに対して後ろや横から働きかけても注意や関心を向けません。そこで，子どもと関わる時には，子どもに向かい合って関わります。

No. 6　《親用テキスト99頁》

「子どもがしていることをよく見る」ことによって，子どもの行動や興味を理解し，親がそれに合わせていくことは，ASDの子どもへの関わり方の基本です。特に自分から働きかけない子どもに対しては，親でも理解することが難しいので「子どもがしていることをよく見る」ことがとても重要になってきます。

No. 7　《親用テキスト99頁》

このお母さんのように，子どもが一人遊びをしていると，お母さんから一方的に遊びを働きかけることが多いと思います。しかし，ASDの子どもは，自分の興味があるものでしか遊びません。せっかく遊ぼうと思って働きかけても子どもが応じないと，親は気持ちが萎えてしまい，それ以上働きかけることをしないと思います。すると，子どもは，ますます一人遊びに没頭してしまい，人と関わる経験が乏しくなるという悪循環に陥ります。そこで，この事例の太郎君のような子どもには，何とかして関わりができるようにすることが必要です。まず親がしなければならないことは，「子どもがしていることをよく見る」ことです。子どもをよく観察することによって，子どもが何に興味をもっているかがわかります。それが分かれば，親はその興味のある行動や遊びに合わせます。そして，親は子どもの世界に入っていき，子どもと気持ちを合わせていきます。子どもは，自分の世界に入ってきて，気持ちを合わせてくれる親を自分の世界に受け入れてくれるでしょう。そうなれば，親は少しずつ子どもの世界の中で子どもに働きかけていきます。たとえば，子どもを観察することによって，子どもがうちわに興味をもっていることがわかれば，親もうちわを持ってきて，子どもと一緒にうちわをくるくる回して遊ぶといったことです。

No. 8 《親用テキスト100頁》

電車遊びが好きなASDの子どもは，一人で延々と線路に電車を走らせて遊んでいます。そこに親が電車遊びをしようと一方的に働きかけると拒否されるかもしれません。そのような場合，まず子どもが遊んでいる様子をよく観察します。すると，子どもはただ電車を走らせているだけでなく，いろいろな行動をしていることがわかります。そこで，親が子どもの遊びの世界に入り込み，子どもの遊びに合わせて声をかけたり，働きかけをすると，子どもは親と遊びの世界を共有することの楽しさを感じるようになります。そして，親が子どもの遊びに合わせることによって，親子で遊びの世界を共有できるようになったら，徐々に，子どものこだわりの閉じられた世界から外の世界へと導いていきます。そして，自分が興味をもつ遊びをするだけでなく，親が提案した遊びにも参加できるようにしていきます。親の指示や指導に従いながら遊べるようになるのは，その後です。

No. 9 《親用テキスト100頁》

「子どもがしていることをよく見る」に加えて「子どもが言っていることをよく聞く」ことによって，子どもの行動や興味を理解するとともに，子どものできることがわかります。そして，さらに親が子どもの行動に合わせやすくなります。特に，発声段階の子どもや，言葉を話し始めたばかりの子どもでは，親でも子どもが何を言っているかがわかりにくいことがよくあります。そこで，「子どもが言っていることをよく聞く」ことがとても重要になってきます。また，ASDの子どもは，話せるようになっても，文脈に沿った会話ができない，会話と関係ない話をするなどの特徴をもっています。子どもが何を話したいのかを「子どもが言っていることをよく聞く」必要があります。

ASDの子どもは，テレビやDVDなどで耳にした言葉をそのまま繰り返したり，突然関係ないことを話したり，独り言を言うなどの特徴があります。それは何か意味のあることであったり，突然フラッシュバックで過去のことが思い出された意味のないことであったりします。それらについても「子どもが言っていることをよく聞く」ことによって子どもの状況を理解することができます。

第9章　セッションの解説

No. 10　《親用テキスト100頁》

言葉が話せない子どもに，親は一方的に言葉を言わせようとしますが，これでは話せるようになりません。子どもは，言葉を話す前に様々な発声をしています。何を言っているかよく聞いて，子どもが発することができる音声を把握します。この例のように，現在できる発声に近い言葉を話してあげると，子どもはそれを真似しやすくなります。

また，ASDの子どもが発する音声は，よく聞かないとわからないことが多いです。音声自体が定型発達の子どもと違うこともありますが，それ以外にも，ASDの子どもは，親にしっかりと向かい合って親に訴えることが難しいので，親の後ろや横からか細い声で言ったり，向かい合っていたとしても目を見ないで下を向いてぼそぼそと言ったりします。そこで，親の方から意識的に子どもの言っていることをよく聞くことから始めます。

No. 11　《親用テキスト101頁》

ASDの子どもは，文脈に沿った会話をすることが難しいです。会話をしても意味が通らないことも度々です。しかし，意味が通らない会話の中には，この事例のように，子どもが独自に何かと結び付けて話している時があります。親は子どもの言っていることをよく聞き，何を言いたいのかを詮索していくとわかることがあります。会話が苦手な子どもにとって，自分の言葉が相手に通じることは大変嬉しいことです。親が会話を補うことによって，親子の会話が成立させていくとよいでしょう。

No. 12　《親用テキスト101頁》

ASDの子どもは，日常生活や遊びにおいて自分でできないことがたくさんあります。また，できないことがあっても，自分から相手に働きかけることが難しいです。そのため，日常生活において，親は子どもに何でもやってあげようとします。実際，子どもにやらせるよりも，親が自分でやった方が何倍も楽です。しかし，楽だからといって，ずっと親がやっていたら，子どもはいつまでも自分で働きかけることができません。あるいは，子どもが自分から働きかけることができるようになっても，親がいつも先にやってしまい，子どもがする機会を奪っているかもしれません。そこで，親が一方的に指示したり，やってあげたりしないで，子どもの行動に合わせて，子どもがするのを待ちます。

ただし，自分の行動が相手に影響を及ぼすことさえわからない芽ばえ段階では，いくら待っても自分から働きかけてきません。その時には，親は子どもに心があると思い込んで（mind mindedness)関わります。一方，子どもが自分から働きかけられるようになると，「子どもがするのを待つ」必要も少なくなります。しかし，子どもが自分でできない難しい課題に直面した場合には，親が一方的に指導したり教えたりするのではなく，子どもに合わせて，子どもがするのを待つという関わりの基本を心に留めておきます。このような発達段階による関わり方の違いについては，第6回のセッションで説明します。

No. 13　《親用テキスト101頁》

　子どもの行動に合わせないで，親が一方的に関わっていると，子どもの様子がわからないことがあります。この事例でも，お母さんは，はやと君のことを思いやって，お菓子をあげていたと思います。しかし，この親切心が逆にはやと君の自発性の機会を奪っていたかもしれません。お母さんは，たまたま長電話をしたために，いつものようにお菓子をあげられない事態が発生しました。これによりはやと君が指さしで要求することができることが分かりました。

　前述したように，芽ばえ段階の子どもがこのような場面に遭遇すると，ただ泣き叫ぶだけです。はやと君の日頃の言動をよく見てよく聞くことによって，はやと君の発達状況を理解しておき，子どもがするのを待つことが有効であることを予想できれば，なお素晴らしいです。

No. 14　《親用テキスト102頁》

　ASDの子どもは，人に頼らず自分で何でもしようとする特徴をもっています。自分で蓋を開けることができれば，お母さんに要求することはありません。また，自分で蓋を開けられなくても，二郎君のお母さんのようにすぐに手伝ってあげれば，二郎君から要求することはありません。要求しなければならない事態があると子どもは要求するようになります。二郎君のお母さんは，二郎君が開けてほしいと要求するかもしれないと予想して，少し待ってみました。すると，二郎くんはお母さんに要求することができました。

第9章　セッションの解説

No. 15 《親用テキスト102頁》

> 親が子どもの行動に合わせるための
> 4つの「関わり方」
>
> **4. 子どもと向かい合って関わる**
> 子どもと向かい合うと、子どもが何に興味を持っているかが分かります。子どもの目線に立つことによって、親は子どもの世界の一部になれます。
> また、向かい合うことで、親は子どもの表情を見ることができます。表情は言葉以上に多くのことを伝えているので、子どもの理解に役立ちます。

　大人であれば，相手が横に座っていても，後ろにいても，相手の方向に注意を向けながら関わることができます。もちろん横や後ろにいる相手の表情や身ぶりは見えませんので，相手に対する情報量は少し少なくなりますが，それを想像で補いながら関わっています。しかし，ASDの子どもは，注意を自由にコントロールすることが苦手です。目の前のものには注意を向けることができても，横や後ろにいる相手にしっかりと注意を向けることが難しいです。したがって，ASDの子どもと関わる時には，子どもと向かい合うことが効果的です。また，向かい合う時には，子どもの目線の位置に合わせることも忘れてはいけません。このような体勢で子どもと関われば，子どもが今何をしているのか，どのような表情をしているのかをより的確に把握することができます。また，向かい合うことによって視線が合えば，関わる時の良い条件がそろうことになります。視線を合わせて関わることができると，情報や気持ちの共有を伴う関わり合いをすることができやすくなります。

No. 16 《親用テキスト102頁》

　子どもに「一緒に遊ぼう」と声かけしても，子どもがそれに応じないと，親は遊ぶのを諦めてしまうことが多いです。定型発達の子どもなら，親が遠くから声をかけてもすぐに反応してくれます。しかし，ASDの子どもには，その声かけがしっかりと届いていないかもしれません。そこで，後ろから声をかけてもだめなら，子どもに向かいあって声をかけてみます。

　「子どもがしていることをよく見る」「子どもが言っていることをよく聞く」という関わり方をみてきましたが，「よく見る」「よく聞く」時には，どのような体勢をとっているかも重要なポイントとなります。横から見ている，後ろから聞いているのでは，よくわかりません。子どもと向かい合うことによって，子どもが好きな遊びややりたいことがわかります。この事例のように，親が子どもと向かい合うことによって子どもが夢中になっていることがわかります。さらに子どもと向かい合って，その夢中になっている遊びの世界に親も一緒に入りこめば，子どもとの関わりができることでしょう。子どもが親の働きかけに応答しないのは，決して親と遊びたくないわけではなく，応答することが難しい場面設定のためであるかもしれません。

No. 17　《親用テキスト103頁》

ASDの子どもは，目の前で向かい合ってもらうと声かけに注目しやすいです。しかし，そもそもASDの子どもと向かい合うこと自体が難しいです。先の事例では，紐を引っ張り合う場面だったので，向かい合うことができました。何もないところで，何もしないで，長い時間向き合うことは難しいです。しかし，ボールプールでは，ASDの子どもと向かい合うことができやすくなります。心地よいボールの触刺激があり，緩やかに身体が拘束された状態で，相手が目の前に来てくれると，少し長い時間でも一緒に向かい合うことができます。しかも，この時目が合いやすいです。向かい合った相手の表情や仕草を見るともに，目を合わせて関わると，相手の感情や気持ちがわかりやすくなります。そして，感情や気持ちを共有することにもつながっていきます。関わる時の感情や気持ちの共有については，次からのスライドで詳しく説明していきます。

No. 18　《親用テキスト106～107頁》

これまで親子の関わりを行動的側面からみてきましたが，親子の関わりにおいてやりとりされるのは行動だけではありません。感情や気持ちもやりとりされています。親にとっては，会話をしている時に相手と感情や気持ちをやりとりしていることは当たり前と思うかもしれませんが，ASDの子どもは感情や気持ちをやりとりして，親と感情や気持ちを共有することはとても難しいのです。ASDの子どもをもつ親が，子どもとの関わりが上手くいかないと最も強く感じるのは，行動のやりとりよりも感情や気持ちのやりとりができないところにあります。子どもと関わっていても，子どもが何を感じているのかわからない，子どもと心が通じないという感じを抱くので，親は子どもとの関係に寂しさを感じています。そこで，子どもとの関わり方を考える時に感情と気持ちの共有について考慮することが重要になってきます。

また，定型発達の子どもでも，人と感情と気持ちを共有することが最初からできるわけではありません。親子の行動的な関わりを十分に経験する中で，徐々に親の気持ちに気づくことができ，その後，子どもは親と感情や気持ちを共有できるようになります。子どもによって「感情と気持ちの共有」のレベルは様々です。社会的コミュニケーション段階が低いと共有のレベルも低く，段階が高いと共有レベルも高い傾向はありますが，決して正確に対応しているわけではありません。子どもによって社会的コミュニケーション段階と感情と気持ちの共有レベルの組み合わせは様々になり，これが子どもの社会的コミュニケーションの特徴となって表れてきます。

第9章　セッションの解説

No. 19　《親用テキスト106～107頁》

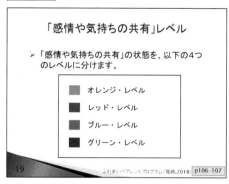

　4つの「感情や気持ちの共有」レベルの子どもの状態と親の対応方法は以下の通りです。

1．オレンジ・レベルの子どもは，親と感情や気持ちを共有することが不得意です。親は，子どもが感情や気持ちをもっているという思い込みをもって，子どもに感情や気持ちを込めて関わります。

2．レッド・レベルの子どもは，感情を表すようになります。親は，子どもと気持ちがつながった気分になりますが，感情と気持ちを共有しているという確信は乏しいです。親は，子どもの感情に共鳴し，子どもの感情を映し出すように関わるとよいです。

3．ブルー・レベルの子どもは，感情や気持ちの共有ができます。親は，感情や気持ちがつながっていることを感じます。子どもとの感情的な一体感を感じます。心が通い合う気分になりますが，その確信は乏しいです。子どもとの感情や気持ちの共有ができるので，親から一方的に思い入れを込めて関わる必要はありません。しかし，子どもとやりとりする時に，親が感情豊かに関わることが重要です。

4．グリーン・レベルの子どもは，相手の感情や気持ちを理解し，自分の感情や気持ちを伝えることができます。コミュニケーションの時に親子で心が通い合います。感情や気持ちの共有の発達について親が特別に配慮することはありません。このレベルの次の発達課題は，人の心の理解です。

No. 20　《親用テキスト107頁》

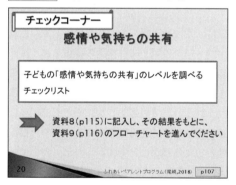

　ふれあいペアレントプログラムを進めるにあたって，感情や気持ちの共有レベルについては，チェックリストを実施せずに，この後の事例による説明で理解することで構いません。しかし，日頃から子どもとの関わりの状態について何かが違う，何かが足りないと漠然と不安を感じている親が多いと思われます。行動的側面はわかりやすいので，子どもができることとできないことはある程度わかっていますが，感情や気持ちといった目に見えないことについてははっきりわかりません。そこで，このように子どもの感情や気持ちの状態をチェックすることによって，初めて子どもの状態を客観的に捉えることができた，子どもとの関係について漠然と感じていた不安がはっきりしてよかったという親もいると思います。実際に子どものレベルを知りたい人は，家庭で実施してもらいます。

第Ⅱ部　ふれあいペアレントプログラムのマニュアル

　ここから感情や気持ちの共有を，4つのレベルごとに具体的に説明します。その際，親には，子どものレベルがどれに相当するかを考えてもらいます。ただし，現在の子どものレベルを理解するだけでなく，子どもがどのようなレベルを経て現在に至っているのか，そして今後どのようなレベルに進んでいくのかを知るために，4つのレベルの子どもの状態と対応方法についても理解することが大事です。

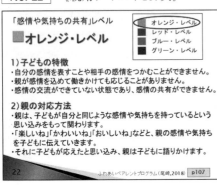

　オレンジ・レベルの子どもは，感情を表すことも親の感情表現に応えることもしません。そのような子どもを前にすると，親も子どもに感情を表すことが少なくなります。そうすると，子どもはますます感情を表さなくなります。このような親子の循環をザメロフは親子交互作用といっています。そこで，親は思い込みをもって子どもに接していきます。あたかも子どもに心があるかのように思い込んで接します（mind-mindedness）。

　指導者は，親がやる気をなくしていくメカニズムとして，ザメロフの親子交互作用の理論をよく理解しておく必要があります。そうでないと，やる気のない親を子育てに不熱心であると決めつけてしまうかもしれません。誰でも応答しない子どもを相手にしていると同じようにやる気を失います。それは人間の本性として自然なことです。しかし，この事例のお母さんのように，子どものちょっとした表情の変化を敏感に捉えて，それを自分のモチベーションに変えていくことはとても良い方法です。これをきっかけに，親の思い込みによる子どもとの感情交流の経験を積み重ねていくことにより，やがて子どもの感情が引き出されていくことでしょう。

No. 24　《親用テキスト108頁》

子どもが怪我をしたり病気になったりすると，親は「痛い」という感情に共感し，「かわいそうだ」という気持ちをストレートに子どもに向けていくことでしょう。これは親が意図的に共感しようとか，思い込みで関わろうとかしなくても，自然にでてくる行為です。子どもが怪我をしたり病気になったりするときには，応答しない子どもに対しても，このような行為が自然にできます。この時の子どもへの感情表出や共感をよく覚えておき，オレンジ・レベルの子どもへの情動共有に生かしていきます。一般に子どもが怪我や病気をした時に，親がその痛みに共感して介護することによって，親子関係がよくなることが生じます。まさに怪我の功名です。

No. 25　《親用テキスト108頁》

レッド・レベルの子どもは，表情などで感情を表してくれるので，親は子どもと感情や気持ちがつながった気がします。しかし，それが長く続かなかったり，たまにしか表さないことがあるので，親は子どもと感情を共有しているという確信がもてません。感情と気持ちの共有ができない子どものレベルを高めていく方法として，親が子どもの感情に共鳴し，映し出すというやり方があります。たとえば，子どもが声をあげて喜んでいる時に，親は手を叩いてその喜びに共感してあげます。すると，子どもの喜びは倍増していきます。このように，子どもの感情に共感・共鳴して，その感情を親が自分の身体で映し出したものを子どもに返していきます。すると，子どもは，親が映し出した感情表現を見て，自分の感情に気づいていきます。そして，この経験を重ねていくことによって，親との感情や気持ちの共有ができるようになります。

No. 26　《親用テキスト109頁》

レッド・レベルになると，親の働きかけに対して子どもは感情を表してくれるようになります。そこで，親は，子どもと心がつながった気分にはなりますが，つながっているという確信はまだもてません。しかし，子どもが感情を表して応答するようになったことは大きな成長です。親は，この感情表出の機会を大事にしていく必要があります。子どもが表した感情をしっかりと受け止め，共感していきます。

第Ⅱ部　ふれあいペアレントプログラムのマニュアル

No. 27　《親用テキスト109頁》

　この事例では，親が働きかけると子どもは喜びの感情を表しました。それに対して，親が子どもの感情を映し出して，うきうきとした気分を返していきました。さらにそれに子どもが応えるというやりとりが続き，親は子どもと楽しさを共有することができました。

No. 28　《親用テキスト109頁》

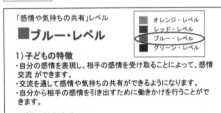

　レッド・レベルの子どもは，感情交流ができますが，親からの感情の映し出しによる働きかけに助けられているところがありました。このブルー・レベルでは，子どもが自分から相手の感情を引き出すための働きかけができるようになるので，親から意図的働きかけをしなくても，スムーズな感情交流ができ，それを通して感情や気持ちの共有ができるようになります。

　しかし，親は子どもと感情交流はできても，子どもがどのように考えているのか，どのような意図をもっているのかがはっきりわかりません。そのため，子どもと気持ちが通い合うという感じは乏しいです。したがって，ブルー・レベルでは，子どもが行う応答や働きかけについて，親はそこに含まれる意思や意図を推測しながらやりとりを成立させていきます。

No. 29　《親用テキスト110頁》

　この事例では，子どもは身体遊びで親と感情交流をともなうやりとりができています。また，親の感情を引き出すために働きかけることもできています。身体遊びをしている時，親は子どもと楽しさを共有しているという実感をもつことができますが，心が通じ合うというところまではいきません。

No. 30　《親用テキスト110頁》

この事例では，子どもは，親に対してニコッと笑ってぬいぐるみを提示しました。この行動と表情を見た親は，子どものぬいぐるみに対する気持ちがわかりました。それに対して親は「かわいいね」と自分の気持ちを返しました。このやりとりでは，親子で情動共有ができています。しかし，子どもが「クマ，かわいい」と実際に言ったわけではありません。親が子どもの行動や表情を見て，子どもの意思を推測して「クマちゃん，かわいいね」と返したのでした。このように，ブルー・レベルの子どもとは情動共有はできますが，親の推測を補わなければ，心の通じ合いを感じることはできません。

No. 31　《親用テキスト111頁》

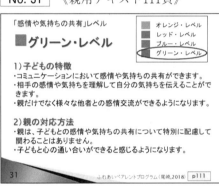

グリーン・レベルは，感情や気持ちの共有レベルの最後のレベルです。これまでのレベルでは，親は，子どもが心をもっているという思い込みをもって関わったり，子どもの意思や意図を推測しないと心の通い合いを感じられなかったりしましたが，グリーン・レベルでは，親が特別の配慮をしなくても，子どもと情動共有ができ，子どもと心が通い合っていると感じることができます。特に，子どもが言葉を話せるようになると，その思いは確信になっていきます。また，親だけでなく他の大人や子どもとも感情交流ができるようになることも大きな特徴です。そして，このレベルの後に，他者への思いやりも育ってきます。

No. 32　《親用テキスト111頁》

この事例では，親子で一緒に遊んだ経験に対して，子どもが親に向かって自分の気持ちを伝え，親もその気持ちがよくわかりました。このように，グリーン・レベルでは，親が気持ちの共有や心の通い合いについて意図的に配慮しなくても，親子間のやりとりだけで心の通い合いを感じるようになります。

No. 33 《親用テキスト112頁》

これまでのレベルでは、感情交流する相手は親や身近にいる親しい大人でした。しかし、グリーン・レベルでは、その他の人や子どもとも感情交流をするようになります。そして、相手の気持ちがわかると、この事例のように、愛他行動すなわち思いやり行動がとれるようになります。

No. 34 《親用テキスト113頁》

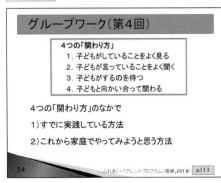

グループワークでは、最初に、4つの「関わり方」の中で、すでに家庭で実践している方法を書き出してもらいます。学習会で示された事例をみると、親はすでに家庭で同じようなことを実践していると思うかもしれません。しかし、これまで実践していたとしても、それがなぜ子どもにとってよかったのか、それによって何がわかるのかなどについて、親は考えずにやっていたと思われます。しかし、学習会でなぜこの関わり方が必要であるかを学んだことによって、これまでと同じ実践をしても効果は違ってくると思われます。したがって、親には、これまで同じ実践をしていても、これからはその意味をよく考えながら実施するように助言します。

次に、これから家庭でやってみようと思う関わり方を書いてもらいます。社会的コミュニケーション段階ごとの関わり方については、この後の第6回のセッションで説明しますので、この時点では、親は自分の子どもの段階の関わり方がわかりません。ここでは、まず、自分の家庭でできそうな関わり方を考えてもらうことがねらいです。親が子どもにとってあまりに難しい関わり方を考えていたり、親ができそうにもない関わり方を考えている時には、指導者が助言します。

No. 35 《親用テキスト113～114頁》

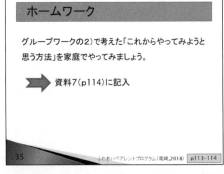

学習会では子どもへの関わり方の基本を学んだだけなので、親は子どもの社会的コミュニケーション段階にぴったり合った関わり方がまだわかりません。しかし、ホームワークとして家庭で実際に行うことによって、自分が考えた関わり方が子どもに適していたかどうかがわかると思います。ホームワークで行った関わり方が正しかったかどうかを評価するのではなく、このような関わり方をすると、子どもはこのような様子だったということをよく観察することが重要です。これを通して子どもへの関わり方をどうすればいいかを考えることがねらいです。親は、このような試行錯誤をしておくと、第6回のセッションで学ぶ社会的コミュニケーション段階ごとの関わり方をよく理解することができます。

第5回　子どもの育て方（2）やりとりの工夫

1．第5回のガイドライン

親が学ぶこと
1．やりとりとは何かを理解します。
2．親子でたくさんやりとりすることが，社会的コミュニケーション発達を促すことを理解します。
3．親が行うやりとりの工夫について，4つのやり方を知ります。
4．やりとりの工夫について具体的な方法を知り，家庭で実際にやってみます。

セッションの進め方
1．通常のグループによるセッション
　第5回では，やりとりの工夫を4つの観点から説明します。4つの観点は同等に重要であるので，4つを順に説明していきます。学習会では，指導者が一方的に説明するのではなく，子どもの様子を尋ねながら進めるとよいでしょう。また，わからないことがあれば，そのつど質問してもらいます。
2．個別セッション
　特に必要ありません。

第Ⅱ部　ふれあいペアレントプログラムのマニュアル

アウトライン

種　別	内　　容		スライドNo.	親用テキスト頁
導　入	タイトル		1	13章
	第5回のプログラムスケジュール		2	13章
	第4回のホームワーク		3	113-114
学習会	1．やりとりとは		4-5	117
	4つのやりとりの工夫		6	118-135
	2．やりとりのきっかけを作る		7	118-123
	1）要求させる　①手の届かない所に置く		8	118
	②少しずつ与える		9	119
	③一人でできない玩具で遊ぶ		10	119-120
	2）拒否させる		11	120
	3）挨拶させる		12	120
	4）コメントを言わせる		13	121
	5）選択させる		14	121-122
	6）視覚的手がかりを与える		15	123
	3．子どもの興味や行動に合わせる		16-18	124-125
	4．子どもにモデルを示す		19	125-131
	1）行動モデル　①身体的援助		20-21	125-126
	②身体的モデル		22	126-127
	③ふりのモデル		23	127
	2）言語モデル　①代弁する		24	128
	②教示する		25-26	128-129
	③部分モデル		27	130-131
	5．子どもの世界を広げる		28-31	133-135
グループワーク	グループワーク（第5回）		32	136
	ホームワーク		33	136-137

2．第5回の解説

No. 1　《親用テキスト第13章117〜137頁》

　第4回のセッションでは，関わり方の基本を学びましたが，人と人とが関わり合う時に，言葉や動作などのやりとりを行っています。そこで，第5回では，親子でやりとりをする方法を，事例を通して考えていきます。

　プログラムも中盤になってきましたが，指導者は，参加者にドロップアウトする人がいないように気を配っていきます。

No. 2　《親用テキスト第13章117〜137頁》

　第5回では，第4回と同様に，事例を見ながら実際のやり方を学ぶことができます。これまでの学習内容がよく理解できていない親でも，まず，事例を真似してやってみようと思うことを大切にします。

No. 3　《親用テキスト113〜114頁》

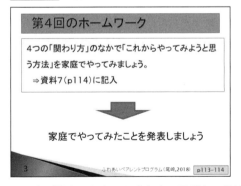

　前回の第4回のグループワークで「これからやってみようと思う方法」を挙げましたが，それを実際に家庭でやってみると，イメージと違っていたことが多いものです。大半は，親の関わりを変えてみると，子どもの様子が理解できたとか子どもの行動が変わったなどの嬉しい報告だと思われます。そのような報告に対して，指導者は親の関わりがとてもよかったとたたえます。しかし，うまくいかなかったという報告もあるかもしれません。これは，親の関わり方が拙かったというよりも，子どもの発達レベルよりも高い水準の関わり方をした場合だと思われます。その点について指導者はしっかりと助言し，親のモチベーションを下げないようにします。失敗は成功の基です。上手くいかなかった経験をすることによって，子どもへの関わりをどのようにすればよいかがより明確になると思います。

No. 4 《親用テキスト117頁》

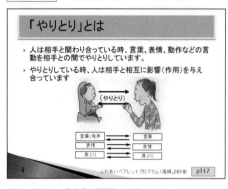

やりとりとは，二者間でコミュニケーションをしている時に，言葉や動作などを交換することです。一般に，会話において二者が交替してやりとりすることをターンテイキングといいます。しかし，子どもは，言葉による会話ができる前から，非言語的な手段である表情や動作などを用いてやりとりをしています。ASDの子どもは，会話をすることが苦手ですが，それ以前に非言語的なやりとりがうまくできません。逆に言えば，非言語的なやりとりができないから，会話の習得も進まないといえます。そこで，本プログラムでは，親子で言語的及び非言語的なやりとりをたくさん行うことを目的にしています。そして，このようなやりとりをしている時に，人は相手に影響を与え合っています。これを社会的相互作用といいます。本プログラムでは，社会的相互作用を重ねることによって社会的認知発達が進むという考えに基づいています。

No. 5 《親用テキスト117頁》

やりとりをするには，子どもと親の両方が参加しないとできません。ASDの子どもが親とやりとりできないことに関しては，基本的に子どもに起因します。しかし，親側に全く問題がないとはいえません。例えば，子どもが親に働きかけても親が応じないことも考えられます。親が意図的に応じない場合もあれば，ASDの子どもの情報表出や感情表出は微細なことが多く，また親の後ろや横から働きかけたりするので，親が気づかないために，結果として応じないということが起こることもあります。子どもと親の関わり合いにおける相互への影響について，指導者はザメロフの親子交互作用の理論を熟知しておくと，第5回の学習内容が理解しやすいです。また，指導者は，やりとりにおける子どもの発達過程を熟知しておきます。やりとりにおける自発は応答よりも難しいこと，また，やりとりは1回できても，さらに多数回できるのは難しいことを知っていると，親が子どもにやってみる時に，難しすぎないかどうかを助言することができます。

No. 6 《親用テキスト118～135頁》

第4回の「関わり方の基本」では，人との関わり方が苦手であるASDの子どもに対して，親がどのように関わればいいかをみたものでした。親が子どもに関わるだけでは，まだやりとりは成立していません。第5回では，第4回の関わり方の基本を踏まえながら，さらに一歩進んで，子どもとのやりとりをする工夫を4つの観点から具体的にみていきます。

第9章　セッションの解説

No. 7　《親用テキスト118〜123頁》

ふれあいペアレントプログラムで最終的に目指しているのは、子どもが親とやりとりできること、そしてそこで社会的相互作用が生じることです。親子のやりとりを始める時に、親から働きかけて子どもが応答する場合と、子どもから自発して親に働きかける場合があります。「やりとりのきっかけを作る」では、自発して親に働きかけることが難しい子どもに対して、親が子どもの自発を引き出すためのきっかけ作りをするものです。

No. 8　《親用テキスト118頁》

ASDの子どもは、自分から相手に働きかけることが苦手です。欲しい物をすぐに手に入れることができれば、子どもは自分で取ってしまい、親に要求する機会は生じません。そこで、わざと子どもが自分一人で取れないようにしておきます。すると、子どもは、親に要求して取ってもらおうとします。これが、親が行うきっかけ作りです。この事例は、子どもに欲しい物を要求させるためのきっかけ作りですが、これ以外にも、様々な事物を要求させたり、指さしだけでなく動作や発声などの手段を使って要求させる場合にも同じ方法が有効です。また、要求が全くできない子どもに対するきっかけ作りにすることはもちろんですが、限られた物しか要求しない子どもや親にしか要求しない子どもなどにも、この方法を参考にして、要求のレパートリーを増やしていきます。

No. 9　《親用テキスト119頁》

子どもが欲しがる物を一度にあげたら、子どもはそれ以上親に要求する必要がありません。少しずつ与えることで、親は子どもに要求する機会を与えることになります。また、要求することができる子どもでも、要求する事物が限られていたり、要求する相手が限られていることがあります。そのような時にも、要求する多くの機会を設けていくといいでしょう。この事例では、コップ1杯のジュースを飲む時に、何度も要求する機会が与えられたことになります。また、要求してジュースを入れてもらうと、やりとりは1回ですが、何度もこれを繰り返すと、やりとりを何度もしたことになります。やりとりが続かない子どもには、このような方法でやりとりの回数を増やすことができます。

No. 10　《親用テキスト119〜120頁》

シャボン玉や風船のような，子どもが一人でできない遊びをするには，親の助けが必要です。子どもが一人でできない遊びを設定することで，子どもにやりとりするきっかけを与えます。そして，一人で遊ぶよりも親と一緒に遊ぶ方が楽しいことを経験させます。ただし，子どもにとって大変魅力的な玩具や遊びでないと，遊ぶのを諦めてどこかに行ってしまうかもしれません。そこで，子どもがどのような玩具が好きなのか，どのような遊びが好きなのかをよく観察して，要求させるための遊びの機会を作っていきます。

No. 11　《親用テキスト120頁》

親は，自分の働きかけに対して子どもがすべて肯定的に応えることを求める傾向があります。しかし，そうすると，子どもは自分が嫌なこともすべて受け入れなくてはなりません。ですから，拒否することは自己防衛でもあるのです。定型発達では，幼児期前半に第一反抗期があり，子どもは自分が嫌なことを嫌だと自己主張するようになります。この背景には自我形成があります。ASDの子どもは自我形成が弱いので，あまり拒否しない子どもがいます。そのような子どもには，この事例のように，わざと子どもが嫌いな食べ物や玩具を与えて，子どもに「いや！」という表現をさせることは拒否の練習になります。もっとも，日常的に拒否している子どもや嫌なことを与えるとパニックになる子どもには，このような練習はしません。

No. 12　《親用テキスト120頁》

挨拶することは，人との付き合いにおいてとても重要な行動です。子どもが他の人に「こんにちは」と言われても挨拶（応答）しないと，親はとても恥ずかしい思いをします。ASDの子どもにとって挨拶することはとても難しいのです。しかし，難しいからといって挨拶する場面を設けないと，ますますできません。この事例のように，お父さんが仕事に出かける時はとても良いチャンスです。お父さんは，毎朝，手を振りながら「バイバイ」と言って，子どもに挨拶の手本を見せます。それを毎日続けることによって，子どもが何時か手を振るようになるでしょう。まず，相手が手を振るのを見て，それを真似するようになり，その後，帰りや終わりのシチュエーションに合わせて自分から手を振るようになります。なお，「さよなら」の挨拶の方が，「こんにちは」よりもやさしいです。

第9章　セッションの解説

言葉の話し始めの頃は、一方的に物の名前を言ったりするだけで、コメントを言うことは難しい課題です。しかし、言葉を話すようになってもなかなかコメントがでない時には、子どもにコメントを言わせる機会を作ります。この事例のように、想定外のことが起こって驚いた時に、思わずコメントがでることがあります。親が意図的に想定外の場面を設定することも一つの方法です。しかし、このようにわざと子どもに仕掛ける時には、少しユーモアをもって楽しむくらいのつもりでやります。

いくつかの選択肢を設けて、それを選択させることは、言葉で答えられない子どもにとって、自分の意思を示せる大変有効な方法です。そして、言葉が話せなくても、質問に応答するというやりとりが成立します。この非言語的な手段を用いたやりとりは、言葉が話せるようになった時の言葉によるやりとりに生かされていきます。なお、選択肢の呈示方法によって、子どもが応答しやすいものと応答しにくいものがあります。そこで、成長とともに、簡単に選択できる方法から始め、徐々に難しい方法へと変えていきます。まず、選択肢の数で難易度が異なります。2つの選択肢で選ばせるのが最もやさしく、選択肢の数が多くなるほど難しくなります。また、何をどの順序で呈示するかでも難易度が異なります。

ASDの子どもには、視覚的優位な子どもが多いです。視覚的優位な子どもは、言葉で言われると理解が難しくても、視覚的な手がかりがあると理解しやすくなります。そして、視覚的な手がかりがあれば、それをきっかけにやりとりができることがあります。様々な場面で子どもに必要な視覚的な手がかりを設定して、それを使ったやりとりをしていきます。

No. 16　《親用テキスト124～125頁》

> 子どもとのやりとり
> 　　4つの「やりとりの工夫」
>
> (2) 子どもの興味や行動に合わせる
> ・子どもが何に興味を持っているか、どのような行動をしているかを把握したら、その興味や行動に親から合わせていきます。
> ・そして、子どもの世界に入り込み、子どもに気持ちを向けていくことが、子どもが親に関心を向けることに繋がります。
> ・このような親への関心が土台となって、やがて親とのやりとりができるようになるでしょう。

　第4回の「関わり方の基本」でも、子どもの行動に合わせる関わり方の重要性を示しましたが、ここでは、さらに子どもとのやりとりに持ち込む工夫をみていきます。親との関わりができない子どもには、子どもの興味や行動に合わせて、子どもの世界を共有します。すると、子どもは親に関心を向けてくるので、親からの関わりに対して応答しやすくなります。これによりやりとりが成立していきます。なお、親との関わりができる子どもでも、成長とともに困難な課題に直面した時には、子どもの興味や行動に合わせることがやりとりのコツです。

No. 17　《親用テキスト124頁》

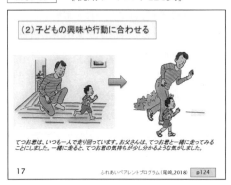

　親が子どもとやりとりをするには、まず子どもが親に関心を向けていることが必要です。これが、子どもの興味や行動に合わせることによって可能になったら、それをしっかりと捉えてやりとりに持ち込んでいけるように工夫します。この事例では、一緒に走ることによって、子どもが時々親を見るようになったので、親はこの機会を逃さずに応答しています。すなわち、子どもが親を見た時には必ず「楽しいね」とか「もっと走ろうか」などと言って応答していきます。たとえ子どもが親をたまたま注視しただけでも、親は意図的な働きかけと思い込んで応答していくとよいです。親が自分の注視に対して必ず応答してくれる経験を積み重ねていくことによって、子どもは自分が注視することが親に影響を与えることを理解し、やがて自分から意図的に注視することによって働きかけるようになるでしょう。

No. 18　《親用テキスト124頁》

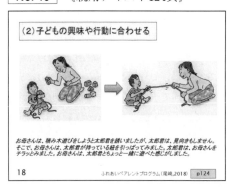

　この事例では、親に関心を向けない子どもに対して、まず向かい合って関わります。そして、親が子どもの遊びの世界に入って一緒に遊んでいると、子どもが親をチラッと見るようになります。これがやりとりを始めるチャンスです。チラッと見たことに対して親は応答していきます。これは子どもが意図的に行っているやりとりではありませんが、このようなやりとりの体験を積みかさねることが大切です。

No. 19　《親用テキスト125〜131頁》

行動モデルは，主に，言葉を理解できない子どもに行動を教える時に用いると大変有効です。行動モデルには，① 身体的援助，② 身体的モデル，③ ふりのモデルがあり，子どもの発達状況によって，また課題の難易度によって使い分けていきます。① 身体的援助では，子どもがモデルを見るだけでは真似できない時に使います。② 身体的モデルでは，やり方がわからない子どもに親がそれを教える時に使います。③ ふりのモデルでは，ふりをすることができない子どもに対して，ふりを教える時に使います。

言語モデルには，① 代弁する，② 教示する，③ 部分モデルがあり，子どもの言語発達レベルに合わせて使い分けていきます。①の代弁するでは，言葉が話せない子どもには，親が子どもの気持ちを汲み取って代わりに話したり，あるいは文脈に合わせて子どもが話すべき言葉を親が話したりします。②教示するでは，言葉が話せるようになったが会話に沿って，あるいは状況に合わせて何を話したらよいか分からない子どもに対して，話すべき言葉をそのまま教えて真似させます。③ 部分モデルでは，言葉を話せるものの，どのように質問に答えたらよいかわからない子どもに，応答の一部をモデルとして示して，答えさせます。自分から言動を発する（自発）ことを全くしない子どもあるいは課題が難しいために自発できない子どもに対して，親がモデルを示し，子どもに真似させます。それをきっかけにやりとりを成立させていきます。

No. 20　《親用テキスト125〜126頁》

身体的援助によってやりとりをしたとしても，子どもが意図的にやりとりできたわけではありません。しかし，身体的援助によって繰り返しやっているうちに，どこでどのような動作をすればよいかがわかるようになってきます。そして，やがて自分から自発して動作するようになるでしょう。

No. 21　《親用テキスト126頁》

これも，No. 20の事例と同様に，子どもはまだやりとりができませんが，このような経験をたくさん経験することによって，やがてやりとりができるようになります。この事例では，お母さんに手を持ってもらわないと，バランスボールの上に自分一人で座ることはできません。床の上で手をつないでもすぐにどこかに行ってしまう子どもも，バランスボールの上では長い時間向き合って座っています。さらに，バランスボールの上でのふわふわした身体感覚

はとても気持ちがよく，子どもの緊張をほぐしてくれます。このような状態でのやりとりの経験は，子どもにとって心地よい記憶として残っていきます。

No. 22　《親用テキスト126〜127頁》

この事例では，親の身体的モデルを子どもが意図的に真似することができています。手遊びでは，動作の順番が決まっているので，どこで何をすればよいかが分かりやすいです。最初は真似してやっていても何度か経験しているうちに，手遊びの動作の順番に沿って，親とやりとりしながらできるようになるでしょう。身体的援助では親に直接子どもの身体を動かしてもらいましたが，身体的モデルでは示されたモデルを真似できることが必要です。ASDの子どもは，自動的に真似することも，意図的に真似することも苦手です。親はあきらめずに，何度も繰り返し身体的モデルを示す必要があります。

No. 23　《親用テキスト127頁》

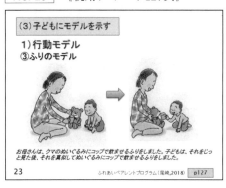

何かのふりができるようになることは，認知発達における大きな進歩です。最初に，子どもは，自分がコップで飲むふりをしますが，次に他の人や物にふりをさせる行動へと進みます（親用テキスト3章を参照）。これらのふり行動を獲得するにあたって，親がふり行動のモデルを示すと，子どもはふり行動をしやすくなります。

No. 24　《親用テキスト128頁》

子どもがまだ言葉を話せない時，あるいは子どもが自分の思いを十分に言葉で表現できない時，子どもの思いを親が子どもに代わって言葉で表すのが代弁です。子どもは，親が自分の思いを分かってくれた嬉しさを感じるとともに，このような状況において，どのように言えばよいかの言語モデルを示されたことになります。この事例では，子どもは車に乗りたいことを表情や動作で表す→親が「くるま，のりたいね」と代弁する→子どもは親を注視する→親が車の鍵を開ける→子どもが車に乗る，というように，子どもは代弁してもらったことによって，気持ちが共有されたことを感じ，一連のやりとりが展開されました。

第9章　セッションの解説

多くの親は，子どもに「…と言ってごらん」あるいは「…と話して」と教示しています。この手がかりは，正確に子どもに教える時には大変便利ですが，注意しなければならないのは，教示の意味をしっかり理解できない子どもは，教示を含めて聞いたことすべてを繰り返すことです。子どもが，教示とモデルの区別ができないならば，教示を使うのをやめて，子どもが言うべきことだけをモデルで示します。あるいは「‥と言ってごらん」や「…と話して」というところを単調に言うようにします。

No. 25の事例と同じように，親が「『私は元気です』って言ってごらん」と教示すると，子どもも「『私は元気です』って言ってごらん」と言ってしまいます。そこで親は，子どもに言ってほしいことをモデルで示しました。すなわち，祖母が「けんちゃんは，元気ですか？」と聞いたので，親は子どもの答えるべき言葉である「私は，元気です。」という言語モデルを示しました。これにより，質問に正確に答えるという会話のやりとりができました。

「はい／いいえ」で答える質問には早い段階で答えられるようになりますが，５Ｗ１Ｈの質問に答えるのは難しいです（親用テキストのコラム３（93頁）を参照）。この事例でも「これは何ですか？」という質問には子どもは答えられません。そこで，答えを穴うめにした部分モデルを示すことによって，子どもは答えることができました。

No. 28　《親用テキスト133〜135頁》

子どもとのやりとり
4つの「やりとりの工夫」

(4) 子どもの世界を広げる
▶ 自分の興味や関心にだけ注意が向いている子どもの世界は大変狭く、そこに存在するやりとりの機会も限定されます
▶ その子どもの世界を広げるために、親はいろいろな工夫をしてみましょう。
▶ 子どもの世界が広がると、これまでにはなかった様々なやりとりの機会が得られます。

ASDの子どもは、自分の興味や関心にだけ注意を向けて、一人遊びをしていることが多いです。子どもが自分の興味と関心をもつ世界の中にだけいると、ただでさえやりとりが苦手な子どもが、さらにやりとりできる機会をなくしてしまいます。親は子どもの世界を広げていくことが必要です。ただ、これまで示してきたように、親が無理やり広げようと思っても上手くいきません。最初は子どもの興味や関心に合わせながら、徐々に子どもの興味や関心の閉じられた世界から外に向かわせます。まず、一人で遊ぶより親と遊んだ方が楽しいことがわかれば、それだけで世界は大きく変わります。親との関わり合いができるようになれば、兄弟や友達と一緒に遊べるように促します。また、様々な場所や玩具で遊べるようにします。

No. 29　《親用テキスト133頁》

ASDの子どもは親と遊ぶのが嫌いなわけではありません。親とどのように遊べばいいかわからないだけです。しかし、一人で遊ぶより親と遊んだ方が楽しいことが分かれば、それだけで世界は大きく変わります。親との関わり合いができるようになれば、兄弟や友達と一緒に遊べるように促します。また、様々な場所や玩具で遊べるようにします。

No. 30　《親用テキスト133頁》

子どもは、ボールを投げるのが好きです。ボールプールに入ると、どんどんボールを外に投げていきます。そこで、親は、投げる行動を籠の中にボールを入れる親子遊びに変えました。一人遊びから親との関わり遊びへと広がりました。また、ただ外に向かって投げるだけだったのが、籠の中に投げ入れる遊びへと広がっていきました。それによって、一人でボールを投げていた時とは比べものにならないくらい世界は広がり、そこにはやりとりが生じました。

第9章　セッションの解説

No. 31　《親用テキスト135頁》

　子どもが遊ぶ機会は，子どもだけでは広がりません。親が，子どもにいろいろな遊びをするように促していくことによって，子どもの遊びの世界は広がります。もちろん，どのような遊びを子どもに勧めるかは，子どもの興味や行動をよく観察することによって決めていきます。

No. 32　《親用テキスト136頁》

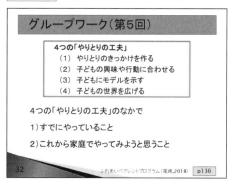

　グループワークでは，すでに家庭で実践している，やりとりの工夫を書き出してもらいます。次に，これから家庭でやってみようと思う工夫を書いてもらいます。社会的コミュニケーション段階ごとの工夫については，この後の第6回のセッションで説明しますので，この時点では，親は自分の子どもの段階における関わり方を学んでいません。ここでは，まず，自分の家庭でできそうな工夫を考えてもらうことがねらいです。親が子どもにとってあまりに難しい工夫を考えていたり，親ができそうにもない工夫を考えている時には，指導者が助言します。
　今回の学習会では，やりとりの工夫について多くの事例を示して説明したので，親はそれらに触発されて，家庭でもやってみようと思うことが想定されます。学習会の事例以外のものを考えられる親がいればとても素晴らしいですが，思いつかない親には今回示された事例を真似しながら子どもに合った工夫をしていくとよいです。

No. 33　《親用テキスト136～137頁》

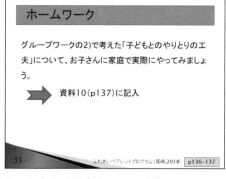

　今回の学習会では，やりとりについて子どもの年齢を特定しない普遍的な工夫を学んだので，親は自分の子どもの社会的コミュニケーション段階にぴったりあった工夫をまだ知りません。しかし，ホームワークとして家庭で実際に行うことによって，自分が考えた工夫が子どもに適していたかどうかがわかると思います。ホームワークで行った工夫が正しかったかどうかを評価するのではなく，このような工夫をすると，子どもはこのような様子だったということをよく観察することが重要です。これを通して，子どもへのやりとりをどうすればよいかを考えることがねらいです。
　親は，このような試行錯誤をしておくと，このあとの第6回で学ぶ社会的コミュニケーション段階ごとのやりとりをよく理解することができます。

第6回　子どもの育て方(3) 段階別の関わり方とやりとり

1．第6回のガイドライン

親が学ぶこと
1．社会的コミュニケーション段階ごとの関わり方とやりとりの工夫を学び，段階による方法の違いを理解します。
2．親は自分の子どもの社会的コミュニケーション段階に合った関わり方とやりとりの工夫を考えます。
3．親は自分の子どもの社会的コミュニケーション段階に合った関わり方とやりとりの工夫を，家庭で実際にやってみます。

セッションの進め方
1．通常のグループによるセッション
　学習会の時間が長くとれる場合は，社会的コミュニケーション段階の関わり方とやりとりの工夫について，4段階すべてを説明します。しかし，学習時間が長くとれない場合は，社会的コミュニケーション段階の4段階を，同じ割合で説明するのではなく，グループの対象児の段階に合わせて調整します。基本的に，ふれあいペアレントプログラムの対象児の年齢が2～4歳未満であることから，対象児の社会的コミュニケーション段階は，芽ばえ段階やリクエスト段階であることが多いです。そこで，芽ばえ段階，リクエスト段階，早期コミュニケーション段階を中心に説明し，コミュニケーション段階の説明は概要くらいに留めます。なお，他の段階の子どもが多い場合は，その段階に応じて説明してください。また，親用テキストは，社会的コミュニケーション段階の関わり方とやりとりの工夫について，方法，機会，キーポイントの3つの観点から説明していますが，全部を説明すると時間がかかるので，学習会では，第3の観点であるキーポイントの箇所だけにします。その他の観点については，親に自分で読んでもらいます。
　学習会では，指導者が一方的に説明するのではなく，子どもの様子を尋ねながら進めるとよいでしょう。また，わからないことがあれば，そのつど質問してもらいます。
2．個別セッション
　親にとっては，自分の子どもの段階に合わせて教えてもらった方がよくわかります。そこで，個別に時間がとれる場合は，子どもの段階の関わり方とやりとりの工夫について親に個別に説明し，親からの質問に答えるとよいでしょう。この個別面談の時間を設定することができれば，親の理解は一層深まります。

第9章　セッションの解説

アウトライン

種別	内容	スライドNo.	親用テキスト頁
導入	タイトル	1	14章
	第6回のプログラムスケジュール	2	14章
	第5回のホームワーク	3	136-137
学習会	段階別の関わり方とやりとりの工夫	4	138
	（導入）	5-6	
	1．芽ばえ段階	7	139
	1）子どもが関わりややりとりする方法		139
	2）子どもが関わりややりとりを体験できる機会		139-142
	3）親が子どもと関わりややりとりをするためのキーポイント	8	142-145
	①子どもを身体的援助で導く	9	142
	②子どもに身体的モデルを示す	10	143
	③子どもに言語モデルを示す	11	143
	④視覚的手がかりを示す	12	144
	⑤子どもの世界に介入する	13	144
	2．リクエスト段階	14	146
	1）子どもが関わりややりとりする方法		146
	2）子どもが関わりややりとりを体験できる機会		146-148
	3）親が子どもと関わりややりとりをするためのキーポイント	15	148-152
	①子どもを身体的援助で導く	16	148
	②子どもに身体的モデルを示す	17	148-149
	③子どもに言語モデルを示す	18	149
	④質問に応える	19	150
	⑤視覚的手がかりを示す	20	150
	⑥子どもがやりとりする状況を設定する	21	150-151
	⑦子どもの行動や発声を模倣する	22	151-152
	3．早期コミュニケーション段階	23	153
	1）子どもが関わりややりとりする方法		153
	2）子どもが関わりややりとりを体験できる機会		153-155
	3）親が子どもと関わりややりとりをするためのキーポイント	24	156-160
	①子どもを身体的援助で導く		156
	②子どもに身体的モデルを示す	25	156
	③子どもに言語モデルを示す	26-29	156-159
	④質問に応える	30	159
	⑤視覚的手がかりを与えてコメントを言わせる	31	159-160
	⑥子どもがやりとりする状況を設定する	32	160
	4．コミュニケーション段階	33	161
	1）子どもが関わりややりとりする方法		161

	2）子どもが関わりややりとりを体験できる機会		161-163
	3）親が子どもと関わりややりとりをするためのキーポイント	34	163-166
	①子どもを身体的援助で導く		163
	②子どもに身体的モデルを示す		164
	③子どもに言語モデルを示す	35-36	164
	④会話が続くように介入する	37	165
	⑤質問に応える	38	165
	⑥視覚的手がかりを与えてコメントを言わせる	39	166
グループワーク	グループワーク（第6回）	40	167
	ホームワーク（第6回）	41	167-168

第9章　セッションの解説

2．第6回の解説

No. 1　《親用テキスト第14章138〜168頁》

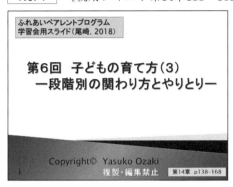

第4回のセッションでは，親子の関わり方を，第5回では，親子でやりとりする工夫を示しましたが，どちらの回も社会的コミュニケーション段階にかかわらずすべてに共通する基本として説明してきました。しかし，実際に親が家庭で行う時には，自分の子どもの社会的コミュニケーション段階に合わせないと効果がでないので，子どもの段階に合わせた取り組みが必要です。そこで，第6回では社会的コミュニケーション段階ごとに関わり方とやりとりの方法を示していきます。

No. 2　《親用テキスト第14章138〜168頁》

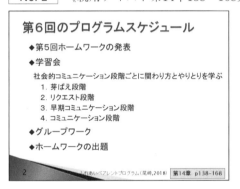

第6回では，社会的コミュニケーション段階ごとに説明しますが，4つの段階についてすべての内容を説明すると，時間が膨大にかかってしまうので，参加者の子どもの段階を重点的に説明していきます。

No. 3　《親用テキスト136〜137頁》

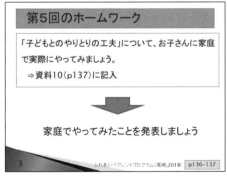

　前回の第5回のグループワークで考えた「これからやってみようと思う方法」を実際に家庭でやってみると，親のイメージと違っていたことが多いものです。うまくいった，あるいはうまくいかなかったなどの報告があると思います。子どもとのやりとりが成立したならば，これはとても素晴らしいことです。しかし，もともとホームワークは，家庭でやってみて，親のイメージ通りに子どもとやりとりできるかを調べることが主な目的でした。どのような方法をとればうまくいくのか，どのような方法だとうまくいかないのかを親が把握することが，これから先の子どもへの対応に生かされていきます。そして，第6回では，いよいよ子どもの段階に合わせた具体的な対応を学びますので，第5回のホームワークをやったことによって，第6回がより実感をもって習得できると思います。

No. 4　《親用テキスト138頁》

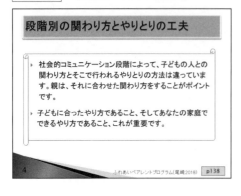

　第4回と第5回では，関わり方ややりとりの基本を示しましたが，今回の第6回で社会的コミュニケーション段階によって子どもへの関わり方とやりとりが違うことを知り，子どもへの対応がより的確になるようにしてきます。

No. 5

　ここから社会的コミュニケーション段階の特徴を，段階ごとに具体的に説明します。その際，親は，第3回で調べた子どもの段階について確認します。また，現在の子どもの段階に注目するだけでなく，段階が進むにつれて変わっていく関わり方ややりとりの工夫についても理解しておくことが重要です。また，子どもにとってどんなに的確な対応であっても，家庭で実施することが不可能であったり，あるいは親にとって実施するのが苦痛であれば，それをする必要はありません。家庭で実施可能であり，親が無理なくできることを考えることもまた重要です。なお，学習会では社会的コミュニケーション段階は4段階ありますが，それらを同じ割合で説明するのではなく，グループの対象児の段階を重点的に示します。

No. 6

　段階ごとの関わり方とやりとりについて3つの観点から説明します。
「1）子どもが関わりややりとりをする方法」では，子どもがどのような方法で関わり方ややりとりをすればよいかが段階ごとに示されています。
「2）子どもが関わりややりとりを体験できる機会」では，子どもが関わりややりとりを体験できる機会をどのように設けていくかが段階ごとに示されています。
「3）親が子どもと関わりややりとりをするためのキーポイント」では，親が実際に関わったり，やりとりをする時に留意すべきことが示されています。
　これらの3つの観点をすべて説明すると，多くの時間がかかるので，学習会では，第3の観点である「3）親が子どもと関わりややりとりをするためのキーポイント」について説明します。

第9章 セッションの解説

No. 7　《親用テキスト139頁》

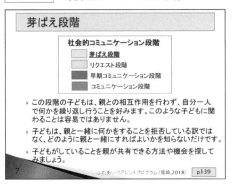

　第3回で社会的コミュニケーション段階の子どもの特徴を示しましたが，それを忘れている親もいるので，最初に確認してから次に進みます。

No. 8　《親用テキスト142〜145頁》

　これらのポイントは，第5回において，やりとりの工夫としてみてきましたが，ここでは芽ばえ段階の子どもに合わせたやり方に焦点化して説明します。

No. 9　《親用テキスト142頁》

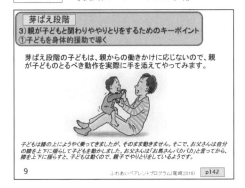

　芽ばえ段階の子どもは，自分の興味中心で動いています。しかし，親の働きかけに応じないからといって，そのままにしておくとますます応答しなくなります。そこで，親は応答できるように工夫していきます。

　その際，もっとも手っ取り早いのは，親が手を添えてやる身体的援助です。親が身体的援助をやってあげることによって，子どもはあたかも応答してやりとりをしているかのような体験ができます。

No. 10 《親用テキスト143頁》

芽ばえ段階の子どもは，親が示す身体的モデルを真似することはできません。この段階の子どもに示す身体的モデルは，言葉の代わりに身体で示すために使います。

No. 11 《親用テキスト143頁》

芽ばえ段階の子どもに言語モデルを示しても，それを真似することはありません。芽ばえ段階では，子どもの行動や発声の代弁として言語モデルを示します。子どもが行動や発声を表出したら，親はそれを代弁して返していきます。その時，親が，あたかも子どもが意図的にメッセージを送ったごとく受け取り，それに応えていくことによって，やりとりができたようにみえます。このような経験を積み重ねることによって，リクエスト段階での要求行動の獲得につながります。

No. 12 《親用テキスト144頁》

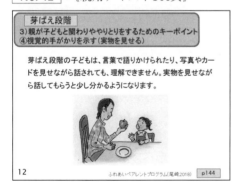

視覚的手がかりといっても，いろいろな種類があり，それらは手がかりとして難易度が異なります。実物が最もやさしく，写真，絵，シンボル，文字と抽象的になるほど難しくなります。芽ばえ段階の子どもに与える視覚的手がかりとしては，実物を用います。

第9章 セッションの解説

芽ばえ段階の子どもへの関わりの基本は，子どもの興味に合わせることでした。芽ばえ段階の子どもの世界に介入する時には，子どもの興味に合わせて無理なく入っていくことがポイントです。しかし，ある程度子どもの世界に介入するコツがわかるようになったら，この事例のように，時には，子どもの前に立ちはだかってインパクトを与えると，やりとりのきっかけになるかもしれません。これが成功する秘訣は，親が遊び感覚で楽しくやることです。

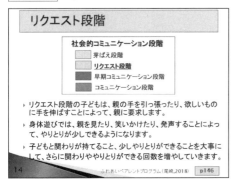

第3回で示したリクエスト段階の子どもの特徴を最初に確認してから次に進みます。

これらのポイントは，第5回の「やりとりの工夫」でみてきましたが，ここではリクエスト段階の子どもに合わせたやり方に焦点化して説明します。

No. 16 《親用テキスト148頁》

リクエスト段階の子どもの多くは，身辺自立の動作を一人ですることができません。しかし，親がすべてやってあげると，ますますできるようになりません。リクエスト段階の子どもは，言葉による指示に応じることは難しいですが，身体的援助でわかりやすく教えると指示に応じることができます。身辺自立の動作は，やることが決まっており，毎日繰り返し行うため，子どもは親からの身体的援助を受けることによって，比較的容易に習得することができます。このような日常生活にちりばめられているチャンスをうまく活用していきます。

No. 17 《親用テキスト148～149頁》

リクエスト段階の子どもが行動や動作を習得する手がかりとしては，身体的援助よりも身体的モデルの方が難しいです。子どもが身体的モデルを真似できない場合や習得する行動や動作が難しい場合には，身体的援助を与えますが，身体的モデルが真似できるようになったら身体的援助から身体的モデルに変えていきます。目で見たものを真似することができたら，習得する行動や動作の幅が一気に広がるからです。

No. 18 《親用テキスト149頁》

リクエスト段階の子どもは，まだ言葉を使って要求することは難しいです。手を伸ばしたり（リーチング），親の手を引っ張るなど非言語的な手段で要求しています。しかし，そのまま非言語的な手段だけでやりとりしていると，ますます言葉を覚えることができません。そこで，子どもが話せなくても，子どもに言語的モデルを示していきます。ケーキを食べるごとに，お母さんが「ケーキ」と言い続けると，やがて子どもは，これが「ケーキ」であるとわかるようになるでしょう。この時の言語モデルを示す際のポイントは，短く，やさしく言うことです（親用テキストのコラム6（132頁）参照）。

リクエスト段階の子どもは，質問に言葉で答えることはできません。そこで，実物を提示し，欲しい物を取らせることによって，質問に応えさせます。そうすると，子どもが言葉を話せなくても，欲しい物がよくわかります。また，質問されたら応答するというやりとりの原型を経験することができます。なお，リクエスト段階の子どもは，まだ指さしができないので，欲しい物を直接つかむか，手を伸ばすなどの手段で選択肢を選びます。また，このような選択肢を使った質問をする際には，提示の仕方によって難易度がでてきます（親用テキストのコラム5（122頁）参照）。

リクエスト段階の子どもに何かをやらせようとしても，子どもに注意を向けさせることは難しいです。自分の興味がある物には注視しますが，親の指示に沿って注意を向ける共同注意ができるのは，早期コミュニケーション段階からです。しかし，共同注意が急にできるわけではありません。その前に，親の視線に追従したり，親の指さしに追従して共同注視ができてから共同注意が成り立ちます。そこで，リクエスト段階でも，親が指し示す物に注意を向けられるように，様々な手段を用います。この事例では，言葉かけや体にタッチ，指さしという視覚的手がかりによって，子どもに注意を向けさせています。

これらのやり方は，第5回で詳しく示しましたが，リクエスト段階の子どもにもっとも適しているやり方です。

No. 22 《親用テキスト151〜152頁》

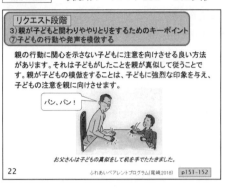

これまでも述べてきたように,リクエスト段階の子どもは,親に注意を向けないことがよくあります。そして,そのような子どもに注意を向けさせる方法として,子どもがしたことを親が真似することが有効です。これを逆模倣といいます(親用テキストのコラム7(152頁)参照)。リクエスト段階の子どもは,親の真似をすることは得意ではありません。親の真似を意図的にするようになるのは,もう少し時間がかかります。

No. 23 《親用テキスト153頁》

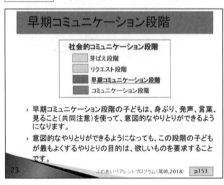

第3回の学習会で示した早期コミュニケーション段階の子どもの特徴を最初に確認してから次に進みます。

No. 24 《親用テキスト156〜160頁》

これらのポイントは,第5回の「やりとりの工夫」でみてきましたが,ここでは早期コミュニケーション段階の子どもに合わせたやり方に焦点化して説明します。

第9章　セッションの解説

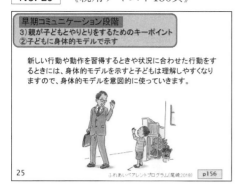

早期コミュニケーション段階では，リクエスト段階よりも身体的モデルを示さなくても理解できることが増えてきます。言葉の理解が進み，身体モデルを示さなくても言語モデルが有効になってくるからです。しかし，新しい行動や動作を習得するとき，また難しい行動や動作を習得するときには，身体的モデルを示すことが欠かせません。そのような時には，身体モデルを意図的に積極的に使っていきます。

子どもが身ぶりなどで何かを言いたい時，親はそれを言葉で表現してあげます。これを代弁といいます。この時の言語モデルを子どもは覚えていて，あとで使うようになるでしょう。そして，ある状況で何を言うかがわかれば，別の状況でも言えるようになることを目指します。この事例では，「猫がいる」というフレーズを家以外の状況で猫を見た時に自分で言うことができました。早期コミュニケーション段階では，簡単な言葉が言えるようになっています。しかし，自分の気持ちを言葉で表現することはできません。また，周りの状況を適切な言葉で言い表すことはできません。そこで，それらができる前の橋渡しの時期に代弁を使うことは大変有効です。早期コミュニケーション段階では積極的に使います。しかし，子どもが言葉で流暢に話せるようになったら，いつまでも代弁する必要はありません。子どもが自分自身で考えて話せるように支援していきます。

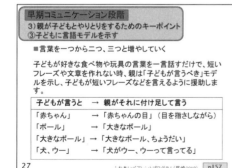

早期コミュニケーション段階の子どもは簡単な言葉を話し始めますが，好きな食べ物や玩具の言葉を1，2個話すだけで，言葉の数が増えていかないことがあります。そのような時に，言語モデルを使って言葉の数を増やしていきます。また，単語を話すだけで，短いフレーズや文章が言えないこともよくあります。そのようなときは，短いフレーズや文章の言語モデルを示し，言えるようにしていきます。

171

No. 28　《親用テキスト158頁》

　早期コミュニケーション段階の子どもは，親が言った簡単な言葉なら真似して言うことができます。最初はオウム返しですが，だんだん意図的に言葉を真似るようになります。その時のポイントは，子どもの視点に立った言葉すなわち子どもが言うべき言葉のモデルを与えることです。

No. 29　《親用テキスト159頁》

　ここまでいくつかの言語モデルの示し方をみてきました。これらは，第5回の言語モデルでも説明してきましたが，これらの言語モデルは早期コミュニケーション段階で使うのが最も適しています。リクエスト段階の子どもは，まだ言葉が話せないので，言語モデルを用いるのは早いです。また，コミュニケーション段階では，話せる言葉の数も増えてきて，簡単な文章も話せるようになっていますので，自分で考えて話せるように支援していきます。早期コミュニケーション段階では，やがて自分で考えて話せるように，言語モデルを示して言葉を学習させます。

No. 30　《親用テキスト159頁》

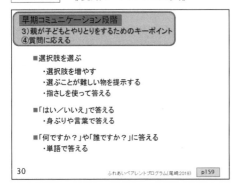

　質問に応える方法にはいろいろなやり方があります。リクエスト段階では，質問に対して身ぶりや表情で答えたり（例えば，頷く，微笑む，手を押すなど），選択肢を与えられると直接つかむことで欲しい物を選んでいました。それに対して，早期コミュニケーション段階では，質問に対する応え方の水準があがってきます。

　「選択肢を選ぶ」では，リクエスト段階では，選択肢は2つで，子どもは欲しい物を直接つかみとるやり方で選びました。また，2つの選択肢を，子どもが好きな物と嫌いな物にし，選びやすいように工夫しました。しかし，早期コミュニケーション段階では，選択肢は3つ以上でも選ぶことができますし，好き嫌いがそれほどはっきりしていない2つの物でも選ぶことができます。また，選ぶ時にはリーチングや指さしを使うことができます。

　また，「はい／いいえ」の質問や「何？」「誰？」の質問にも言葉で答えられる子どももでてきます。言葉で答えられなくても，質問された内容を理解できるようになります。ただし，それらは，質問が簡単な場合です。質問のしかたやその難易度については，親用テキストのコラム3（93〜94頁）を参照してください。

早期コミュニケーション段階の子どもは，状況にあったコメントを言うことができるようになりますが，いつでもどこでも言えるわけではありません。驚いたとき，嬉しいとき，困ったときなど，気持ちを大きく動かされた状況で思わずコメントが出てきます。一般的な状況ではコメントを言うことは難しいです。そこで，この事例のように視覚的手がかりを与えてコメントが言えるようにします。

早期コミュニケーションの子どもは，親とのやりとりができます。しかし，きっかけや機会がなければ自分から積極的にやりとりをすることはあまりありません。したがって，まだこの段階では，親子でやりとりできるように親が状況を設定することが必要です。リクエスト段階で示したやり方でも子どもが喜ぶなら，この段階でも続けてやります。この事例のように，わざと見当外れのことをしてコメントを言わせるやり方は，早期コミュニケーション段階の子どもに適しています。芽ばえ段階やリクエスト段階では，スプーンをわざと落としても関心を示さないかもしれません。これをやるには，子どもがある程度人と関わりができ，共同注意が成立していることが必要です。

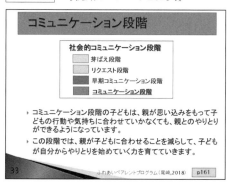

第3回で示したコミュニケーション段階の子どもの特徴を最初に確認してから次に進みます。

第Ⅱ部　ふれあいペアレントプログラムのマニュアル

No. 34　《親用テキスト163〜166頁》

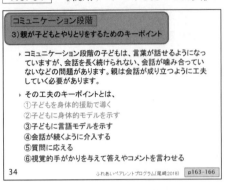

　これらのキーポイントは，第5回の「やりとりの工夫」でみてきましたが，ここではコミュニケーション段階の子どもに合わせたやり方に焦点化して説明します。

No. 35　《親用テキスト164頁》

　コミュニケーション段階の子どもは，家庭で家族と話す日常会話を理解できるようになっています。しかし，他の場面で他の人に話しかけられると理解できないことがあります。そのときには，子どもがわかるように，親がやさしい言葉に置き換えて話すとよいです。

No. 36　《親用テキスト164頁》

　代名詞は，話者によって使い方が変わってきます。お母さんが「私はお母さんです」と言うのをそのまま真似て，子どもが「私はお母さんです」と言うのは間違いです。「あなたはお母さんです」と言わなければいけません。そこで，事例のように，お母さんとお父さんで「あなた」と「私」を使う言語モデルを示すと，子どもはどのように代名詞を使えばいいかを学ぶ機会になります。

　「あなた」と「私」の代名詞を正しく使うためには，自分を視点にして相手をみる，そして相手の視点から自分をみることができる必要があります。ASDの子どもは，相手の視点に立って考えることがなかなかできず，成長しても代名詞の使い方を間違って使うことがあります。

第9章　セッションの解説

No. 37　《親用テキスト165頁》

コミュニケーション段階の子どもが，何度も何度も同じ質問をしたり，自分の好きな話題だけを延々と話し続ける時には，会話が円滑に進むように介入します。芽ばえ段階やリクエスト段階の子どもへの関わり方の基本は子どもの行動に合わせることでしたが，関わり合いができているコミュニケーション段階では，行動に合わせることを減らして，親の指示に従うことを重視していきます。したがって，この事例のように好きな話題を話し続ける場合は，親は話題を恣意的に変えていくなどの方法で，円滑な会話ができるように介入していきます。

No. 38　《親用テキスト165頁》

コミュニケーション段階の子どもは，「はい／いいえ」の質問に対しては，言葉で答えることができますが，「何？」「誰？」「いつ？」「どこ？」「なぜ？」「どのように？」のいわゆる5W1Hの質問に答えることが難しい場合があります。その時は，答えを言語モデルで示していきます。もっとも5W1Hの質問には難易度があり（親用テキストのコラム3（93頁）参照），一番やさしい質問は，「何？」や「誰？」です。「何？」の質問には，早期コミュニケーション段階の終わり頃に動作や単語で答えられるようになっています。

No. 39　《親用テキスト166頁》

早期コミュニケーション段階でも視覚的手がかりを与える例として，この事例がでてきました。その特徴として，子どもが質問の意味が理解できない，絵を見て初めて理解できる，指さしだけで答えることが挙げられます。それに対して，コミュニケーション段階では，質問の意味は理解できるけれど，答え方がわからないのです。コミュニケーション段階でも質問に答えられない時には，大いに視覚的手がかりを用いていきます。

175

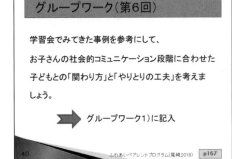

第4回では，関わり方の基本について，第5回では，やりとりの工夫について，我が家で取り組めることを実践しましたが，親は自分の子どもの社会的コミュニケーション段階ではどのような関わり方がよいかを学んでいませんでした。第6回では，社会的コミュニケーション段階ごとに関わり方ややりとりを学んだので，もう一度，自分の子どもの段階に合わせたやり方を考えます。

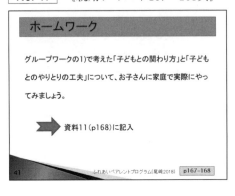

第4回と第5回のホームワークでは，親が考えた子どもへの関わり方や，やりとりの工夫を実践してみましたが，それが実際に子どもに適していたかどうかを振り返り，第6回のホームワークでは，子どもに合わせたより良いやり方を考えて，実践してみます。これまで子どもに合わないやり方をしていた場合は，どのようなやり方なら子どもに適しているかを考えます。あるいは，これまでの取り組みが子どもに合っていた場合は，それ以外のやり方も考えてバリエーションを広げていきます。

第7回　親子ふれあい遊び（1）ふれあい方略

1．第7回のガイドライン

親が学ぶこと
1．親子ふれあい遊びとは，これまで学んできた子どもとの関わり方ややりとりの工夫をもとに，親子がやりとりしながら遊ぶ遊びであることを理解します。
2．親子ふれあい遊びでやりとりが無理なくできる理由を理解します。
3．4つのふれあい方略を学びます。
4．親子ふれあい遊びの意義を理解し，家庭で積極的に親子遊びに取り組みます。

セッションの進め方
1．通常のグループによるセッション
　第7回では，親子ふれあい遊びで用いる4つのふれあい方略について説明します。学習会では，指導者が一方的に説明するのではなく，子どもの様子を尋ねながら進めるとよいでしょう。また，わからないことがあれば，そのつど質問してもらいます。
2．個別セッション
　特に必要ありません。

第Ⅱ部　ふれあいペアレントプログラムのマニュアル

アウトライン

種別	内容	スライドNo.	親用テキスト頁
導入	タイトル	1	15章
	第7回のプログラムスケジュール	2	15章
	第6回のホームワーク	3	167-168
学習会	1．遊びの発達	4-16	30-37
	2．親子ふれあい遊びとは	17-18	169-170
	3．親子ふれあい遊びでできること	19-20	171
	4．ふれあい方略	21-22	171-172
	1）ふれあって気持ちをあわせる	23	172
	2）れんぞくして何ども繰り返す	24	172
	3）あなたと子どもがやりとりする	25	172
	4）いっしょに楽しく遊ぶ	26	172-173
	『おふねがぎっちらこ』ふれあい方略	27	173
	『たかいたかい』ふれあい方略	28	
グループワーク	グループワーク（第7回）	29	175
	ホームワーク	30	175-176

第9章 セッションの解説

2．第7回の解説

No. 1　《親用テキスト第15章169～176頁》

　今回の第7回セッションから始まる親子ふれあい遊びのやり方も，これまで学んできたことの延長にあることを，親に理解してもらいます。これまで学んだことを思い出しながら，そして関係づけながら遊びを考えていくと，親子遊びの意義がとてもよくわかってきます。

No. 2　《親用テキスト第15章169～176頁》

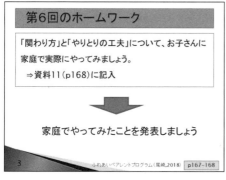

　プログラムも終盤に入ってきて，参加者も慣れてきた頃かと思います。参加者同士の交流が楽しくなっているかもしれません。グループワークでは，親同士の交流を楽しみます。

No. 3　《親用テキスト167～168頁》

　第4回では関わり方，そして，第5回ではやりとりの工夫について，子どもに合わせたやり方を家庭で実施するというホームワークをしました。その際には，社会的コミュニケーション段階ごとのやり方がわからなくても，家庭でやってみることに意義がありました。そして，第6回のホームワークの目的は，その経験を生かして，さらに子どもの社会的コミュニケーション段階にぴったり合った関わりややりとりを見つけることができるかにあります。指導者は，それぞれの親がさらに子どもに合わせた関わりややりとりを見つけ出しているかに注目します。もし，まだ見つけられていないようだったら，指導者が一緒に考えていきます。

No. 4 《親用テキスト30～37頁》

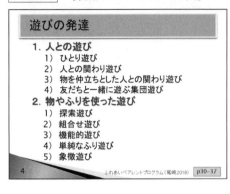

遊びの発達については，親用テキスト第3章（30～37頁）に書かれているので，それを参照してください。親子ふれあい遊びを学ぶにあたって，遊びの発達について知っているとよく理解できるので，最初に遊びの発達を説明します。

No. 5

多くの親は，子どもがどのような遊びの水準にいるかを把握していないと思います。これまで，子どもの社会的コミュニケーション段階を調べたように，遊びについても子どもの発達水準を調べます。子どもがどの発達水準にいるのかがわかれば，どのように遊べばよいのか，どのような遊びを目指せばよいかがわかりやすくなります。

No. 6 《親用テキスト30～31頁》

定型発達では，ひとり遊びは乳児期前半の遊び形態です。しかし，ASDの子どもは，人との関わりをもつことができないため，ひとり遊びする期間がとても長いです。

人との関わり遊びでは，自分から遊びを働きかけられない子どもは，親からの働きかけに応答して遊ぶことから始めます。人と人が関わる遊びなので，感覚運動遊びが適しています。たとえば，お母さんと遊ぶ「おふねがぎっちらこ」，お父さんと遊ぶ「たかいたかい」です。

子どもが相手あるいは物と関わる二項関係から，物を仲立ちとして人と関わる三項関係ができるようになると，遊びにおいても，物を使って人と関わって遊ぶようになります。三項関係で共同注意が成立すると，相手と同じ物を見て意図や感情や情報を共有することができるので，一人で遊ぶよりも遊びの幅は大きく広がり，人と関わって遊ぶことが一層楽しくなります。そのため，物を仲立ちとした人との関わり遊びができることは，人との遊びの発達におけるターニングポイントになります。

親との関わり遊びを十分に経験したら，子どもは友だちと遊ぶことに興味をもち始めます。友だち遊びは，親子遊びでは得られない社会性を育んでくれるので，子どもに友だち遊びの機会を与えていきます。

No. 10 《親用テキスト33頁》

　探索遊びをする子どもには，玩具を認識し，その使い方を理解する認知能力が育っていません。探索遊びは，触覚や視覚などの感覚が充足することを楽しむ遊びです。

No. 11 《親用テキスト34頁》

　組み合わせ遊びをしている子どもは，作るものを表象する機能が発達していないので，何かを作ろうという意図はありません。これは，重ねる，積むといった動作を楽しむ遊びです。

No. 12 《親用テキスト34頁》

　前述したひとり遊びでも，この電車遊びの事例が示されました。男の子は電車遊びが大好きで，よく電車を線路に沿って走らせて遊んでいます。しかし，よく観察すると，ただ単に電車を押す感覚が好きで遊んでいる運動感覚遊びから，電車の機能を認識して，電車の本来の遊び方で遊んでいる機能的遊びまで，いろいろな水準があります。

第9章　セッションの解説

No. 13　《親用テキスト34頁》

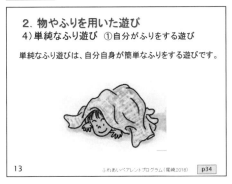

単純なふり遊びは，イメージを思いうかべる表象機能が育ってくるとできるようになります。象徴機能をもつのはもう少しあとです。表象機能をもつことは，認知発達における大きな飛躍を意味していますので，子どもが単純なふり遊びができるようになったら，子どもの成長を喜びましょう。

子どもの成長とともにふり遊びはさらに複雑に豊かになっていきます。この単純なふり遊びは，この後の象徴遊びの前段階的な位置づけです。単純なふり遊びには，自分がふりをする遊びと他者や物に向けてふりをする遊びがあり，他者や物に向けてふりをする遊びの方が難しい課題です。

No. 14　《親用テキスト35頁》

他者や物に向けてふりをする遊びは高度なふり遊びです。ぬいぐるみのクマが生きていると仮定して，積木をジュースが入ったコップに見立てて，クマに飲ませるふりをしています。この遊びができることはこれらの能力が発達したことを表しているので，発達検査項目にもなっています。その他の例としては，人形に食べさせる，人形をベッドに寝かせるなどがあります。

No. 15　《親用テキスト35頁》

子どもが象徴的能力を獲得すると，その能力を使った象徴遊びが行われます。象徴機能とは，あるもの（対象）をそれとは異なるもの（シンボル）で代表させる働きです。たとえば，この事例のように，自動車（対象）を積み木（シンボル）で表しています。その他には，自動車（対象）を絵（シンボル）で表す，自動車（対象）を「じどうしゃ」（シンボル）と言うなどです。これらは，対象である自動車を，シンボルである「積み木」「絵」「言葉」で表していることになります。

No. 16　《親用テキスト36頁》

2. 物やふりを用いた遊び
5）象徴遊び　④役割とストーリーがあるふり遊び

これは、複数の人と遊んでいるとき、みんなで共有するストーリーがあり、その中でそれぞれが役割のふりをして遊ぶことです。

日本の保育領域では，単純なふり遊びから象徴遊びまでをまとめてごっこ遊びと言っていますが，ふり遊びと象徴遊びには，ふりや見立てをどう使って遊ぶかによって，表象機能や象徴機能のレベルは異なっています。そこで，子どもがごっこ遊びをしていたら，それがどのようなレベルかを観察しましょう。ごっこ遊びのレベルがわかれば，子どもの認知発達の水準を評価することができます。

No. 17　《親用テキスト169〜170頁》

親子ふれあい遊びとは

- 親子ふれあい遊びとは、これまで学んできた子どもとの関わり方ややりとりの工夫をもとに、親が子どもと関わりをもち、やりとりしながら遊ぶ親子遊びです。
- 親子ふれあい遊びをすることによって、
  ・子どもは人と関わる遊び方を学びます。
  ・社会的コミュニケーション発達が促されます。
  ・象徴機能、言葉、社会性などの発達につながります。

親子ふれあい遊びとは，もともと，子どもとの関わり方ややりとりの工夫を，親子遊びに生かしていくためにつけた名称です。ふれあいの語源はこの後のNo. 22で説明します（親用テキストは172頁を参照）。本プログラムで最も推奨することは，家庭で親子ふれあい遊びをすることです。

No. 18　《親用テキスト170頁》

親子遊びで留意すること

- あなたは子どもと遊ぶのは得意ですか？
- あなたが、子どもと遊ぶことが苦手なら、まず、あなたができるところからやってみます。
- お母さんが遊ぶのが苦手でも、お父さんは得意かもしれません。それぞれ得意なことをしてみます。
- 子どもに合った親子遊びをする、あなたができる親子遊びをする、家庭でできる親子遊びをする、これが大事です。
- ただし、あなたが、ちょっとの勇気とチャレンジ精神をもつならば、なお一層素晴らしいです。
- あなたの家庭でする親子遊びを見つけていきましょう。

遊びは子どもにとっても大人にとっても楽しいものと考えがちですが，子どもと遊ぶことが苦手な親は案外多いものです。もともと子どもと遊ぶことが不得意である場合もあれば，ASDの子どもと遊んでも手ごたえが感じられないのでだんだん子どもと遊ぶのが苦手になってきたなど，その理由は様々であると思います。

しかし，プログラムを受講している時点で，子どもと遊ぶのが苦手な親には，指導者は遊ぶことを強制しないようにします。親ができるところから始めるようにします。たとえば，子どもと身体遊びをするのは苦手だけれど，絵本の読み聞かせならできると言う親には，読み聞かせからしてもらいます。しかし，親子遊びが下手とか苦手とか言っている親でも，実際に子どもと遊んだ時に，子どもが喜んだり，子どもが良い方向に変わったことがわかると，嬉しくなってやる気がでてくることがあります。指導者はあせらずに，親に寄り添って，各家庭でのやり方を一緒に考えていきます。

第9章 セッションの解説

No. 19 《親用テキスト171頁》

親子ふれあい遊びでできること

▶ 親子ふれあい遊びは、本プログラムでターゲットとしてきた「人との相互的関わり」「共同注意」「感情と気持ちの共有」を獲得するのにとても適しています。

▶ これらのターゲットは、日常生活において子どもを育てるなかでも獲得することができますが、親子ふれあい遊びでは、無理なくできます。

本プログラムで最も推奨することは、家庭で親子遊びをすることであると前述しましたが、親子ふれあい遊びが親子でやりとりするのに大変有効であるのには理由があります。それを次の No. 20 で説明します。

No. 20 《親用テキスト171頁》

親子ふれあい遊びでやりとりが無理なくできる理由

✓ 親が、いつも同じやり方や手順で遊ぶと、子どもは次に何をすればいいかがわかる。
✓ 親が、遊びの中で同じ動作、発声、言葉を繰り返すと、子どもは、いつ、どのように応答すればいいかがわかる。
✓ これらのことから、親子ふれあい遊びにおいて、子どもはやりとりを長続けることができる。
✓ また、遊びには、子どもの好きな行動や感覚が含まれており、楽しい、嬉しいなどのポジティブな感情が高まりやすい。そのため、親子で感情を共有しやすい。

日常生活の中にも親子でやりとりする機会はちりばめられていますが、親子ふれあい遊びの方が無理なくできるので、指導者は親に家庭で取り組むことを勧めます。しかし、「過ぎたるは猶及ばざるが如し」です。親が熱心なあまりに、一日長時間親子遊びをしていてはやり過ぎです。子どもも長時間やると飽きてしまうので逆効果です。また、親も疲れてしまいます。また、一日長時間親子遊びをしていたら、家事や仕事ができなくて日常生活が滞ってしまいます。無理のない範囲で、1日何分とか、1日何回とか決めてやるといいでしょう。

No. 21 《親用テキスト171〜172頁》

ふれあい方略

▶ 子どもとの「関わり方」や「やりとりの工夫」で学んだことを遊びに取り入れたのが「ふれあい方略」です。

　親子ふれあい遊びをする時には、
　「ふれあい方略」を忘れずに！！

親子ふれあい遊びで最も重要なことは「ふれあい方略」をとっていくことです。それを親に理解してもらうことが必要です。なお、親子ふれあい遊びは、親子でやりとりをするのに大変有効な方法だと述べましたが、やり過ぎないこと、そしてトレーニングしようと強制的にやらないことを心がけましょう。親子で楽しむときに、その効果が最大限に発揮されます。

第Ⅱ部　ふれあいペアレントプログラムのマニュアル

No. 22　《親用テキスト172頁》

```
親子ふれあい遊びにおける
　　ふ・れ・あ・い方略
　✓ ふれあって気持ちをあわせ
　✓ れんぞくして何度も繰り返し
　✓ あなたと子どもがやりとりして
　✓ いっしょに楽しく遊びましょう
```

　親子ふれあい遊びをする時に大事なポイントを忘れないために作ったのが，ふれあい方略です。簡単なフレーズなので，覚えるようにしましょう。

No. 23　《親用テキスト172頁》

```
ふ・れ・あ・い方略
1）ふれあって気持ちをあわせる

▸ 親子でふれあい遊びをしている時、子どもが楽しそう
  に遊んでいるとあなたも楽しくなります。
▸ この時、あなたと子どもは、楽しい気持ちを共有する
  ことができています。
```

　「ふれあって気持ちをあわせる」は，本プログラムのターゲットである「感情と気持ちの共有」を，親子遊びの時に行うことを勧めるものです。

No. 24　《親用テキスト172頁》

```
ふ・れ・あ・い方略
2）れんぞくして何度も繰り返す

▸ ふれあい遊びをするための動作や言葉が決まっていて、
  それを何度も繰り返すことによって、子どもは遊びを理
  解し、自分がすべきこと、言うべきことが分かっていきま
  す。
▸ そのため、あなたは「遊びを始める時」、「遊びをしている
  時」、「遊びを終える時」に、同じ行動や言葉を繰り返す
  ことが大事です。
```

　子どもは，一度やっただけでは物事を習得できません。何度も繰り返しやることによって身につけていきます。ここは大人と違う点かもしれません。大人は，同じ遊びを繰り返すと飽きてしまうことがあります。ところが子どもは，同じ遊びを繰り返すこと自体が楽しいのです。そこで，「れんぞくして何度も繰り返す」が重要になってきます。

No. 25 《親用テキスト172頁》

ふ・れ・あ・い方略
3）あなたと子どもがやりとりする

- 親子ふれあい遊びには、子どもと親が相互作用するためのやりとりが沢山含まれています。
- 親は、やりとりをする機会を設定し、子どもにやりとりの手がかりを与えていきます。

「あなたと子どもがやりとりする」は、本プログラムのターゲットである「人との相互的関わり」を親子遊びの時にすることを勧めるものです。

また、「あなたと子どもがやりとりする」は、これまで親子でやりとりする方法やその工夫をみてきたので重要性はわかると思います。親子ふれあい遊びにおいてもそれを忘れずに、親は、やりとりをする機会を設定し、子どもにやりとりの手がかりを与えていきます。なお、「やりとりの機会を設定する」と「やりとりの手がかりを与える」は、親用テキスト13章のやりとりの工夫で説明してきましたので、そこを参照してください。

No. 26 《親用テキスト172〜173頁》

ふ・れ・あ・い方略
4）いっしょに楽しく遊ぶ

- 親子ふれあい遊びで最も重要なことは、あなたと子どもがいっしょに楽しく遊ぶことです。楽しくなければ子どもに身につかず、長続きしません。
- これは、あなたにとっても同じです。あなたにとって苦手な遊びをしていても楽しくありません。あなたにとっても楽しい遊びを見つけて、子どもと一緒に遊んでみましょう。

「いっしょに楽しく遊ぶ」は、本プログラムの重要なコンセプトです。子どもにおいては、まさに楽しくなければ遊びでないといえますが、大人にとっては必ずしも楽しい遊びばかりとは限らないかもしれません。楽しくなる工夫をしていくことが大事です。

No. 27 《親用テキスト173頁》

『おふねがぎっちらこ』ふれあい方略

- お母さんが「おふねがぎっちらこ」と言いながらはるお君の手を引っ張ると、その次に、はるお君がお母さんの手を引っ張るようになりました（「あなたとやりとりして」）。
- そして、「ぎっちらこ ぎっちらこ」と何度も繰り返して引っ張り合う遊びができました（「連続して何度も繰り返す」）。
- 交互に引っ張り合う時、お母さんは、はるお君と気持ちを合わせている感じがしました（「ふれあって気持ちをあわせる」）。
- 一緒に遊べてとても楽しかったです（「いっしょに楽しく遊ぶ」）。

この「おふねがぎっちらこ」の遊びには、4つのふれあい方略が全部含まれていますが、1つの遊びに全部の方略が含まれているとは限りません。この遊びにはこの方略が有効であり、他の遊びには他の方略が有効であるということがあります。そこで、様々な遊びにどのような方略が含まれているかをみていくとよいです。

第Ⅱ部　ふれあいペアレントプログラムのマニュアル

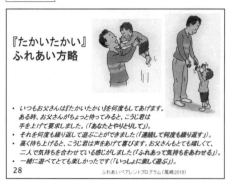

　この「たかいたかい」の遊びにも、4つのふれあい方略が全部含まれています。4つの方略が含まれているかどうかを調べることにより、その遊びが子どもにとってどのように有効かがわかると思います。

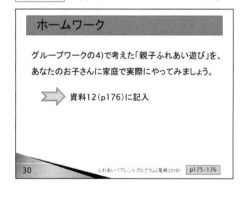

　親子ふれあい遊びを考える時に、親は学習会で示された事例を真似してやることもあるでしょう。あるいは、これまでやっていた親子遊びの中にふれあい方略が含まれていることがわかり、その意味を考えながら再度やってみることもあるでしょう。どちらでも構いません。しかし、真似する場合、親がやってみたいという希望が先行して、子どもには難しすぎることがありますので、その時には指導者が助言します。また、すでにやっている親子遊びにふれあい方略を見つけた親は、その親子遊びをやる意味がわかるので、親は大変勉強になると思います。

　今回のホームワークは親子遊びをすることなので、取り組みやすいと思います。積極的に取り組むように、指導者は親を励まします。

第8回　親子ふれあい遊び（2）段階別のふれあい方略

1．第8回のガイドライン

親が学ぶこと
1．社会的コミュニケーション段階ごとのふれあい方略を学び，段階によるふれあい方略の違いを理解します。
2．これまで実際にやっていた遊びに，どのようなふれあい方略が含まれているのかを理解します。
3．親は自分の子どもの発達段階に合ったふれあい方略を考え，それを取り入れた親子ふれあい遊びを家庭でやってみます。

セッションの進め方
1．通常のグループによるセッション
　学習会の時間が長くとれる場合は，社会的コミュニケーション段階のふれあい方略について，4段階全てを説明します。しかし，学習時間が長くとれない場合は，社会的コミュニケーション段階の4段階を，同じ割合で説明するのではなく，グループの対象児の段階に合わせて調整します。基本的に，ふれあいペアレントプログラムの対象児の年齢が2～4歳未満であることから，対象児の社会的コミュニケーション段階は，芽ばえ段階やリクエスト段階であることが多いです。そこで，芽ばえ段階，リクエスト段階，早期コミュニケーション段階を中心に説明し，コミュニケーション段階の説明は概要くらいに留めます。なお，他の段階の子どもが多い場合は，その段階に応じて説明してください。
　学習会では，指導者が一方的に説明するのではなく，子どもの様子を尋ねながら進めるとよいでしょう。また，わからないことがあれば，その都度質問してもらいます。
2．個別セッション
　親にとっては，自分の子どもの段階に合わせて教えてもらった方がよくわかります。そこで，個別に時間がとれる場合は，親に子どもの段階に合った親子ふれあい遊びとふれあい方略について説明し，家庭でどのように親子遊びをすればいいかを一緒に考えます。この個別面談の時間を設定することができれば，親の理解は一層深まります。

第Ⅱ部　ふれあいペアレントプログラムのマニュアル

アウトライン

種別	内容	スライドNo.	親用テキスト頁
導入	タイトル	1	16章
	第8回のプログラムスケジュール	2	16章
	第7回のホームワーク	3	175-176
学習会	段階別ふれあい方略	4-5	177
	（導入）	6	
	1．芽ばえ段階	7	178
	1）ふれあって気持ちをあわせ 　①親から子どもの興味や関心に合わせる		178
	②親からこどもの感情や気持ちに合わせる	8	178-179
	③子どもとアイコンタクトをとり感情を共有	9	179-180
	2）れんぞくして何度も繰り返し 　①繰り返しやってみる		181
	②ルーティンを繰り返す	10	181
	3）あなたと子どもがやりとりして 　①子どもに応答する手がかりを与える	11	182
	②子どもに応答する機会を与える		182
	③子どものちょっとした応答にも敏感に応じる	12	183
	④子どもとアイコンタクトができる		184
	4）一緒に楽しく遊びましょう 　①子どもと一緒に遊ぶことが大切	13	184
	2．リクエスト段階	14	185
	1）ふれあって気持ちをあわせ 　①親から気持ちを合わせる	15	185-186
	2）れんぞくして何度も繰り返し 　①同じ遊びを繰り返す		186
	②ルーティンを繰り返す	16	186-187
	3）あなたと子どもがやりとりして 　①いろいろな手段で要求できるようにする	17	187-188
	②同じ物を見ることができる		189
	③やりとりが続くようにする	18	189
	4）一緒に楽しく遊びましょう 　①一緒に楽しく遊ぶ	19	189-190
	3．早期コミュニケーション段階	20	191
	1）ふれあって気持ちをあわせ 　①気持ちを通い合わせる	21	191
	2）れんぞくして何度も繰り返し 　①やりとりができる遊びを繰り返し行う	22	191-192
	②ルーティンを繰り返す	23	192-193
	3）あなたと子どもがやりとりして 　①やりとりの方法を広げる	24-25	193-196
	②やりとりが続くようにする	26	196-197
	③遊びにおいて共同注意ができる	27	197-198

第9章 セッションの解説

	4）一緒に楽しく遊びましょう 　①親子で一緒に楽しく遊ぶ	28	198
	②簡単なふり遊びをする	29	198-199
	4．コミュニケーション段階	30	200
	1）ふれあって気持ちをあわせ 　①心が通い合う	31	200-201
	2）れんぞくして何ども繰り返し 　①課題を達成するためには繰り返しが大切	32	201
	②ルーティンを繰り返す		201-202
	3）あなたと子どもがやりとりして 　①やりとりが長く続くようにする		202
	②多様な方法でコミュニケーションする	33	202-204
	4）いっしょに遊びましょう 　①自然な親子の感情共有を楽しむ	34	204-205
	②友達といっしょに遊ぶ		205-206
	③複雑なふり遊びをする	35	206
	④いろいろな人といろいろな経験をする	36	207-208
グループ ワーク	グループワーク（第8回）	37	209
	ホームワーク（第8回）	38	209-210

2．第8回の解説

No.1　《親用テキスト第16章177〜210頁》

　前回の第7回で親子ふれあい遊びにおけるふれあい方略を学びましたが，今回は社会的コミュニケーション段階ごとにふれあい方略をみていくので，親は子どもに合ったふれあい方略を考えていきます。

No.2　《親用テキスト第16章177〜210頁》

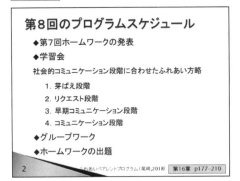

　遊びがテーマであれば，親も具体的なアイデアが出てくると思います。グループワークでは，親同士の交流が進むようにします。

No.3　《親用テキスト175-176頁》

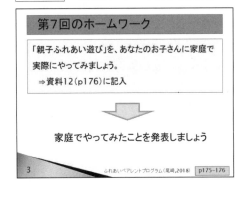

　第7回で，ふれあい方略について学びましたが，社会的コミュニケーション段階ごとのやり方を学びませんでした。そこで，第7回のホームワークでは，結果にかかわらず，家庭でやってみることに意義がありました。この経験を，第8回での子どもの社会的コミュニケーション段階に合わせた方略を考えることに生かしていけるようにします。

第 9 章　セッションの解説

No. 4 　《親用テキスト177頁》

段階別のふれあい方略
- ふれあい方略は、これまで学んだ「子どもへの関わり方」や「やりとりの工夫」のポイントをまとめたものです。
- 親子ふれあい遊びは、ふれあい方略を使って行う親子遊びです。
- 子どもの社会的コミュニケーション段階によって、親子ふれあい遊びのやり方が違います。また、ふれあい方略のどこに重点をおくかも段階によって変わってきます。

　前回の第7回で学んだ親子ふれあい遊びとふれあい方略を復習してから、今回の段階ごとの話に進みます。
　親子ふれあい遊びは、これまで学んだ「子どもへの関わり方」や「やりとりの工夫」を生かして行う親子遊びです。しかし、「子どもへの関わり方」や「やりとりの工夫」で学んだことはたくさんあるので、親子遊びをする時に覚えきれえないことがあります。そこで、それらの中で、親子遊びに必要なポイントをまとめたのが、ふれあい方略です。ポイントが簡単に覚えやすくなっていますので、ふれあい方略を念頭におきながら、親子ふれあい遊びをすることを親に勧めます。
　なお、ふれあいペアレントプログラムでは、これまでに社会的コミュニケーション段階の特徴、子どもへの関わり方、やりとりの工夫などで様々な事例を見てきました。第8回で示す事例は、それらと重複していることがありますが、第8回のねらいは、社会的コミュニケーションのどの段階において、どのようなふれあい方略をとることが有効であるかを理解することです。したがって、これまで示された事例をその視点から捉えなおしてください。

No. 5 　《親用テキスト172〜173頁》

親子ふれあい遊びをする時には、
「ふ・れ・あ・い方略」を忘れずに！
- ✓ ふれあって気持ちをあわせ
- ✓ れんぞくして何度も繰り返し
- ✓ あなたと子どもがやりとりして
- ✓ いっしょに楽しく遊びましょう

　親子ふれあい遊びでは、ふれあい方略を念頭に置きながら遊ぶので、ここでは忘れないように確認します。

No. 6

- ここから各段階のふれあい方略をみていきます。
- お子さんの社会的コミュニケーション段階のふれあい方略に注目してください。
- 次に、これから子どもが進む段階についても見てください。

　ここから社会的コミュニケーション段階ごとにふれあい方略について具体的に見ていきます。そして、芽ばえ段階から順にコミュニケーション段階まで説明します。その際、第3回学習会で調べた子どもの段階について思い出してもらいます。また、現在の子どもの段階に注目するだけでなく、段階が進むにつれて変わっていくふれあい方略について理解しておくことが重要です。ここからの説明を聞いて、親は、子どもに合ったふれあい方略を考えていきますが、子どもが家庭で実施可能であり、親が無理なくできることを考慮します。
　なお、今回の第8回で紹介する遊びは、これまでに取り上げたものが複数あります。しかし、同じ遊びを紹介しても、その時のテーマによって何に焦点を合わせるかが違ってきます。ここでは、

ふれあい方略との関係で説明しますので，その点に注目してください。紹介する遊びが，どの社会コミュニケーション段階に適しており，どのふれあい方略を含んでいるのかを理解することが重要です。

No. 7

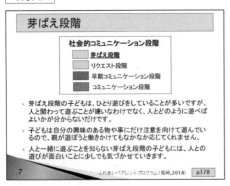

ここでは，芽ばえ段階におけるふれあい方略をみていきます。これまでの学習会で芽ばえ段階の子どもの様子を学びました。しかし，どの段階でどのようなふれあい方略を使えばよいかをしっかりと理解するには，これまでに学んだ知識を統合し整理することが必要です。そこで，同じ事例がでてきても，ふれあい方略として大事な点に注目するように，親に伝えます。

No. 8 《親用テキスト178～179頁》

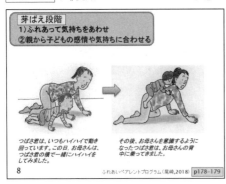

芽ばえ段階の子どもと感情や気持ちを通い合わせることは難しいです。しかし，子どもが興味や関心をもつ活動では，子どもの感情や気持ちに親が合わせやすくなります。この事例のように，遊んでいる時に，親の方から子どもに「楽しいね」「ワクワクするね」という感情や気持ちを向けていきます。その時，あたかも子どもが同じ感情や気持ちをもっているかごとく思い込んでやってみるのがポイントです。感情や気持ちを合わせることについては，親用テキスト12章（106～112頁）を参照してください。

No. 9 《親用テキスト179～180頁》

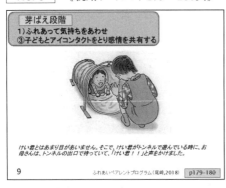

人と関わる時に，相手の目を見ることにより，相手の表情がわかり，感情や気持ちを受け取りやすくなります。芽ばえ段階の子どもは，人と目を合わせることが苦手ですが，できないわけではないので，アイコンタクトがとれる機会を遊びの中で設けていきます。ただし，目を合わせることを強制することはやめましょう。遊びの中で自然に目が合うことができるように，アイコンタクトができる遊びを見つけていきます。この事例以外にも，アイコンタクトがとれる遊びがいろいろ考えられます。親用テキストコラム9（180～181頁）を参照してください。

　芽ばえ段階の子どもは，まだ遊びの順序を理解することはできませんが，親は，いつも同じ手順で，同じ声かけで遊びを進めていきます。このように，人との関わり遊びができない芽ばえ段階の時から，親は繰り返しやってみることが重要です。これらの経験が積み重なって，やがて子どもは，どこでどのように動き，そして声をかけたらよいかを学ぶようになります。繰り返しのやり方については，親用テキストコラム4（104～105頁）を参照してください。

　芽ばえ段階の子どもはまだやりとりができません。そこで，まずは，親からの働きかけに応答することを目指します。子どもが応答するために，親は，身体的援助や行動的モデルを示すなどによって，様々な手がかりを与えます。身体的援助については，親用テキスト13章（125頁）と14章（142頁）を参照してください。

　親が働きかけた時に，子どもがちょっとしたサインを出すかもしれません。親をチラッと見る，ちょっと身体を動かす，発声するなどです。しかし，それらは，よく見てよく聞かないと見過ごしてしまうような微弱なサインです。この時，親は微弱なサインを敏感にキャッチすることが求められます。子どもは自分が発したサインを親が受け取ってくれる経験を通して，親の働きかけに対する応答性を確かなものにしていきます。あるいは，そのサインは，子どもが意図的にした応答ではなかったかもしれません。しかし，親は，これをチャンスと捉えて，子どもがあたかも応答したかのごとく思い込んで，子どもに返していきます。この経験が，子どもの応答性を育んでいきます。

No. 13 《親用テキスト184頁》

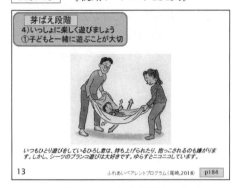

芽ばえ段階の子どもは，人と一緒に遊ぶのが苦手です。だからこそ，親はいろいろ工夫して，子どもと一緒に遊べることを目指します。この事例のように，人と一緒に遊ぶのが苦手であると思っても，子どもにぴったりと合った遊びであれば，楽しく遊ぶことができます。子どもは，その経験を通して，一人で遊ぶよりも親と一緒に遊ぶ方が楽しいことを感じていきます。ただし，固有感覚に過敏さをもつ子どもは，シーツブランコを嫌がるかもしれません。ASDの子どもには固有感覚だけでなく，いろいろな感覚の特異性をもっていることが知られています。ASDの子どもには，この感覚の特異性を配慮した遊びを考えると，子どもは遊ぶことができます。ASDの感覚の特性については，本テキスト第3章4を参照してください。

No. 14 《親用テキスト185頁》

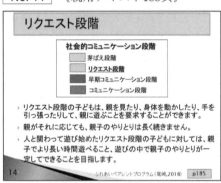

リクエスト段階におけるふれあい方略をみていきます。これまでにリクエスト段階の子どもの様子について親はおおよそわかっていると思われますが，ふれあい方略として大事な点に注目するように親に伝えます。

No. 15 《親用テキスト185～186頁》

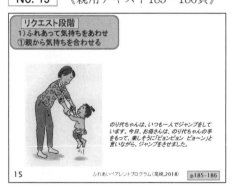

リクエスト段階の子どもとしっかりと心が通い合うという実感はもちにくいです。しかし，この事例のように，親は子どもと同じ感情や気持ちを共有していると感じることがあると思います。この感情や気持ちの共有を大事にしていきましょう。親子が同じレベルで感情を表出して交流することは難しいので，親の方から子どもに「楽しいね」「面白いね」と感情を豊かに向けていきます。また，子どもが感情を表している時に，親はその感情を共有した上で，その感情をますます高めるように働きかけると，子どもはより豊かな感情をもつことを経験します。

第9章　セッションの解説

No. 16　《親用テキスト186～187頁》

　リクエスト段階の子どもは，1回遊んだだけでは遊び方を習得できません。同じ遊びを繰り返し行うことが必要です。また，リクエスト段階の子どもは，簡単なルーティンならわかるようになってきます。そこで，親は，簡単なルーティンを設定して，いつも同じ手順で，同じ声かけで遊びを進めていきます。これを繰り返すことによって，子どもは，どこでどのように動くとよいかを学ぶようになります。

① 同じ遊びを繰り返す

　同じ遊びを繰り返し行うことは，子どもにとって楽しいことでもあり，遊びがしっかりと子どもに定着することでもあります。ただし，同じ遊びを繰り返し行うことによって，遊びが定着してきたら，少し遊び方を変えてみます。

② ルーティンを繰り返す

　子どもは，簡単なルーティンならわかるようになっているので，親は，簡単なルーティンを設定して，いつも同じ手順で，同じ声かけで遊びを進めていきます。

No. 17　《親用テキスト187～188頁》

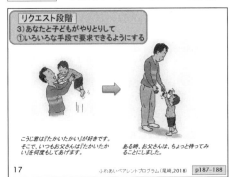

　リクエスト段階の子どもは，遊んでほしいことを，表情，動作，発声などで要求し始めます。それに親が応じると，親子で1回のやりとりが成立したことになります。しかし，要求したり，しなかったりと，いつも一定して要求行動がとれるわけではありません。また，要求のタイミングや手段は限られています。親は，子どもがいろいろな方法で要求ができるように工夫します。

No. 18　《親用テキスト189頁》

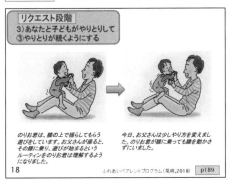

　リクエスト段階の子どもは，親に要求することができます。親がそれに応答することによって，1回のやりとりができます。しかし，やりとりを1回以上することは難しいです。このやりとりを長く続ける，すなわちやりとりの回数を増やすためには，親の工夫が必要です。この事例のように，人との関わり遊びにおいて，もっとしてほしいという要求ができるようになると，やりとりの回数も増えていきます。

No. 19　《親用テキスト189〜190頁》

　リクエスト段階において子どもとのやりとりができると親は子どもとの遊びに手ごたえを感じるようになります。子どもには「楽しい！」という感情を豊かに表現する力は弱いかもしれませんが，親がその弱い感情表現を敏感に受け止めて共感した時，楽しく親子で遊ぶことができます。なお，この事例の子どものように，狭い所が好きだったり，体を強く抱かれるのを好む子どもは，触覚の鈍感さをもっていることが推測されます。逆に触覚過敏をもっている子どもは強く抱かれるのを嫌がりますので，子どもに合わせて遊びを工夫します。

No. 20　《親用テキスト191頁》

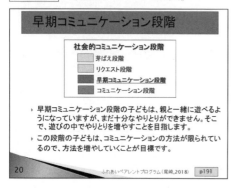

　ここでは，早期コミュニケーション段階におけるふれあい方略をみていきます。これまでの学習会で早期コミュニケーション段階の子どもの様子について学びましたが，ここでは，ふれあい方略として大事な点に注目するように親に伝えます。

No. 21　《親用テキスト191頁》

　早期コミュニケーション段階では，親の働きかけに子どもが応じることによって，親は子どもと気持ちが通い合うと感じることが多いです。ただし，いつでもどこでも通い合うことがなければ，その通い合いに対して不確かな印象を受けるかもしれません。しかし，気持ちが通い合ったと感じる関係が出発点となりますから，これを続けることによって，安定した関係が築かれていきます。そのためには，親子で感情や気持ちを共有しながらやりとりを重ねていくことが大事です。

第 9 章 セッションの解説

No. 22　《親用テキスト191〜192頁》

早期コミュニケーション段階の子どもには，やりとりをたくさん行う機会を与えることが重要です。しかし，いつも一定してやりとりができること，何回もやりとりができることは難しいです。一定してできるまで，やりとりが無理なくできる遊びを繰り返し行うことがポイントです。しかし，一定してできるようになったら，少し高いレベルの遊びを試しにやってみます。しかし，その遊びに子どもが全く興味を示さなければ，まだ早いことがわかります。そして，もう少したってから再度挑戦するというように，子どもの様子を見ながら，少しずつ高いレベルの遊びに進んでいきます。このやり方をスモールステップといいます。この詳細については，親用テキストコラム 4（104〜106頁）を参照してください。

No. 23　《親用テキスト192-193頁》

早期コミュニケーション段階の子どもは，簡単なルーティンならいくつかの手順を理解して，自分で手順に沿って行うようになります。そこで，親は，簡単なルーティンを設定して，いつも同じ手順で，同じ声かけで遊びを進めていきます。これを繰り返すことによって，子どもは，どこでどのように動くとよいか，どこでどのように言えばよいかを学ぶようになります。ルーティンの立て方については，親用テキストコラム 4（104〜106頁）を参照してください。

No. 24　《親用テキスト193〜195頁》

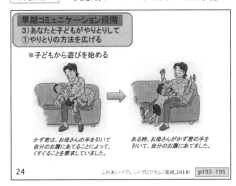

早期コミュニケーション段階の子どもは，親からの遊びの誘いかけに応じることはできても，子どもから親を遊びに誘うことは難しいです。そこで，子どもから「遊ぼう」と親を誘えるようにします。そのためには，遊びたくなるように玩具を置いたり，遊びを描いた絵を置いたりします。また，親が「遊びたい」と子どもに言うと，それが，子どもから働きかけるきっかけになるかもしれません。この事例では，お母さんは，かず君が好きなくすぐりっこをしている時に，かず君から遊びを始めることを目標にしました。そして，くすぐりを始めるモデルを示すことによって，かず君は自分から遊びを始めることができました。

No. 25 《親用テキスト196頁》

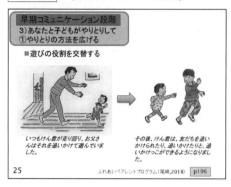

親は，子どもが追いかけっこをできると思い込んでいる場合があります。しかし，追いかけっこは，追いかけられることと追いかけることの両方ができないと成立しません。最初は，親から追いかけられるだけで，子どもから追いかけることはしないと思います。そこで，この事例のように，子どもが追いかけるように工夫します。それができれば，友だちと追いかけっこができるようになります。

No. 26 《親用テキスト196～197頁》

早期コミュニケーション段階の子どもは，やりとりができますが長く続きません。いろいろな工夫をして，やりとりが2回，3回，4回と何度も続くようにします。この事例では，パペットが言ったかのようにちょっと高い声で話しかけたので，子どもはそれに注意を引きつけられました。お母さんは，子どもが注意を向けたタイミングを見逃さずに，子どもとのやりとりに持ち込みました。やりとりが続かない理由の一つとして，子どもの注意が続かないことが挙げられます。この事例のように，子どもが好きなもので注意を引きつけるとよいです。なお，子どもはアニメの声のように，ちょっと高い声に注意を向ける傾向があります。

No. 27 《親用テキスト197頁》

早期コミュニケーション段階では，共同注意ができることが特徴です。この事例のように，親子で遊ぶ時には，子どもがどこを見ているかをチェックします。そして，同じ所を見るように指さしや言葉などで示します。子どもが同じ所を見たら，親は言葉かけをしたり，気持ちを共有します。共同注意については，本テキスト第2章1と，親用テキスト第2章を参照してください。

第9章　セッションの解説

早期コミュニケーション段階の子どもと遊ぶ時には，親が一方的に思い込みをもって関わる必要はありません。やりとりしながら遊ぶと，子どもが「楽しい」という感情を表すようになるので，親も自然に楽しさを感じることでしょう。その時，親は自分の感情を子どもにわかるようにしっかりと返していくことがポイントです。

早期コミュニケーション段階の子どもは，ふり遊びができるようになります。自分で食べるふりや寝るふりをしてみたり，人形に食べさせるふりをさせたりします。このふり遊びは，言葉の発達につながりますので，親子遊びの中にふり遊びをとりいれて，ふり遊びを促していきます。ふり遊びについては，親用テキスト第3章を参照してください。

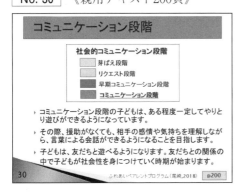

ここでは，コミュニケーション段階におけるふれあい方略をみていきます。これまでにコミュニケーション段階の子どもの様子について親はおおよそわかっていると思われますが，ふれあい方略として大事な点に注目するように親に伝えます。

第Ⅱ部　ふれあいペアレントプログラムのマニュアル

No. 31　《親用テキスト200〜201頁》

コミュニケーション段階の子どもは，遊びの中で親と感情と気持ちを共有できることが多いです。あるいは親子で心が通い合うと思うこともあるかもしれません。これまで，親は子どもの身ぶりや表情から「楽しい」という感情を感じ取っていましたが，この事例のように，「楽しい」と言葉ではっきり聞くと，その思いは確信に変わります。そして，ボール遊びが楽しかったという感情をしっかりと共有することができます。しかし，「楽しい」というはっきりわかりやすい感情や気持ちは共有できますが，複雑な感情や微妙な感情については理解や共有が難しいです。子どもが理解や共有が難しい場合は，親がわかりやすく説明したり，親がオーバーな感情表現するなど，親の援助が必要です。

No. 32　《親用テキスト201〜202頁》

① 課題を達成するためには繰り返しが大切

「れんぞくして何度も繰り返し」は，芽ばえ段階の時から重視したふれあい方略です。しかし，発達段階が進んだコミュニケーション段階においても，やりとりの手段や目的を増やしていく課題を達成するには，繰り返しが大切です。特に，新しい課題を習得するときや，難しい課題に挑戦するときには，繰り返し行うことが基本です。

② ルーティンを繰り返す

ルーティンを繰り返すことも，これまでの段階と同様に大切です。コミュニケーション段階の子どもは，少し複雑なルーティンでも手順を理解するようになります。また，自分で遊びや日常動作のルーティンを作り出すこともあります。しかし，基本は，繰り返し行うことです。何度も同じルーティンを繰り返すことによって，理解が可能になります。

No. 33　《親用テキスト202〜203頁》

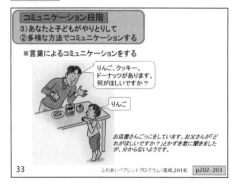

コミュニケーション段階では，言葉だけで十分なコミュニケーションができません。まだオウム返しを使っていたり，一方的に自分の知っているフレーズを言うなど，会話が成立しないことも多いです。この事例のように，遊びの中で会話をとり入れていくことが有効です。

第9章 セッションの解説

No. 34 《親用テキスト204〜205頁》

コミュニケーション段階の子どもと遊ぶ時，子どもが感情表現をすれば，そのまま自然な感情の流れに沿って，親子で楽しさを共有して遊ぶことができます。親子で楽しさを共有できれば，子どもも親も，親子で一緒にもっと遊びたくなるでしょう。これまでは，子どもの感情に合わせたり，その感情を映し出したりと，親は子どもと楽しく遊びために努力してきましたが，この事例のように，「ウルトラマンごっこ」を子どもが楽しくやっていて，親もまた一緒に遊ぶ楽しさを感じています。そのため，親は自然な感情の流れに沿って子どもと遊ぶことができます。親は子どもとしっかりと感情共有できていることを感じています。

No. 35 《親用テキスト206頁》

コミュニケーション段階の子どもは，複雑なふり遊びができるようになります。「砂をご飯に見立てて食べるふりをする」「積木を自動車に見立てて，走らせる」など，見立て遊びやふり遊びを組み合わせて遊んでいます。このふり遊びは，言葉の発達を促すので，遊びの中にたくさんのふり遊びを入れていきましょう。早期コミュニケーション段階でも，簡単なふりをするままごとをしていましたが，コミュニケーション段階になると，この事例のように，複雑なふり遊びができるようになります。かなちゃんはお母さん役，お母さんはお客さん役と役割が決まっています。そして，その役割になりきって，お料理を作る真似をしてご飯を作り，砂をご飯に見立ててお客さん役のお母さんに勧めています。砂をご飯に見立てるという象徴機能も獲得されていることがわかります。ふり遊びやごっこ遊びについては，親用テキスト第3章を参照してください。

No. 36 《親用テキスト207〜208頁》

コミュニケーション段階では，子どもが様々な人といろいろな遊びをすることが重要です。これらの遊び経験は，子どもの成長を促していきます。親の役目は，そのような経験ができる機会を子どもに与えることです。いよいよ親のもとから巣立つ時期になっています。親は少し寂しいかもしれませんが，子どもが自立していくことは，これからの子どもの人生でとても重要なことです。ただし，子どもだけでは，集団や社会の中でうまく行動することができないことがたくさんあります。その時には，親の援助が必要です。

ところで，これまでは，親との遊びが重要であると強調してきたので，親子の密着度が高くなっ

ているかもしれません。定型発達の子どもは，2，3歳頃に第1次反抗期を迎え，子どもの方から母子密着から脱却していきます。しかし，ASDの子どもは，その意思が弱く，表現も微弱であることが多いです。子どもが友だちに興味をもつようになったら，親の方が意識的に子どもを自立させるように密着度を低めていきます。

No. 37　《親用テキスト209頁》

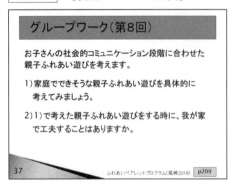

親子ふれあい遊びを考える時に，学習会で示された事例を真似してやることもあるでしょう。あるいは，これまでやっていた親子遊びの中にふれあい方略が含まれていることがわかり，その意味を考えながら再度やってみることもあるでしょう。どちらでも構いません。

No. 38　《親用テキスト209～210頁》

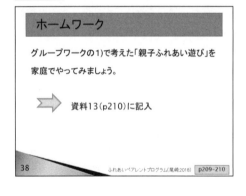

今回のホームワークは，第7回と同様に親子ふれあい遊びです。第7回でやった親子ふれあい遊びの結果をもとに，さらに家庭でできる親子ふれあい遊びについて親に考えてもらいます。

第9回　親子ふれあい遊びの発展

1．第9回のガイドライン

親が学ぶこと
1．親子ふれあい遊びには，難易度の低い遊び方から高い遊び方まであることを理解します。
2．親子ふれあい遊びごとに，その遊び方の難易度を理解し，自分の子どもがどのレベルの遊び方をしているかを調べます。そして，子どものレベルに合った遊び方を家庭でやってみます。
3．今回の第9回で，プログラムがすべて終了しますので，全体のふりかえりをするとともに，終了後の家庭での取り組みについて考えます。

準備するもの
1．アンケート調査用紙（必要な場合のみ）
2．修了証書

セッションの進め方
1．親子ふれあい遊びの発表
　親用テキストには，5つの遊びの発展が記載されていますが，第9回のセッションでは，そのうち，最も身近な遊びである「イナイイナイバー」と「かけっこ」の2つの遊びの発展を取り上げて説明します。
2．全体のふりかえりと修了式
　今回がプログラムの最終回となりますので，全体のふりかえりをするとともに修了式を行います。修了式では，参加者全員に修了証書を授与し，これまでの努力をたたえます。また，プログラムの感想などを書いてもらうアンケートを実施すると，次の取り組みの参考になるでしょう。

第Ⅱ部　ふれあいペアレントプログラムのマニュアル

アウトライン

種　別	内　容	スライド No.	親用テキスト頁
導　入	タイトル	1	17章
	第9回のプログラムスケジュール	2	17章
	第8回のホームワーク	3	209-210
学習会	1．親子ふれあい遊びの発展	4	211
	（導入）	5	
	・イナイイナイバー 　遊び方①：他の人と一緒に遊ぶ	6	212
	遊び方②：子どもとやりとりして遊ぶ	7	213
	遊び方③：布で隠す	8	213-214
	遊び方④：大きな物の後ろに隠れる	9	214
	遊び方⑤：人や物を探す	10	214-215
	遊び方⑥：かくれんぼ	11	215
	・かけっこ 　遊び方①：子どもの興味，関心に合わせる	12	221
	遊び方②：まてまて遊び	13	221-222
	遊び方③：とおせんぼう	14	222
	遊び方④：合図でスタート	15	223
	遊び方⑤：「よーい，どん」でスタート	16	223-224
	遊び方⑥：想像して遊ぶ	17	224
	遊び方⑦：役割交替して遊ぶ	18	224-225
	遊び方⑧：おにごっこ	19	225
	2．親子ふれあい遊びのまとめ	20	229
	3．全体のふりかえり	22	229-230
グループ ワーク	グループワーク（第9回）	21	231
	全体のふりかえり（第9回）	23	231
修了式	修了式	24	
	修了のメッセージ	25	232

2．第9回の解説

No. 1　《親用テキスト第17章211～231頁》

　前回のセッションでは社会的コミュニケーション段階ごとにふれあい方略をみましたが，今回は，親子ふれあい遊びごとにやさしい遊び方から難しい遊び方までみていきます。親は子どもに合った親子遊びのやり方をみつけていきます。

No. 2　《親用テキスト第17章211～232頁》

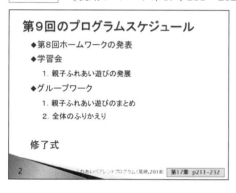

　今回で，全プログラムが終了します。最後にこれまでのふりかえりとまとめをしますが，その際に，これまでの内容でわからない点や疑問点を質問してもらいます。そして，プログラム終了後も自宅で継続して取り組めるように助言します。

No. 3　《親用テキスト209～210頁》

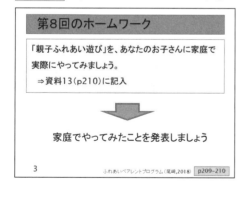

　前々回の第7回のホームワークでは，結果にかかわらず，やってみることに意義がありました。前回の第8回では，子どもの社会的コミュニケーション段階に合わせた方略を見つけることが課題でした。第8回ののホームワークで第7回とは違った親子ふれあい遊びがみつかったかどうか注目します。

第Ⅱ部　ふれあいペアレントプログラムのマニュアル

No. 4　《親用テキスト211頁》

親子ふれあい遊びの発展
- 親子で遊ぶことから始めましょう。また、やさしい遊び方から始めて少しずつ難しい遊び方ができるように導いていきましょう。
- ここでは、親子ふれあい遊びの種類ごとに、やさしい遊び方から難しい遊び方まで順に記載してあります。
- 自分の子どもにはどの遊び方ができるのかを見てください。また、次に何をすればよいのか、何ができるようになるのかについて考えてください。

第9回では、親子ふれあい遊びの実際の遊び方をみていきますが、同じ遊びでも、やさしい遊び方から難しい遊び方まであります。多くの親は、自分の子どもが友だちと「かくれんぼ」や「おにごっこ」をして遊ぶことを望んでいます。しかし、子どもは、急に友だちと遊べるようにはなりません。また、急にそれらの遊びができるわけではありません。親子で遊ぶことから始めましょう。また、やさしい遊び方から始めて少しずつ難しい遊び方ができるように導いていきましょう。

第8回では、社会的コミュニケーション段階ごとに親子ふれあい遊びをみてきましたが、ここでは、親子ふれあい遊びの種類ごとに、やさしい遊び方から難しい遊び方まで順に記載してあります。子どもにはどの遊び方ができるのかを考えます。また、現在の子どもの遊び方ができるようになれば、次に何をすればよいか、何ができるようになるかについて考えます。

No. 5

ここから、親子ふれあい遊びごとに遊び方の発展について具体的に見ていきます。その際、現在の子どもの遊び方に注目するだけでなく、これから成長するにつれて変わっていく遊び方について理解しておくことが重要です。第9回では、親は子どもに合った遊び方を考えていきますが、家庭で実施可能であり、親が無理なくできることが基本です。

No. 6　《親用テキスト212頁》

これは「イナイイナイバー」の最初の遊び方です。親が「イナイイナイバー」をしてみせて、子どもはそれを見るだけです。しかし、芽ばえ段階やリクエスト段階の子どもにはこれでも難しいかもしれません。親の顔をじっと見ることが苦手な子どもは「イナイイナイバー」をしている時に、親を見ていないかもしれません。子どもの注意を自分に向けさせるために、しっかりと向かい合って座らせておくこと、いつも声をかけておくことなどの工夫が必要です。そうでないと、せっかく「イナイイナイバー」をしても、手を外したら、そこには子どもがいなかったということにもなりかねません。「イナイイナイバー」を喜ぶには、人への関心があり、人に注意を向ける行動ができることが前提にあります。

第9章　セッションの解説

No. 7　《親用テキスト213頁》

前の遊び方①では，子どもは見ているだけでしたが，この遊び方②では，親がしている「イナイイナイバー」の動作を真似できること，そして，親の動作に続いて自分がするという手順がわかることが必要です。それにより「イナイイナイバー」をやりとりして遊ぶことができます。

No. 8　《親用テキスト213〜214頁》

手では，顔しか隠せません。大きなタオルや布で体全体を隠して「イナイイナイバー」を楽しみます。大きなタオルにすっぽり隠れると楽しいです。最初は，親が子どもにタオルをかぶせます。この遊びに慣れてきたら，親がタオルに隠れて，子どもがタオルをめくるかどうか試してみるといいですね。

発達初期には，物に布がかぶせられて見えなくなると，その物を探そうとしない発達段階があります。その後，物が目の前から見えなくなっても，そこにはまだ存在することを理解し，布をとって物を探すという段階に成長します。「イナイイナイバー」に興味を示せば，見えなくなったもの（親の顔）は，無くなったわけではないことがわかる発達段階に達していることがわかります。子どもは，親の顔が現れることを期待して見ていると，そこに「バー」と言いながら親の顔が現れるので，子どもはとっても楽しくなります。

No. 9　《親用テキスト214頁》

遊び③の布に隠れる遊びでは，自分から相手が見えなければ，相手も見えないだろうと思っています。自分中心に物事を見ていて，他者の視点からどのように見えるかについて考えません。しかし，子どもが自ら大きな物の後ろに隠れた場合は，他の人からも見えないように考えているのかもしれません。しかし，お尻がでていたり，完全に隠れていなくてもお構いなしです。人から見つからないように，自分の体を完全に隠すには至ってないようです。

No. 10 《親用テキスト214～215頁》

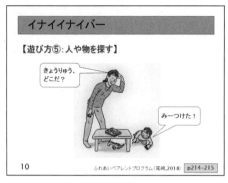

子どもが自分で隠れることができるようになったら，次に子どもが人や物を探す遊びをしてみます。No. 9のソファーの後ろに隠れる遊びについて，子どもと親の役割を交替して，親が隠れて子どもが探すといいです。また，物を探す場合は，「宝さがし」の遊びにします。その場合，宝は子どもの好きな物にし，隠す場所は，子どもが見つけやすいところにします。親は，「どこだ？」と働きかけ，子どもが「みつけた！」と言えるようにします。これまでは，自分が隠れる役割ばかりでしたが，ここからは，自分が探す役割ができることが必要です。

No. 11 《親用テキスト215頁》

「イナイイナイバー」の遊びから始まりましたが，様々な方法で隠れることを楽しむ遊びを経て，隠れる，探すという役割がとれるようになれば，ようやく「かくれんぼ」ができます。最初に述べてように，子どもは最初から「かくれんぼ」ができるわけではありません。ある能力が育つと，ある遊びができるという積み上げの上に，「かくれんぼ」ができます。子どもが今どのレベルの遊び方ができるかがわかれば，「かくれんぼ」ができるまでの道筋がわかります。

No. 12 《親用テキスト221頁》

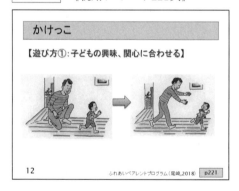

このような遊びをする子どもは，人との関わりができずに自分の興味や関心だけで動いています。その多くが芽ばえ段階の子どもです。これは，第4回の「関わり方の基本」で示したように，子どもをよく見て，子どもの興味や関心に合わせる関わり方でした。そして，興味や関心に合わせて行動を共にすると，子どもがそれに気づいて親を見るようになります。これがチャンスです。このチャンスを捉えて，遊んでいきます。

第9章　セッションの解説

No. 13　《親用テキスト221〜222頁》

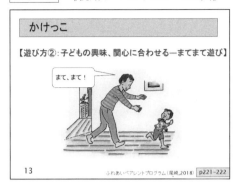

　子どもは，この「まてまて遊び」が大好きです。追いかけられて，逃げること自体を楽しんでいます。この単純な遊びを繰り返しすることによって，子どもは一人で遊ぶよりも，親と一緒に遊ぶ方が楽しいことを体験します。ただし，動き回る子どもを追いかけると，興奮しすぎることがあるので控えめにします。また，危険のないように気を配ります。

No. 14　《親用テキスト222頁》

　この遊びは，自分の興味や関心だけで動いている子どもにも有用です。このような子どもは「どいて」とは言いませんが，親を避けたり，手で押したりします。また，この遊びは，言葉が少し話せる子どもにも有用です。言葉が話せるようになっても，遊びの中で人と関わるために言葉を使うことは少ないものです。このような遊びで，言葉によるやりとりを経験します。

No. 15　《親用テキスト223頁》

　親の指示に従って行動できない子どもは，親から遊びを誘っても応じません。そのような子どもに対しては，遊びの流れに沿って，指示を入れ込んでいきます。この遊び方④では，走る時に，子どもの前に手を伸ばして止めさせ，手を上げたらスタートだということをわからせます。手の上げ下げという視覚的手がかりが与えられるので，子どもはわかりやすいです。

No. 16　《親用テキスト223〜224頁》

　子どもは，遊びがいつ始まるか，そしていつ終わるかを理解することが難しいです。そのため，遊びを始めることを知らせる合図を取り入れることによって，遊びの開始をわからせていきます。No. 15で示した「手を挙げること」そして今回の「よーい，どん！」は，子どもにとってわかりやすい合図です。また，No. 15では「手を挙げる」という視覚的手がかりでしたが，今回は，視覚的手がかりはなくても，「よーい，どん！」という言葉の指示だけで子どもが応じられることが進歩した点です。

No. 17　《親用テキスト224頁》

　想像することができるようになると，「今ここに」だけある事物で遊ぶだけでなく，広いイメージの世界で遊ぶことができます。また，イメージを共有して遊ぶことができ，遊びが大変豊かに広がっていきます。もちろん，想像力が育っていなくても，怪獣になりきっているお父さんから逃げることだけでも楽しいです。このような遊びをしているうちに，怪獣ごっこの意味もわかってくると思います。

No. 18　《親用テキスト224〜225頁》

　子どもの遊びは，追いかけられることから始まります。しかし，追いかけられる時には必ず追いかける人がいます。二者関係において，自分を起点に考えることと相手を起点に考えられることが重要ですが，ASDの子どもは，この相手を起点に考えることが苦手です。追いかけられる人と追いかける人の両方の行動がとれれば，視点取得の経験にもなります。なお，遊びにおける役割交替については，第8回で説明しましたので，参照してください（親用テキスト194〜195頁）。

第9章　セッションの解説

No. 19　《親用テキスト225頁》

「かけっこ」の遊びの発展について，最初は子どもが一方的に走り回る遊び方から始まりますが，その後の様々な遊び方を経験することにより，この「おにごっこ」ができるようになります。前述の「かくれんぼ」と同様に，子どもは初めから「おにごっこ」ができるわけではありません。今どのレベルの遊び方をしているかをよく見て，順々に勧めていくといいです。

No. 20　《親用テキスト229頁》

親子ふれあい遊びのまとめ
- 親子ふれあい遊びは，継続して行うことによって効果がでてきます。プログラム終了後も家庭で続けてやってみて下さい。
- 今後は子どもの成長にあわせて次の段階に進んでいってください。
- コミュニケーション段階まで進めば，子どもは親と遊ぶよりも，友だちと遊ぶ方が楽しくなるかもしれません。友だちとの遊びを大事にしていきます。もちろん親子遊びも楽しんでください。
- 子どもの成長とともに，遊びの形態は変わりますが，ふれあいペアレントプログラムで学んだ遊びの基本は，全ての遊びの土台です。

親子ふれあい遊びの学習会では，ふれあい方略を意識して，それを念頭に置きながら親子ふれあい遊びをすることを強調しました。しかし，親子ふれあい遊びを続けているうちに，ふれあい方略を意識しなくても自然な流れで親子で遊ぶことができると思います。それができれば，これからも家庭で親子ふれあい遊びを続けていくことが無理なくできます。

No. 21　《親用テキスト231頁》

グループワーク（第9回）

親子ふれあい遊びのまとめ

これからどのような親子ふれあい遊びにチャレンジしていきたいですか？

親子ふれあい遊びを今後も家庭で継続していくと，さらに効果があがります。今回でプログラムは終了です。今後の家庭での取り組みを考えてもらいます。

No. 22　《親用テキスト229〜230頁》

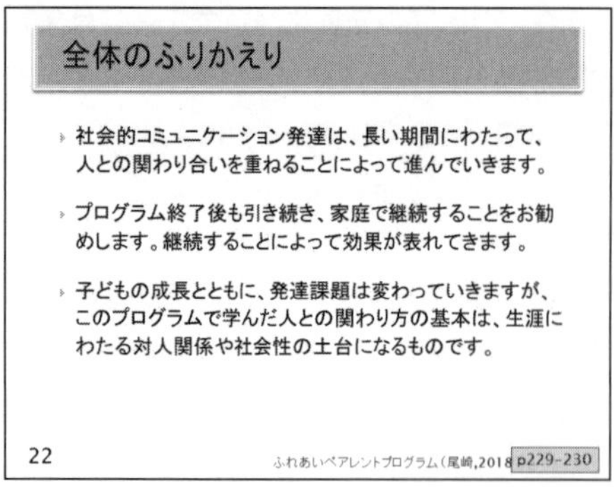

全体のふりかえり
社会的コミュニケーション発達は、長い期間にわたって、人との関わり合いを重ねることによって進んでいきます。
プログラム終了後も引き続き、家庭で継続することをお勧めします。継続することによって効果が表れてきます。
子どもの成長とともに、発達課題は変わっていきますが、このプログラムで学んだ人との関わり方の基本は、生涯にわたる対人関係や社会性の土台になるものです。
22
ふれあいペアレントプログラム（尾崎,2018）
p229-230

プログラムは今回で終了しますが，今後もこのプログラムで学んだことをもとに家庭で続けてこそ効果があることを伝えます。しかし，同じやり方でただ続けるのではなく，子どもの成長とともに変えていく必要があります。芽ばえ段階の子どもなら，次のリクエスト段階のテキストを見てください。リクエスト段階の子どもなら，次の早期コミュニケーション段階のテキストを見てください。同様に，早期コミュニケーション段階ならコミュニケーション段階のテキストを見ればいいのですが，コミュニケーション段階の子どもの場合，その次のことがテキストには書かれていません。その時にはこのプログラムで学んだことをもとにそれぞれの家庭で工夫することが大事です。

No. 23　《親用テキスト231頁》

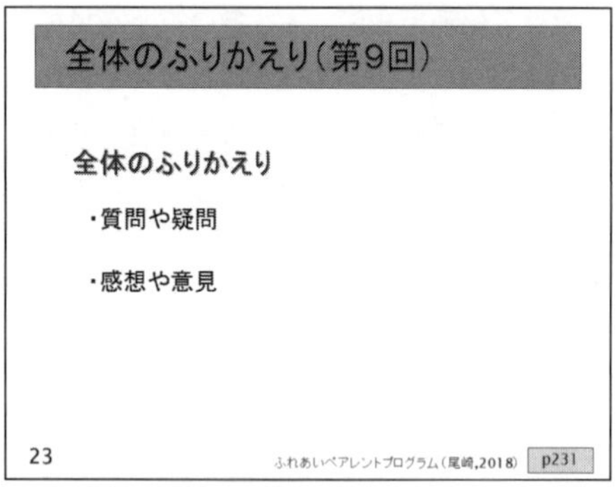

全体のふりかえり（第9回）
全体のふりかえり
・質問や疑問
・感想や意見
23
ふれあいペアレントプログラム（尾崎,2018）
p231

最後のグループワークです。質問したいことや感想などを言ってもらいます。

No. 24

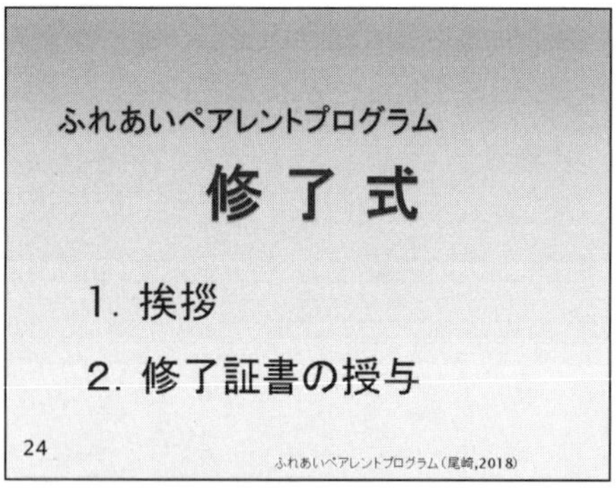

ふれあいペアレントプログラム
修了式
1. 挨拶
2. 修了証書の授与
24
ふれあいペアレントプログラム（尾崎,2018）

修了式をフォーマルに行うことによって，気持ちの切り替えができ，新たなスタートを切ることができます。プログラムに参加することは親にとって努力を要することだったと思います。指導者は，親の努力を労います。

第9章　セッションの解説

No. 25　《親用テキスト232頁》

　発達が気になる子どもをもつと，親は「今ここ」にいる子どもに焦点を当てて，少しでも発達を促すこと，障害を少しでも軽くすることに一生懸命になります。しかし，これから子どもが成長する過程では，子どもの「今ここ」だけの成長を目標にするだけでなく，子どもがどのようなライフコースをたどれば，QOL の高い人生を送ることができるかを，頭のどこかにもっていてほしいと思います。

（尾崎康子）

執筆者紹介（執筆順，氏名／よみがな／現職／資格／主著／専門分野）

尾崎康子（編著者紹介を参照）第1章，第2章1，3，第3章1，第4～9章

近藤清美（こんどう・きよみ）第2章2
　帝京大学文学部心理学科教授　学術博士／公認心理師，臨床発達心理士スーパーバイザー，臨床心理士，保育士
　『社会・情動発達とその支援』（編著，ミネルヴァ書房，2017）
　アタッチメント関係の発達と関係性支援

黒田美保（くろだ・みほ）第3章2
　名古屋学芸大学ヒューマンケア学部教授　博士（医学）（学術）／臨床心理士，臨床発達心理士
　『公認心理師のための発達障害入門』（金子書房，2018），『これからの発達障害の診断・アセスメント──支援の一歩となるために（ハンディシリーズ─発達障害支援・特別支援教育ナビ）』（編著，金子書房，2015），『ADOS-2日本語版（自閉症診断観察検査　第2版）』（共著，金子書房，2015）
　発達障害，発達心理学，臨床心理学，精神神経科学，特別支援教育

三宅篤子（みやけ・あつこ）第3章3
　東京特別支援教育心理研究センター代表理事／臨床発達心理士スーパーバイザー
　『知っておきたい発達障害のアセスメント』（共編著，ミネルヴァ書房，2016），『知っておきたい発達障害の療育』（共編著，ミネルヴァ書房，2016），『公認心理士技法ガイド──臨床の場で役立つ実践のすべて』（共著，文光堂，2019）
　発達障害のアセスメントと療育

トート・ガーボル（Toth Gabor）第3章4
　相模女子大学学芸学部子ども教育学科教授　博士（医学）／臨床発達心理士，言語療法士
　『空間認知能力を中心とした「考える力」を育てる保育ワーク──発達を促す，インクルーシブ保育教材』（編著，ひかりのくに，2019），Handbook of Assessment and Diagnosis of Autism Spectrum Disorder（第20章 Intelligence）（共著，New York: Springer, 2016），Handbook of Social Behavior and Skills in Children（第13章 Social Skills in Autism Spectrum Disorders）（共著，New York: Springer, 2017）など
　発達障害指導，乳幼児期の発達支援・子育て支援，音声言語医学

東　敦子（あずま・あつこ）第3章5
　社会福祉法人のゆり会のぞみ学園かめあり　園長／公認心理師，臨床発達心理士スーパーバイザー，日本マカトン法協会ＲＥＰ
　『認知・言語促進プログラム』（編著，コレール社，1998），『認知・言語・運動プログラム──発達障害児のためのグループ指導』（共編著，明治図書，2008）
　障害児の認知・言語コミュニケーション支援および地域支援

編著者紹介

尾崎康子（おざき・やすこ）

東京教育大学大学院教育学研究科博士課程単位取得退学

財団法人小平記念日立教育振興財団日立家庭教育センター主幹研究員，富山大学人間発達科学部教授，相模女子大学人間社会学部教授を経て

現　在　東京経営短期大学子ども教育学科教授　博士（心理学），公認心理師，臨床発達心理士スーパーバイザー，臨床心理士

著　書　『子育て支援に役立つ こころをはぐくむ楽しい遊び──2.3.4歳児における保育臨床の世界』（編著）ぎょうせい，2004.

　　　　『知っておきたい 発達障害のアセスメント』（共編著）ミネルヴァ書房，2016.

　　　　『知っておきたい 発達障害の療育』（共編著）ミネルヴァ書房，2016.

　　　　『社会・情動発達とその支援』（共編著）ミネルヴァ書房，2017.

　　　　『社会的認知の発達科学』（共編著）新曜社，2018.

　　　　『よくわかる障害児保育　第2版』（共編著）ミネルヴァ書房，2018.

　　　　『知っておきたい 気になる子どもの手先の器用さのアセスメント』（編著）ミネルヴァ書房，2018.

　　　　『社会的コミュニケーション発達が気になる子の育て方がわかる ふれあいペアレントプログラム』（単著）ミネルヴァ書房，2018.

　　　　『手先の器用さを育てる保育ワーク──発達を促すインクルーシブ保育教材』（編著）ひかりのくに，2019. ほか

社会的コミュニケーション発達が気になる子の育て方がわかる
ふれあいペアレントプログラム 指導者用ガイド

2019年9月20日　初版第1刷発行　　　　　〈検印廃止〉

定価はカバーに表示しています

編著者	尾　崎　康　子
発行者	杉　田　啓　三
印刷者	中　村　勝　弘

発行所　株式会社　ミネルヴァ書房
607-8494 京都市山科区日ノ岡堤谷町1
電話(075)581-5191／振替01020-0-8076

© 尾崎康子ほか，2019　　中村印刷・清水製本

ISBN 978-4-623-08732-7

Printed in Japan

新しい発達と障害を考える本（全8巻）

学校や日常生活の中でできる支援を紹介。子どもと大人が一緒に考え，学べる工夫がいっぱいの絵本。AB判・各56頁　本体1800円

①もっと知りたい！　自閉症のおともだち
　内山登紀夫監修　伊藤久美編

②もっと知りたい！　アスペルガー症候群のおともだち
　内山登紀夫監修　伊藤久美編

③もっと知りたい！　LD（学習障害）のおともだち
　内山登紀夫監修　神奈川LD協会編

④もっと知りたい！　ADHD（注意欠陥多動性障害）のおともだち
　内山登紀夫監修　伊藤久美編

⑤なにがちがうの？　自閉症の子の見え方・感じ方
　内山登紀夫監修　伊藤久美編

⑥なにがちがうの？　アスペルガー症候群の子の見え方・感じ方
　内山登紀夫監修　尾崎ミオ編

⑦なにがちがうの？　LD（学習障害）の子の見え方・感じ方
　内山登紀夫監修　杉本陽子編

⑦なにがちがうの？　ADHD（注意欠陥多動性障害）の子の見え方・感じ方
　内山登紀夫監修　高山恵子編

乳幼児期における発達障害の理解と支援

①知っておきたい　発達障害のアセスメント

尾崎康子・三宅篤子編　B5判300頁　本体3500円

②知っておきたい　発達障害の療育

尾崎康子・三宅篤子編　B5判280頁　本体3500円

ミネルヴァ書房
http://www.minervashobo.co.jp/